对冲基金管理指南

[美] 丹尼尔·斯特拉曼（Daniel A. Strachman）◎著
林　华 等◎译

THE FUNDAMENTALS OF HEDGE FUND MANAGEMENT

中信出版集团·北京

图书在版编目（CIP）数据

对冲基金管理指南 /（美）丹尼尔 · 斯特拉曼著，
林华等译 . —北京：中信出版社，2017.11
书名原文 : The fundamentals of hedge fund
management
ISBN 978-7-5086-8185-6

Ⅰ. ①对… Ⅱ. ①丹…②林… Ⅲ . ①对冲基金 – 风
险管理 – 指南 Ⅳ . ① F830.593-62

中国版本图书馆 CIP 数据核字（2017）第 233843 号

对冲基金管理指南

著　　者：［美］丹尼尔 · 斯特拉曼
译　　者：林　华 等
出版发行：中信出版集团股份有限公司
（北京市朝阳区惠新东街甲 4 号富盛大厦 2 座　邮编　100029）
承 印 者：三河市西华印务有限公司

开　　本：787mm × 1092mm　1/16　　印　张：18.25　　字　数：233 千字
版　　次：2017 年 11 月第 1 版　　印　次：2017 年 11 月第 1 次印刷
广告经营许可证：京朝工商广字第 8087 号
京权图字：01-2017-6986
书　　号：ISBN 978-7-5086-8185-6
定　　价：65.00 元

中国证券投资基金业协会推荐丛书

译委会名单

主　　　任　洪　磊

译委会成员　钟蓉萨　林　华　庞　阳　赵　冰

《对冲基金管理指南》译者名单

主　　　译　林　华

参 与 译 者　许余洁　谢　芳　涂　红　刘彬彬

译　　　校　庞　阳

译委会成员简介

钟蓉萨

现任中国证券投资基金业协会党委委员、副会长，曾在中国环境保护公司工作。1992 年 11 月进入中国证监会，先后在信息统计部、信息中心、机构监管部工作，历任主任科员、副处长、处长。2007 年 1 月 ~2011 年 6 月，任中国证券业协会党委委员、副秘书长。2011 年 6 月 ~2012 年 4 月，任中国证券业协会党委委员。2012 年 4 月 ~2013 年 9 月，任中国证券投资基金业协会党委委员、副秘书长。2013 年 9 月至今，任中国证券投资基金业协会党委委员、副会长。

庞　阳

中央千人计划金融创新特聘专家，中国资产证券化论坛常务秘书长，在资产证券化、私募基金、对冲基金、金融衍生品、量化投资策略等方面有丰富的市场经验和独特的观点。求学时期就读于复旦大学，获得学士学位，后在美国哥伦比亚大学获得物理学博士学位。曾是大型全球资产管理公司的合伙人，在美国、日本、中国成功创建多家资产管理、金融信息服务以及可再生能源投资开发企业。投入金融行业前，担任过美国哥伦比亚大学物理系助理教授，和诺贝尔物理学奖获得者李政道教授合作多年，并共同发表论文数十篇。

赵　冰

现任中国证券投资基金业协会理财及服务机构部负责人。清华大学工商管理硕士。曾供职于中国证券业协会资格管理部、专业联络部、基金公司会员部，曾任中国证券业协会分析师委员会委员、基金销售专业委员会委员，还曾参与基金业协会筹备组的筹备工作，担任中国证券投资基金业协会投教与媒体公关部负责人。

丛书序

当前，中国经济步入新常态，经济结构不断优化升级，由投资驱动和要素驱动逐步转向创新驱动，促进经济可持续发展。资本市场作为资源配置的有效手段，能够发挥积极的市场调节作用，助力新常态下的经济结构转型。我国资本市场结构体系经过十余年的建设与发展，现已初步形成了交易所市场和场外市场并存，公募和私募市场互补，股票、债券、基金、期货及衍生品等多种金融产品兼备的多层次资本市场体系。市场化、法制化、国际化程度正逐步提高。当前，完善市场层次、结构、基础设施和监管体系，鼓励金融产品创新，发展证券期货服务业和专业机构投资者，深化改革、扩大开放，健全多层次资本市场体系，满足多元化投资者资产配置的需求，意义尤为重大。

私募基金于 2003 年进入公众视野，在此后的一段时间内私募证券基金都是以阳光私募基金的形式存在，即私募管理人以投资顾问的形式借助信托计划等正规金融机构的产品为载体进行投资运作。2007 年随着《合伙企业法》的生效，私募股权基金获得了长足发展，2013 年成为中国私募基金的里程碑。2012 年《证券投资基金法》修订将“非公开募集基金”纳入调整范畴，并在市场准入、投资范围、业务运作等多方面优化了行业业态，拓展了行业的发展空间。随着监管的完善，私募基金管理人和管理规模迅速增长，截至2017年6月30日，私募基金行业认缴规模约为13.12万亿元，实缴规模约9.37万亿元，已登记私募基金管理人19 708家，私募基金从业人员22.27万人。私募基金行业已成为中国资本市场的重要组成部分，私募基金如何控制风险、如何有效进行财富管理、如何合理配置社会资源，成为行业发展的重要课题。

一方面，我们可以引进成熟市场的经验，发展引进基金产品，比如基金中的基金（简称FOF）、对冲基金。FOF由投资专家通过基金历史业绩分析，实现投资的二次优化和风险的二次分散，是基金行业稳健发展的重要形式。对冲基金因其投资策略灵活，多市场配置，可进行更好的风险缓释和风险收益调整。另一方面，我们需要引入科技力量提高服务效率，加强信息管理，要防止不同产品、不同市场、不同国家和地区的金融风险可能相互传导、联动并放大。为此我们应加强风险识别，强化资本市场信息系统安全防护，建立配套的管理制度，实现金融业规范化发展。

在私募市场，由于私募基金产品运作透明度相对较低，信息披露相对较少，导致金融监管缺乏全面有效的信息，监管机构无法有效监控可能产生的金融系统性风险、制定相应的方针策略。私募基金产品的策略复杂、操作灵活，运作中杠杆和衍生品的运用如不有效控制，可能放大金融风险。因此，需要在保护私募基金自主运用权的同时，强化金融科技在金融服务业及金融监管方面的应用，积极利用大数据、人工智能、云计算等技术来改善金融信息和数据沟通的及时性、有效性，加强金融监管力度，提升跨行业、跨市场交叉性金融风险的甄别、防范和化解能力，发展技术驱动下的信息披露制度。

搭建基金事务管理平台是完善基金业自律管理的重要措施。基金事务管理是一种结合金融科技手段的应用载体，不仅为基金管理人提供估值核算、份额登记等服务，还为基金投资者和监管机构提供交易合规监测、信息披露等服务。这既降低基金运营成本，让基金管理人能更好地专注于投资角色，又能促进私募基金规范化、专业化发展。基金事务管理平台也能为监管机构分析资本市场整体情况，规范市场行为，预防金融系统性风险提供帮助。国外的基金事务管理一开始仅是出于基金管理人的业务需求而出现的，随后在对冲基金滥用高杠杆却缺乏有效监督的情况下得到进一步发展。许多国家和地区明确规定基金事务管理必须由专业的独立第三方机构承担，以避免潜在的利益冲突，并确保监管的有效性。

为推进中国私募基金行业长期健康稳定发展，中国基金业协会抱着审慎监管的态度，大力支持专业的基金事务管理在私募基金行业中的应用，特别是在 FOF 和对冲基金中。国际市场上，绝大多数的 FOF 都由基金事务管理方为其产品提供交易审核、财务报告、费用计算等多方面服务。此外，基金事务管理还可以帮助 FOF 优化资产配置，更好地监控子基金运作，提供复核金融工具风险报告，进行杠杆分析、压力测试、流通分析以及交易对手分析，为 FOF 的健康发展保驾护航。中国证券投资基金业协会决定引入《对冲基金管理指南》、《FOF 投资手册》和《基金事务管理指南》这套丛书的译本，并期待这有助于规范私募基金行业的操作流程、信息披露及风控能力，加强监管机构的监管能力及把控金融系统性风险的能力，最终完善资本市场的结构体系。

吴晓灵

2017 年 7 月

◆译者前言

以索罗斯量子基金为代表的国际对冲基金，留下一个个传奇式的故事，也激荡着国内投资人的情怀。作者丹尼尔·斯特拉曼（Daniel A. Strachman）在本书中为我们揭开了对冲基金的神秘面纱——讲述了如何操作对冲基金业务。它为读者提供：投资决策的工具、创建计划的工具、制定营销策略提高资产规模的工具，以及创建基础架构的工具。作者丹尼尔是纽约 A&C 资产管理公司的执行董事，该公司是一家为个人和机构提供投资管理服务的基金管理公司。

2010 年，我国推出股指期货，国内投资者终于有了一个有力的对冲工具，内地基金业悄然步入对冲时代。然而，长期以来国内资本项目不开放、资本市场基础薄弱、发展比较缓慢，落后于发达国家资本市场。这种差距的造成，固然与国内长期缺乏相应的对冲工具、国内资本市场管理严格有关，但也同样受限于国内机构投资者管理水平的相对不足。放眼国内介绍对冲基金及对冲基金市场的书籍，数量和种类都较少。在目前国内资本市场远远落后于国外的背景下，学习和借鉴国外的发展经验，对促进国内的资本管理市场发展大有裨益。本书应被视为一本资源工具书，它详细且朴实地讲述了如何操作对冲基金业务、对冲基金带来哪些机会与风险、风险与报酬如何取舍、如何在低迷行情中找到获利机会、如何正确使用对冲技巧等内容。通过阅读本书，投资者可以学习如何建立基金，怎样判断资产将来自哪个市场，以及建立业务时该怎样做出决定。

看完本书的原版，我深受启发，同时对翻译此书有了极大的兴趣。其间我与原书作者积极联系与申请，委托中信出版社，在激烈的竞争下，有幸拿到了本书的翻译版权。通过一年的研究与努力，终于完成了对本书的翻译工作。

本书是中国证券投资基金业协会推荐丛书之一。在此，我首先要感谢清华大学五道口金融学院吴晓灵院长不辞辛苦，亲自提笔为本丛书作推荐序。感谢中国工商银行张红力副行长、兴业银行陶以平行长、招商银行李浩副行长、北大光华管理学院金李副院长、中国万向控股有限公司肖风副董事长的倾情推荐，感谢你们对我以及丛书的鼓励和支持。

我要感谢参与本次翻译中的每一位译者。其中，联合评级研究总监许余洁博士负责了前言、第一章、附录 B 和其他内容的翻译初稿，在美国金融市场工作十多年的朋友谢芳女士负责了本书第二章、第三章、术语表和附录 A 的翻译初稿，国寿安保基金管理公司的刘彬彬负责了第四章的翻译初稿，南开大学涂红教授负责了第五章到第九章共 5 章的翻译初稿。洪磊会长、我和赖嘉凌确定了全书的术语对照表，并一同再三校对全稿。洪磊会长在整体校稿的基础上提出了许多真知灼见，有利于我们对市场发展的理解。许余洁博士还多次与出版社老师们对接书稿的最后内容完善等工作。

联合评级研发部李天娇女士、南开大学金融学院研究生朱安玲、江旭、方刚、王瑞、何云云同学参与了本书出版前部分章节的阅读与校正工作，对于稿件的细节完善提供了许多帮助，在此一并感谢。

中国证券投资基金业协会的熊歆女士、汤玥玥女士对本书的成稿亦给予了大力支持和贡献，在此尤为感谢。

最后，我还要衷心感谢中信出版社编辑负责任的编校，本书的中文版能够如此顺利且高效地与读者见面，离不开大家精益求精的团队努力与合作。希望本书的推出能够提高中国资本市场对对冲基金的认识，为中国资产管理行业发展提供参考和借鉴，吸引更多有识之士积极参与到国内的对冲基金事业中来。

林　华

2017 年 7 月于北京·金融街

原版前言

自5年前此书初次出版以来，对冲基金行业发展迅猛。对冲基金，这一曾被认为是富人和特权阶层的投资工具，目前成为世界各地投资组合中司空见惯之物。无论你在流行的新闻中读到什么、看到什么，或听到什么，对冲基金行业已经扎根。虽然许多大型基金倒闭，然而对冲基金行业却已成为一股被国内外看好的强大势力。

目前是进入对冲基金行业的最佳时机，原因有三：首先，行业处于成长的黄金时期；其次，市场具有波动性；最后，对冲基金已经普及，就像手中的硬币一样常见。这意味着你以前本应为建立业务所做的工作已经被人代劳，并且对冲基金的繁荣之路会比3年前走得更顺。话虽如此，但建立一个成功的企业仍需通过很多艰苦的努力，当然也会有令人沮丧的时刻，并且此路会更具挫折。因此，我的建议如下：做最坏的打算，报以最好的期望，并对自己所取得的阶段性成功感到满意。

我相信，这个行业处于增长的黄金时期，但在增长的同时会有很多问题。写这本书的目的在于回答部分，而非所有的你或你的同事可能遇到的问题，并为你的业务提供理论基础和工具，以便你找到答案。

在过去的12年里，我有着与世界各地负责创立、构建、发展和营销对冲基金的人们一同工作的独特经验。有些基金在创始时的受控资产不足100万美元，而有些富有公司的受控资产多达数十亿美元，其余的则介于两者之间。虽然他们情况各不相同，但在某些特定方面，他们都有同样的问题，且需要基本相同的答案，只是他们无从寻求建议。我的工作是给予他们建议，不管他们想听或不想听。我的工作是把对冲基金的真相告诉人们，帮助他们开展业务。在此期间，我与来自全球各地的客户一同工作。对冲基金的成长已狂如野马，我的工作关键是解决对冲业务中那些不着边际的问题，因为它们不属于投资管理的一部分。

这本书为你提供了一些成功的必要信息。它为你提供了帮你做出正确决策的工具、创建良好计划的工具、制定营销策略以助筹集资产的工具，以及创建基础架构以支持你的业务所需的工具。

你读这本书的目的是尽可能地学习如何操作对冲基金业务。本书不是关于金钱管理策略的，也不是低买高卖，它是关于对冲基金行业业务的基础架构的。当你阅读下去，你将学习到如何成功经营一个企业的基本原理。

这本书不会解决所有问题或为你的成功提供一切所需条件；相反，它会给你基本信息。你应该寻找自己的导师。想要成功，你需要好的、可靠的建议提供者，并且要愿意采纳建议和寻找建议。不要羞于或不屑于寻求帮助，有问题没关系，关键是找到答案。

本书应被视为一本资源工具书。它应该是可以反复使用，以帮助你更为高效和成功地了解、处理和操作你的业务的工具书。我希望你能从阅读和重读这本书中获得乐趣，正如我写这本书一样。另外我不止一次地提到，如果你在阅读中有任何疑问，或者你有问题要讨论，可以随时给我发电子邮件：das@ hedgeanswers. com。

感谢你购买这本书。希望你喜欢它。

目　录 | CONTENTS

第一章

对冲基金行业

资本主义建立的最后一个纯粹的堡垒就是——对冲基金。再没有别的商业、企业、职业或者机会能让人竭尽全力并尽快成长（在法律层面上的）。对冲基金并不新鲜。这种类型的投资工具在1949年就已经存在了，当时阿尔弗雷德·温斯洛·琼斯（Alfred Winslow Jones）因推出了首只对冲基金而享誉华尔街。然而，在琼斯先生发明首只对冲基金以来的60多年后，这个行业就变得比我们想象的还要更大体量、更多样化，并且更强大。如果你问现在的商学院毕业生想要去哪里工作，他们不再说IBM（国际商业机器公司）、通用电气（GE）、英特尔或者别的，而是对冲基金公司如Bridgewater、SAC、Mariner或者Maverick。人们抢劫银行是因为那里有钱，同样，人们想在对冲基金公司工作，也是因为这里可以赚钱。

在次贷危机、《多德-弗兰克华尔街改革和消费者保护法案》，以及大萧条之后的几年里，对冲基金行业的增长是令人吃惊的。很多业内观察人士指出，自2008年9月以来的那些悲惨日子里，这些通常被称为神秘投资工具的资产是持续增长的，因为人们已经意识到市场并不总是上升的，需要在市场下行时采取一些保护措施，或者更好的措施——对冲。所以，尽管近年来的经济数据较弱，对冲基金行业却以创纪录的速度持续增长。

截至2012年的早春，全球大约有12 000只对冲基金在运营，管理着超过1.6万亿美元的资产[1]。这个数字是发人深省和令人瞩目的，特别是如果你在一个服务提供机构中工作。一些业内人士认为在过去的5年中，对冲基金的增长和20世纪80年代末90年代初的共同基金行业的增长情况类似。共同基金行业随着科技泡沫的破裂和熊市而萎缩，许多人认为，随着对冲基金行业的持续增长，也会有各种各样的泡沫破裂，作为新的基金经理就需要做好准备。我们都知道建立一个成功的商业是很难的，也就是说，生存能力越强，就会越繁荣。当你作为一个新的基金经理来发行基金，你的工作就是要确保你已经准备好了，愿意并且能够处理市场和投资者的全部状况，并做好了最坏的打算。

要理解行业会走向何方，你需要了解它的所行之处。当你走出华尔街地铁站，会很清楚地看到对冲基金行业的发展与演变。一出站，面向西北的是百老汇，在百老汇街上左转，你面前的是纽约证券交易所（简称NYSE），你身后的是前摩根大通总部，左边的是乔治·华盛顿总统的雕像。

如果你的这次旅行是在上午9点左右，你将会看到琼斯所看到的：交易员和经纪人在开盘前匆忙进入大厦。正是这个地方的行动力和给人带来的兴奋感导致琼斯创建了第一只著名的对冲基金——一种可以做多和做空市场的投资工具，无论市场条件如何都能够保护投资者，并使投资者资产得到增长。琼斯，从一位社会学家转行为记者，根据他发表在《财富》杂志上的一篇文章，想出了这个多/空基金的概念。

在20世纪40年代末，琼斯在新闻业供职，撰写关于金融、产业以及社会问题的文章。在这段时间里，他意识到，他作为一个自

---

① 资料来源：Barclay Hedge – Hedge Fund Industry Assets Under Management, February 24, 2012, www.barclayhedge.com/research/indices/ghs/mum/Hedge_Fund.html。

由职业者所取得的收入是不够维持他和他的家人所希望和预期的生活的。于是他转向华尔街去寻求答案。他发现了一个他认为是可行的想法，随后便赚到了足够多的钱来养活他的家人并完成他的主要抱负：帮助别人。虽然琼斯是为了钱才发展了他的理念和商业，但他的想法确实带来了财富，并在社会里运行起来。他的想法是使用他的对冲基金作为一种工具，来让人们帮助他们自己。他的女婿罗伯特·伯奇（Robert Burch）目前和他的儿子成立了一家公司 A. W. Jones & Company，伯奇说，相对于业务所带来的奖励，琼斯对其中的智力挑战更感兴趣。

“琼斯不是一个对华尔街感兴趣的人，”伯奇说，“尽管他这些年赚了很多钱，但是他拿出了很大部分来创建项目或者组织以帮助这些在美国的人。”

琼斯对于讲述基金、基金是如何运作的、基金是什么并不感兴趣，他想讲述的是如何使这个国家和世界变得更美好。

“当你与琼斯共进晚餐时，你总是会发现还有四五个来自世界各地的小伙子。”伯奇回忆说，“你不知道那天晚上你们要讨论的是一些在阿尔巴尼亚悬而未决的起义或者是在伊朗他们说什么语言。但是你知道的是，你们肯定不能谈论金钱、华尔街或者公司，他的心思不在这些地方。”

对冲基金行业的基础不是为了炫耀和消费而挣钱，而是为了挣钱以帮助人们。

这一切都开始于一本杂志。那篇文章并不是教你如何暴富的，而是包含一些发人深省的看法——关于资金管理，以及通过做多和做空股票可以获得巨大且稳定的回报。简言之，琼斯会调查你如何通过买卖一篮子股票来保护和增加你的资产。

这篇把他的计划付诸实施的文章题目叫作《预测的时尚》（*Fashion in Forecasting*），于1949年3月发表在《财富》杂志上。今天一些人认为这是一块基石，它为基金经理提供了一个最重要的赚钱工具。以下是从文章中摘录的内容：

标准的、老式的预测股票市场走势的方法，首先是分析外部事件和数据，然后检查股票价格是否过高或过低。货运装载量、商品价格、银行清算、税法展望、政治前景、战争危险以及无数其他决定企业盈利和股息的外部因素，这些再加上资金利率，就应该（长远上来看确实如此）能够决定普通股的价格。但与此同时，棘手的事情也会存在（正如凯恩斯所说，从长远来看，我们会失败）。

例如，在1946年夏末，道琼斯工业平均股票指数连续5周持续下跌，从205点下跌到163点，这一下跌趋势部分源于市场的恐慌心理。尽管股市下跌，但是经济在下跌之前依然是运行良好的，在下跌时也运行良好，并继续保持着这种势头。

然而市场上有许多分析家，他们关注市场的内部特征，能够预测到下跌即将来临。为了能够有这种预测能力，他们研究股票市场上每日发生交易的统计数据。通过提炼、操作、解读，这些数据被大约20家股票市场服务机构所出售，且被成百上千的个体所使用。经纪公司更是大量使用这些数据，其中一些是因为相信这些数据才使用，还有一些是因为使用这些数据能够为他们带来更多业务而使用。①

---

① 资料来源：Alfred Winslow Jones，“Fashion in Forecasting,” *Fortune*，March 1949。

这个想法很简单：一些股票会上涨，一些会下跌，而所有的股票都同时同向移动则鲜有发生。如果它对你有意义，那么下一步你需要明白的事情就是当一些股票上涨、一些股票下跌时，有一种办法可以赚到钱，那就是，当股票上涨时，提前买入一篮子股票，当股票下跌时，提前做空股票。关键就是要预测哪些股票会上涨，哪些会下跌，然后根据预测来配置组合。

多年来一直有一个相同的问题困扰着人们：如何确定哪些股票要上涨，哪些会下跌。而琼斯自己的问题是：他不是一个操盘手。幸运的是，他早就学会选股了，这能够弥补他无法通过雇用那些操盘手来进行选股这一缺陷。

“我的父亲是一个很好的推销员，他知道从什么人那里可以筹集到资金，他还是一个很好的组织者和管理员。但是在挑选股票上，他没有特别的天赋，”托尼·琼斯（Tony Jones）告诉我，“这意味着，他的工作是寻找那些在选股方面有特殊才能的人。”

琼斯是一名高管，不是选股人。他懂得如何做事和如何找到人来执行他的想法。最后，他还创造了第一只对冲基金和整个对冲基金行业。

大约50多年后，在2003年的秋天，由SEC（美国证券交易委员会）出具的一份报告估计：6 000～7 000只对冲基金管理着6 000亿～6 500亿美元的资产。报告指出，对冲基金资产总量到2008～2010年预计将会增长到1万亿美元。[1] 在2011年10月中旬，巴克莱对冲基金（BarclayHedge）指出，到2011年季末，对冲基金行业管理的总资产将会达到18 064亿美元。巴克莱在其数据库中跟踪了超

① 资料来源：United States Securities and Exchange Commission, “Implications of the Growth of Hedge Funds: Staff Report to the United States Securities and Exchange Commission” (September 2003). Retrieved August 8, 2006, from www. sec. gov/news/studies/hedgefunds0903. pdf。

过 21 000 只基金。[①]

琼斯没有预料到这些的到来。他坚信他的生意不会腾飞，尽管它是成功的，尽管他的理念已经在运行。在为数不多的对冲基金行业创始人的概要文件中，引述了琼斯曾经说过的话："我不相信它（对冲基金）会成为大投资场景的一部分，因为它处在 20 世纪 60 年代。对冲基金并没有一个很棒的未来。"[②]

琼斯似乎低估了他的发明的价值，因为很多人都意识到，在很长一段时间内，无论市场上涨或下跌，有一个多空并存的投资组合是唯一一种确保资产保值增值的方法。

虽然多头组合和空头组合很重要，但保持成功的关键是要学会灵活运用多头组合、空头组合和多空组合以获得超额收益。要不惜一切代价地保护你的资产，以确保它们持续盈利。朋友们，这是对冲基金公司成功的秘密，它允许这些机构在安全的环境中维持和创造财富。

了解对冲基金

这本书的概念并不复杂。它为你提供了你所需的工具，用以理解那些创建、启动和运行对冲基金的函数方程。它为你提供了在选择律师、主经纪人、会计师、行政管理人及其他服务供应商时能做出更好决策的信息。这些人能帮助你成长并维持你的业务。这本书为你提供了洞察对冲基金业务的现实的看法，最重要的是，它让你清楚地了解对冲基金行业从哪里来，现在在哪里，未来将会在哪里。

---

① 资料来源：Hedge Fund Industry – Assets Under Management – Barclayhedge LTD，October 13，2011，www. barclayhedge. com。

② 资料来源：John Thackray，"Whatever Happened to the Hedge Funds?" *Institutional Investor*（May 1977）：70 – 73。

这样，你和你的合作伙伴可以创建和运行一个成功的业务，使你和你的投资者建立并维护财富。

当然，这本书不谈论理财或实现交易策略，这些会在一些关于理财和市场方面更发人深省的书籍中被提及。这本书只是一个工具——一本参考指南，你会在你投资的前中后期用到本书。当你需要决定启动什么样的基金，设计怎样的结构，选择谁来当律师和主经纪人，帮助你创建和实施营销策略基金以便筹集资金时，这本书就可以当作参考指南了。如果你只是想学习交易，那么现在请停止阅读，去购买那些教你快速致富的交易书吧。

说完这些，我们需要借助对冲基金的基础知识来开启和运行一个成功的投资管理业务。这些知识是最基本的，说实话，相当基本。需要说明的一点是，对冲基金像华尔街的大多数事物一样，被认为是错综复杂的，但事实并非如此。它就像是大街上的其他东西一样，你打破它们很简单。当你密切地关注它们，并以一种有序和高效的方式来剖析它们时，这些通常被称为神秘的投资工具就很容易理解了。

对冲基金行业的某些方面是复杂的，包括构建税收效率和基于新立法的注册问题。然而在大多数情况下，建立对冲基金就像骑自行车：在你骑了一次车后（即建立了一只对冲基金），你永远不会忘记它是如何运作的以及需要做什么。此外，你还可以依靠律师、会计师和其他服务供应商这些重要资源来帮助你做出正确的决定。

尽管投资者最初可能认为对冲基金和共同基金在以类似的方式运营，但二者唯一相似的是都是作为投资工具池来运行，这意味着，许多投资者把他们的钱委托给一个特定的基金经理来买卖证券以盈利。

对冲基金不同于共同基金之处在于，它为投资者提供了一个对冲基金经理来追求绝对收益策略，而共同基金一般只提供相对收益策略。

“绝对收益策略”是对琼斯发明于20世纪40年代末的策略的一个全新命名。这意味着无论市场条件如何，对冲基金经理都应该赚钱。这不同于所谓的相对回报策略，即一个基金如何打败基准收益。近年来，市场创建了一系列指标来跟踪对冲基金，并作为对冲基金的基准利率。尽管这些指标很好，但仍有缺陷。因此，把对冲基金作为工具最好的办法是衡量它们的特定表现，而不是把对冲基金的表现与标准普尔500指数、罗素2000指数或者别的用来衡量传统投资表现的基准指标进行比对。

共同基金，因其结构和规定其如何运作的法律的缘故，会投资于一个预定义的风格和策略，比如大盘股、中盘股或一个特定的领域，例如公用事业公司或生物技术等。共同基金会在《招股说明书》中定义其策略和风格，而这份《招股说明书》会展示给现有和潜在投资者。基金经理的表现要看该基金回报与特定基准指标回报之间孰高孰低。举例来说，如果你投资一个大盘股基金，那么基金经理给出的回报就应该超过投资标准普尔500指数的收益或至少与其收益相同。

大多数共同基金经理通过使用他们的选股技巧来创建一个投资组合，他们相信随着时间的推移这个投资组合将表现良好，并为他们提供一个超过指数的收益。他们所需要做的和其他人认为他们擅长做的事情就是每个月都跑赢指数几个基点。这里有一个问题：这对基金经理很好，但对投资者并不好。当共同基金经理管理钱时，有一个目标，那就是匹配或超越相对指数，如果指数下跌了10%，而共同基金下跌了7%，那么该基金的表现可被那些为共同基金排名的人们称为是成功的。媒体会将这些基金经理作为资金管理行业的英雄，他们将被视为专家选股人，因为他们击败了相对基准指数。而问题是，作为一个投资者，你不能指望相对回报。在前面的场景中，你将会失去7%的钱，还要再加上支付给这些优秀专家的选股能力的钱。

对冲基金则相反，它致力于寻找正的绝对收益，而无论基准指数的表现如何。不像共同基金，只能买入（这意味着基金经理只能在股票上涨时赚钱），对冲基金可以实现更激进的策略，包括把做空放入头寸中（比如在市场下跌时）。基金经理可以使用更多的金融衍生品，比如期权，并使用杠杆来提高投资组合的基金底线。

由于对冲基金做空的能力，许多人认为对冲基金在熊市中比在牛市中更受欢迎。然而，在2008年，我们看到很多所谓的对冲基金经理并不知道如何对冲。许多行业内最大的和最聪明的基金明星在次贷危机期间失败了，当经济持续疲弱时，它们也表现不佳。巴克莱对冲基金的指数一整年下跌21.63%。虽然对冲基金行业在2009年和2010年又涨回来了，两年分别上涨了23.74%和10.88%，然而，经过2011年的前9个月，基金经理指数下跌了6.06%，这段时间对冲基金表现很差。

一些基金在经历了次贷危机后无法利用市场的波动，糟糕的表现让许多投资者摸不着头脑，不知道对冲基金行业到底发生了什么事。人们似乎认为这些所谓的华尔街巫师不可能失败，但是他们失败得很糟糕。虽然资产持续流入该行业，新基金也在继续推出，但次贷危机使得许多投资者开始了初始和持续的尽职调查，投资者希望确保基金经理们能够履行他们当初对资产管理的承诺。

多数投资者认为，因为对冲基金有能力买卖，并使用任何必要的工具去实现他们的回报，所以无论市场看涨还是看跌，他们都应该做得很好。

绩效评估并不是这两种投资工具的唯一区别。共同基金是将其股份通过多种营销渠道出售给大众的开放式投资公司，或者是封闭式的，在交易所进行交易。对冲基金却不是这种操作方式。对冲基金对于投资者的数量是有限制的，100人或500人，这取决于它们的结构，只开放给认证的合格投资者或购买者。在大多数情况下，美国的对冲基金是有限合伙制（LP）或有限责任公司（LLC），这些投资工具不受美国《1933 年证券法案》（以下简称《33 法案》）的限制。后面的章节将讨论其具体的结构和期票支付场所。现在，我们把所有的对冲基金都看作有限责任公司，经理是普通合伙人，投资者是成员或有限合伙人。

对冲基金投资者需要了解这些投资工具与共同基金有着不同的收费结构和流动性规定。流动性规定虽各有不同，但在大多数情况下，投资者很难按意愿赎回他们的投资。大多数基金是季度赎回，通常执行一年的禁售期。如果违反禁售期，就意味着投资者想要在一年之内赎回对冲基金份额，要交一个高额罚款或赎回费用，通常是资产的 1%。一些对冲基金没有锁定期，而其他对冲基金则会锁定 1 年、2 年或 3 年。导致这种不同有很多因素，包括战略以及在行业内基金经理的份额有多大。

不像共同基金，对冲基金不在《33 法案》下注册，因此它们被禁止向公众招揽或做广告。这项禁令会加重大众媒体认为对冲基金行业很神秘的看法。然而，在过去的几年里，随着对冲基金持续在华尔街获得青睐，越来越多的经理人受媒体之邀，出现在 CNBC① 和福克斯商业中，坐等采访。要记住的关键一点是，管理者不能招揽投资者。因此，他们可以出现在电视上或文章中，但不能讨论基金的表现或结构；可以讨论他们对经济的看法，但不能谈论他们的基金。

媒体喜欢质疑与对冲基金投资有关的费用，认为这些投资工具是昂贵的。对冲基金不像共同基金，由美国的《1940 年投资公司法

① CNBC 为美国 NBC 环球集团所持有的全球性财经有线电视卫星新闻台，是全球财经媒体中公认的佼佼者，其深入的分析和实时报道赢得了全球企业界的信任。——编者注

案》（以下简称《40 法案》）明确规定费用以及收费方式，它不受这些法规的限制。

在大多数情况下，对冲基金收取的管理费用通常只是资产的 1% 或 2%，并且还有一个占投资组合利润（通常是 20%）的激励费用。管理费包括该基金组织的运营费用和提供了红利收益的激励费用。我们认为对冲基金的管理是既为投资者赚钱也为自己赚钱。如果基金经理不能为投资者赚钱，那他们自己也赚不到钱。投资者和管理者的利益是一致的。

插一句，琼斯是不收取管理费的，他只收取激励费用或者说是利润分成费用。许多对冲基金经理收取管理费用是在 20 世纪 60 年代末，以此来确保业务的连续性。

你可以在网上搜索《33 法案》和《40 法案》，你不需要阅读得那么详细，但是当你做业务时你应该熟悉这些文件。《40 法案》规定了在美国资金管理工具的市场推广情况、销售方式和运营模式。它规定谁能买、谁不能买某些产品，以及这些产品需要由哪个个人或公司来管理、运营、销售和市场化。在特定情况下，一些资金管理公司注册的对冲基金管理公司的市场结构类似于共同基金，在社会上也是可行的。然而，出于写作这本书的目的，我不会谈论这些产品。我关注的是那些不注册的，因此也不受《33 法案》限制的对冲基金，它们具有以下两个具体特点：

---

1. 投资者的数量是对冲基金可以接受的。
2. 投资者的类型是对冲基金可以接受的。

所有的对冲基金都被限制只能有 100 位或者 500 位投资者，只能对可信任或者超级信任的投资者开放，也就是所谓的“合格投资

者”。在2012年春，合格投资者被定义如下：合格投资者必须是净资产或联合净资产不少于100万美元的金融机构、发行人附属机构或个人。此处不包括个人或配偶的主要住宅价值，或在最近两年每年收入都超过20万美元的自然人，以及与配偶的共同收入超过每年30万美元和在近些年有合理期望收入水平的人。[①] 合格投资者包含下列4种类型：

---

1. 一个自然人拥有不少于500万美元的投资。
2. 任何人，他自己的账户或其他合格投资者的账户加总起来，拥有的可自由支配的净投资不少于2 500万美元。
3. 任何家族组织或实体，拥有500万美元或更多的净投资。
4. 任何不以收购证券为特殊目的而建立的信托，每一个受托人或为信托提供资产的人都能满足前面的要求。[②]

然而，美国国会和SEC会对于合格投资者的定义做了一些修改。之前，这一定义很多年保持不变，然而在次贷危机和大萧条之后，美国国会开始修改某些方面的规定。其中最大的修改之一是对对冲基金的注册要求，且该注册要求在2012年3月底生效。

① 资料来源：U. S. Securities and Exchange Commission, “Accredited Investors.” Retrieved February 24, 2012, from www. sec. gov/answers/accred. htm。

② 资料来源：University of Cincinnati College of Law, Security Lawyer's Deskbook, “The Investment Company Act of 1940.” Retrieved February 24, 2012, from http://taft. law. uc. edu/CCL/InvCoAct/sec2. html。

虽然这些规则定义了谁能和谁不能投资对冲基金，但是基金经理有能力接受非合格投资者加入他们的基金，只要限制这种类型的投资者的数量少于35个人即可。

由SEC制定的D条例（Regulation D）规定，最多可允许35个未经认可的投资者投资一个私募基金（即对冲基金）。然而，大多数的经理不接受非持证投资者，因为接受他们就意味着要放弃那些可以由其他更富有的、可提供更多管理资金的投资者来替代的投资机会。

一位跟踪业界的对冲基金会计认为，在对冲基金行业，非合格资质的投资者的存在将成为一个监管问题，这是一个糟糕的商业决策，因为他们可供基金经理来管理的钱是限的。“基金经理最好坚持只接受那些满足投资要求的人，因为这些人可以给他们大量的钱进行投资，这样他们就可以建立自己的业务，”他说，“如果他们让35个非合格基金投资者全部进入对冲基金，这真的会限制他们发展业务的能力。”

对冲基金在过去50年的大部分时间里一直默默无闻，因为它们不是注册的投资工具，且只对认证和超级认证的投资者开放。与共同基金不同，被要求报告其每日的净资产值，对冲基金只需要报告给投资者。而在过去的几年里，对冲基金行业已经走出阴影，因为许多投资者希望当市场急转时投资产品也跟着急转。想要了解该行业是怎样进入主流的，我们需要看看华尔街自1987年股市崩盘以来的演变历程。

对冲基金的历史

在过去的50年里，对冲基金行业虽增速显著但是却悄无声息。从20世纪50年代到70年代中期，行业稳步增长，一直到80年代进入停滞状态。然而，在危机过后，行业又迎来了新发展。当华尔街吻别了80年代，那些交易员、经纪人和银行家意识到好日子到头了，他们需要寻找一种替代传统收入的投资产品，然后就发现了对冲基金。

在1987年年末和1988年的大部分时间里，对冲基金行业存在的并不多。然而，一些聪明的和有远见的华尔街人看到了它的发展前景，这群经纪人、律师和会计师共同决定开始推动所谓的经纪业务。这一业务将在第二章中进行详细讨论，它是一个允许交易员交易、资金管理人管理资金，把几乎所有的后台运行基金的功能都交给第三方的服务。大规模且受人尊敬的华尔街经纪公司已经提供经纪商服务很多年了，这在他们的底线中占据很小但是很重要的部分。除了清算业务，经纪业务已经是一个公司提供的最赚钱的服务之一，因为它不仅可以赚钱还几乎没有风险，这样就使收益更具吸引力。多年来，只有大的公司才可以提供对冲基金服务。然而，在次贷危机后，一些规模较小且更激进的公司决定，他们要做的是为那些受人尊敬且可以成功运行对冲基金的大型公司或者是任何一个想做对冲基金业务的人提供经纪服务。

“有一个共识：在大多数情况下，经纪业务可以为公司提供源源不断的无风险收益。”一名经纪业务前高管表示，“所以，我们决定做的就是宣传对冲基金很简单、也不贵，我们可以帮助那些想要进入这个行业的人。”

一个关于对冲基金业务的有趣的事实就是，对冲基金是伟大的均衡器。任何人都可以进入，只要他有钱来支付律师费用，并赢得一些投资者来委托自己的资产。这就是这个行业对华尔街的界内外人士持续具有吸引力的原因。它是唯一一个允许任何人参加的业务，不论他的经验和教育程度如何。也就是说，每次熊市持续存在，对冲基金行业就呈暴增态势。进入对冲基金行业是很容易的，而问题是，你能留下来吗？

尽管后面的章节会讨论如何在这个行业中生存的问题，但这个游戏的名称是资产，如果你不能筹集资产并吸引投资者，那么你注定要灭亡。如果你能建立一个追踪记录，吸引投资者的兴趣、吸引他们的资产，你将会成为对冲基金伟人，并拥有巨大的财富。这就是为何在1987年的危机之后，经纪公司要推动经纪服务发展并让人们乐于寻找创建、拥有、投资对冲基金的机会的原因。

想要了解对冲基金行业究竟发生了什么，可以思索一下德州扑克现象，想一想它是如何在世界各地兴起的。

扑克可能是在19世纪被法国毛皮商人和探险家进口到美国的。尽管似乎没有人知道准确的答案，但是估计扑克的起源来自波斯一款称为“阿斯那斯”（As Nas）[①] 的游戏。据一些扑克历史学家所言，已知的第一次直接引用“扑克”一词是在19世纪30年代的新奥尔良，从那里开始，并经密西西比河和俄亥俄河上下游的传播，成为西部牛仔的传说。

尽管人们多年来一直在玩扑克和其他各种各样的游戏，但是德州扑克在20世纪70年代早期作为世界扑克系列赛，在拉斯维加斯的比尼恩赌场酒店就已经成为最受赌徒和牌手欢迎的游戏。多年来，这项赛事在全世界范围内发展壮大，成为牌手们的首选赛事。系列赛在20世纪八九十年代变得广受欢迎，并于21世纪早期在电视、互联网和一些有远见的赌场高管的影响下规模更为扩大。虽然之前该赛事已经被许多地方的电视媒体在ESPN[②] 上进行报道，但是在2003年，它首次在美国旅游频道亮相，并吸引了大批追随者。[③] 和

---

① 资料来源：Royal Vegas Poker，“The History of Poker.” Retrieved August 8，2006，from www. royalvegaspoker. com/history-of-Poker. asp?BTag = ad_157206。

② 娱乐与体育节目电视网，是一家24小时专门播放体育节目的美国有线电视联播网。——编者注

③ 资料来源：E-zine Articles，“History of Texas Hold’em.” Retrieved August 8，2006，from http://ezinearticles. com/? History-of-Texas-Hold-em&id = 205439。

对冲基金一样，德州扑克的进入壁垒非常低，任何有钱的人都可以玩这个游戏。此外，它为那些成功的人提供了大量的财富。德州扑克的转折点是在2003年，当时世界扑克系列赛的冠军克里斯·莫尼梅克（Chris Moneymaker）作为一名相对的新手，是凭借在互联网上比赛的胜利，获得了进入系列赛的资格。有一个观点认为，一个在电脑上玩游戏的人可以打败世界上最好的球员。听起来是不是很熟悉？想想那些选择了好的股票的新手对冲基金经理。今天，德州扑克已经成为在全美赌场最受欢迎的赌博类游戏，同时也是Fox（福克斯广播公司）、NBC（美国全国广播公司）、ESPN等主流电视媒体的支柱节目，全年都在进行直播。①

对冲基金行业发展和德州扑克发展之相似是非常重要的。正如计算机程序员、电视媒体高管、赌场运营商将一项古老的游戏推向新受众，以便为在线赌博和现场赌博带来更多刺激一样，经纪公司、律师和会计师们想让人们能够更容易进入对冲基金行业，便把门槛降到足够低以使其与金融风险相匹配。与通过互联网和比赛来推动德州扑克的发展不同，人们是通过研讨会和鸡尾酒会推动对冲基金行业发展的。在20世纪90年代初期，我们很容易发现，在周一、周二或周三的某一天下午，经纪公司、律师和会计师会举办一个研讨会和鸡尾酒会来讨论如何开展对冲基金业务。

进入20世纪80年代末和90年代初，对于华尔街的大多数人来说，对冲基金行业从马后炮成长为前沿和中心。市场的不确定性、华尔街财富感知力的缺乏以及良好就业机会的短缺都刺激了对冲基金行业的增长。大公司已经根据经济崩溃情况在缩减开支并裁员。此外，它们还缩减了那些仍被雇用的员工的补偿款。更多的人失去

① 资料来源：E-zine Articles，"History of Texas Hold' em." Retrieved August 8，2006，from http://ezinearticles.com/? History-of-Texas-Hold-em&id=205439。

工作，意味着更多的人会成为企业家。这一点，加之为对冲基金提供服务机会的律师、会计师、经纪公司数量不断扩大，结果会使风暴更加完美并导致该行业的增长。围绕对冲基金行业内机会的兴奋点在于：服务供应商意识到当你运作一个对冲基金时，大多数风险可以被量化。尽管由于单个基金表现很差，信息提供者不能筹集资产，信息提供商可能会失去客户，但只要有源源不断的新经理出现，就很容易保持广泛的业务。因此，服务供应商需要宣传、启动并运行基金经理业务。经纪人意识到单个的对冲基金经理不能像一个流氓交易员（rogue trader）那样运用全部的公司资本来拿下整个公司，他们决定将业务风险限定于与手续费收入相关的底线范围内，在最坏的情况下，律师、会计师、经纪公司和基金管理者需要找到新客户来弥补那些由失败的基金所导致的收入损失。

从整个20世纪90年代到进入新世纪，许多服务供应商意识到他们需要满足管理者的需求来继续在华尔街生存，并对这些通常被认为很神秘的金融工具所带来的手续费收入加以利用。正如电影《教父》第三部中迈克尔说的："当我以为我已脱离了一切的一刹那，他们又把我拉了回来。"对冲基金行业似乎在次贷危机期间和之后经受了很小的打击，并且还能继续存活下去。

原因有两个：第一，行业壁垒已经如此之低以至于进入这个行业的人数大量增加。注册费用或者说创立、启动资金大约是50 000美元，这意味着几乎所有人都能做到。[①] 第二，因为大萧条，成千上万的华尔街工作机会消失，许多人都决定离职。还有比对冲基金更好的去处吗？如果他们能建立一个成功的业务，那么低入口成本会给经理及团队带来巨大的金融回报，几乎再没有别的领域能让人们

① 这里包括文件的法律工作以及启动费用，但不包括设备成本和实物资产投资费用。

挣得如此多、如此快。每当一个专业运动员签了笔大合同，媒体的报道都令我们咋舌，但即使他们的薪资与奖金再高，也无法和对冲基金经理人及交易员们一年的收入相提并论。那些在华尔街或任何机构最受人尊敬和羡慕的人，都是对冲基金经理，他们每年在市场上赚取数亿美元。随着基金数量的增加，服务供应商提供工具的数量也在增加，进一步帮助经理们成功。它已成为一个数字游戏。费用合同的客户数量正在扩大，这意味着他们需要更多的人来提供对冲基金服务，行业才能持续增长。最终，一些将导致对冲基金增长缓慢的因素也会出现。而直到行业费用消退，会有很多人将推动别人进入对冲基金业务。

无限的财富等待着尚未成功的经理，只是不是每个人都能成功。原因有两个：第一，不是每个人都能成功的交易或者投资，一些对冲基金经理无法获得投资者所期望的回报；第二，一些经理无法筹集足够的资金来将他们的业务继续下去，因为他们无法履行职责。对冲基金业务最困难的部分是筹集资金，很少有人能成功做到。许多人说他们可以筹集资金，并承诺帮助基金的运行，但大多数不能兑现。我们将在第六章对营销和融资进行专门的探讨，你要认真阅读这些内容，因为它是经营一个成功企业的最重要的部分。

新的变化和发展

在过去的 5 年中，自本书的第一版以来，这个世界又发生了很多事，特别是在对冲基金行业。然而，真正的乐趣始于 2004 年 10 月，这是 SEC 历史上的第一次，在要求所有对冲基金经理作为注册投资顾问（简称 RIA）来进行注册的提案上，委员投票产生分歧，3:2，按党派立场改变了监管方式。这次投票具有历史意义，因为在 SEC 的历史上，委员们几乎总是一致投给改变规则。

要求对冲基金顾问在 2006 年 2 月前作为 RIA 来注册引发了争议。在这一规则制定后，许多业内人士和贸易组织试图挑战它的合法性。一位对冲基金经理曾在法庭上向其发起挑战。2005 年 12 月，美国哥伦比亚特区上诉法院听取了反对这一规则的辩论，并于 2006 年 6 月 23 日下达了打压 SEC 注册规定的决议。此决议决定取消该规则，并将其发送回委员会，重新考虑其监管。对冲基金有限合伙人菲利普 · 戈尔茨坦（Phillip Goldstein）很支持这一行动。他认为，SEC 无权采用这一规则，它误解了之前法律中关于对冲资金豁免注册的部分。哥伦比亚上诉法院做出此判决的消息给注册通道的双方带来了巨大的冲击。那些支持和反对此规则的人似乎都不相信它已经被驳回。

《华尔街日报》中有句话总结得最好："他自己管理委员会，没有其他管理人员加入，他从自己的口袋里拿钱来支付近 300 000 美元的费用。"①

在法院裁决前，许多管理者认为 SEC 不会停止监管，但最终会要求对冲基金本身而非他们的顾问，以类似于共同基金在证交所注册的方式进行注册。另一个很小但很重要的关注点就是，那些被认为是由注册带来的额外的管理费用将会提高该行业的门槛，从而扼杀创业精神。美联储主席艾伦 · 格林斯潘（Alan Greenspan）早在 2004 年就对后者提出过异议，当时 SEC 正在接受对规则改变的评价，而他则被问及了悬而未决的注册问题。

此时，SEC 的委员们通过免除对冲基金中客户数量小于 15 人或注册资本低于 2 500 万美元的顾问职务的方式承认了企业中潜在的问题，此方案对于解决该类小问题颇为公正。

---

① 资料来源：Jesse Eisinger, "A David Toppled Hedge Fund Rule, but Was Goliath Really so Bad?" *Wall Street Journal*, July 28, 2006, C1。

然而，自法院裁定以来，对冲基金行业似乎相信它不需再处理注册问题。虽然一些人认为 SEC 将规避法院裁决，可能转向向美国国会或各州寻求救济或关于创建和实施注册要求的指导，然而到 2006 年仲夏，看来这样的努力已经停滞不前。

从 2006 年 2 月规则生效以来，直到 6 月下旬，在假设监管规则生效的情况下，对冲基金行业已经运转了。那些没有注册成为 RIA 的经理经历了整个过程并留在此商业领域内。随着 RIA 的进入，这些对冲基金经理需采用基本合规控制，提高他们向投资者披露的质量，向 SEC 敞开大门，便于定期进行审计，这与对共同基金经理的要求一样。监管将允许 SEC 收集和公开基本的信息，包括资产和美国的对冲基金经理的身份信息。

在判决之后，争论仍在继续。然而，许多人认为注册需求将走向灭亡，但这一切在 2008 年 9 月 15 日都改变了。这一天，雷曼兄弟（Lehman Brothers Holdings Inc.）申请破产，美国银行（Bank of America）则收购了美林（Merrill Lynch）。

随着雷曼兄弟的破产，贝尔斯登（Bear Stearns）减价出售给摩根大通，美国银行并购了美林，更不用提资产救助计划（简称 TARP）了，美国金融业对于各个方面的监管都有了巨大需求。而大部分的监管都被放入了《多德－弗兰克华尔街改革和消费者保护法案》（简称《多德－弗兰克法案》）中，该法案由美国总统奥巴马于 2010 年 7 月 21 日签署进法律当中。《多德－弗兰克法案》被认为是美国历史上对金融监管改革最彻底的法案，因为其触动了所有联邦金融监管机构和美国金融服务行业的各个角落。

尽管《多德－弗兰克法案》的很多地方都影响了华尔街，但是对冲基金经理和投资者最关注的是法案的第四章，其中的规章和条例影响了对冲基金的运作方式，特别是他们的活动报告。最大的变化是，资产管理额在 1.5 亿美元以下的对冲基金不再需要到 SEC 注册成为RIA，只有超过1.5亿美元的才被要求去注册。第四章还呼吁开展一些对于对冲基金其他领域的研究，包括改变可信任的投资者要求、对冲基金行业自律组织的建立和对卖空的研究。

一些观察人士认为《多德-弗兰克法案》有关注册要求的变化做的并不深入，而其他人则认为它过犹不及。《多德-弗兰克法案》并不能解决导致一些投资者远离对冲基金的营销问题。许多投资者认为，监管是朝着正确的方向的，但是因为对冲基金存在流动性差、有管理费和激励、不提供透明度的问题，注册对于增加这些投资工具的利益方面收效甚微。

许多行业观察人士认为，这些类型的规则不会消除舞弊，因为SEC及其员工承担的工作过多，无法完成。而SEC对于这个观点的反馈是：将雇用和实施需要监控和强制监管的资源。但是，美国审计总署（简称GAO）的一项研究发现，2003年，SEC能审查的企业仅占所有企业的23%。[①] 在2002年，美国国会通过了一项法律，要求SEC对上市公司的审查至少每三年一次。因此，新规的批评者质疑SEC将如何处理监测成千上万对冲基金经理这一额外负担。当美国国会颁布《多德-弗兰克法案》时，很了解SEC已经操劳过度且资金不足，但还是添加了这些新任务，完全是因为伯纳德·麦道夫（Bernard Madoff）欺诈案。1941年12月7日，这是被钉在美国历史的耻辱柱上的一天，[②] 但是在华尔街，2008年12月10日，也是每个人都会记住的一天。在那天，伯纳德·麦道夫向监管当局投降，承认自己策划了一个巨大的庞氏骗局。麦道夫带来的沉重负担迫使美

① 资料来源：United States General Accounting Office，"Testimony Before the Subcommittee on Government Efficiency and Financial Management, Committee on Government Reform, House of Representatives：Securities and Exchange Commission – Preliminary Observations on SEC's Spending and Strategic Planning" （July 23，2003）. Retrieved August 8，2006，from www.gao.gov/new.items/d03969t.pdf。

② 这里指的是日本偷袭珍珠港事件。——编者注

国国会和SEC不得不采取行动修复他们的声誉，重新使美国人相信他们会保护自己免受邪恶之害。最终，不论监管如何，对冲基金行业都将继续蓬勃繁荣发展；毕竟，这是美国的方式。

对冲基金经理不再大声抱怨新规则的一个原因是他们相信越多规定存在，对冲基金越能成为主流。只有当对冲基金行业变为主流，它才可以吸引更多的资产。通常，这些类型的投资者都是机构投资者，有相当多的资产分配额，且他们的资产一般是有黏性的。这是有利可图的，虽然这些钱很难过来，但是却很容易保持。一旦这些机构对基金有所分配，一般不会把钱再转移走。这些类型的投资者在使用顾问时，大部分顾问会采取形式主义，按章照搬的工作态度和方式。因此，如果一只基金想要在分配前的选美比赛中合格，它必须满足咨询公司的所有需求，并且要让客户认为加入该基金对于他们的理财很有必要。其中的一个要求就是基金经理必须是RIA，原因是市场对于RIA运作的基金高度重视，因为大家认为RIA比非RIA更专业。

感知不同于现实。事实是，只要满足一定的要求，任何人都能注册成为RIA，而在多数情况下，他们是被迫注册的。注册过程由填写和提交表格组成，并要遵守由SEC设定的专门管理RIA的规则。然而，如果一个基金经理想要从捐赠金、养老金或基金会中拿钱，他会自愿注册成为RIA。

挑战注册要求的基金是这样考虑的：他们认为该规则给他们施加了过度的压力。随着规则被采用，对冲基金经理需要遵守严格的指导方针来进行操作，而这些指导方针决定了他们如何运行业务，就意味着额外的人工成本和非人工成本。例如，企业必须制定一个合规手册，这个手册要详细说明企业的前、中、后台是如何运行的。他们必须任命一个首席合规官，来确保该基金及其员工在接受资产、运营资产，以及同现有投资者、潜在投资者及代理人之间的所有沟通等方面操作合规。在某些情况下，监管专业的组织将有助于基金运作得更有效率，但是在另一些情况下，监管是一个真正的障碍，可能成为公司运行的重大财务负担。

虽然会有抱怨，但一些人还是认为监管将帮助对冲基金行业，使它成为主流。注册要求是希望投资者在投资对冲基金时能够更放心。然而在我看来，投资这种产品时，它为经验很少甚至没有经验的投资者提供了一种虚假的安全感。因为一些人认为，由于基金经理是注册过的，那么投资就是值得的。这就类似于说因为你有驾照，你就有资格参加印地安那波利斯500英里大奖赛。我们知道事实并非如此。注册不是一个批准印章，它仅意味着基金经理完成文书工作，完成合规审查，并愿意被SEC随机审计，并不意味着该基金是值得投资者投资的资产。不幸的是，随着基金逐渐成为主流且愈加相似，投资者要做更强大和更彻底的尽职调查。问题是，他们会愿意并且能这样做吗?

作为一名基金经理，你应当以最有效率、最节省成本的方式开展你的业务。你的工作是评估注册相关成本，以及从筹集资产中产生的费用，因为你的基金可以采取避税策略。然而，这种情况已不复存在，随着新规的来临，对于任何策略、任何资产规模的基金经理来说，都是一个公平的竞争环境了。

对冲基金因该行业在新世纪所经历的增长而引起了监管机构的注意。SEC估计2008年会有约8 500只基金在运行，管理着超过1万亿美元的资产。[①] 根据SEC发言人的说法，该委员会自2005年以来就没有追踪基金，但是他们计划在2012年3月新规生效时重新这样做。不考虑SEC的追踪，对冲基金行业存在了30多年，不再是有钱人和其朋友的私人俱乐部。它已成为主流，几乎成为所有投资者

① 资料来源：Van Hedge Fund Advisors International，LLC，“Size of Hedge Fund Universe.” Retrieved from www. hedgefund. com/abouthfs/universe/universe. htm。

的一个投资工具。大大小小的对冲基金已经填满了大型经纪公司所关闭的资产交易业务，他们为市场提供了流动性和资金。今天，对冲基金经理是造市者，使得市场前行。他们是那些正在寻找全球开拓机会，同时提供流动性的基金经理。

不管有没有注册或规定，对冲基金行业就在这里。对冲基金经理和他们的投资者将会以各种方式走进我们的生活。问题是随着市场变化和投资者偏好越来越精确化，对冲基金行业如何发展？记住这一点：你，作为一个初出茅庐的基金经理，需要在决定自己出去创业之前先解决三个问题。

第一，你要有成为一个企业家的必备素质；第二，你要确保你有建立和维护可持续业务的财政支持，以保证你可以兑现你在发行文书中对投资者做出的承诺；第三，你需要雇一个真正合格的团队服务供应商来帮助你实现梦想。

自己来完成它

你是否有能力成为一个企业家是很难确定。当你以前为一家大公司工作多年，并且长期暴露在商业社会中，想成为一个企业家就更难了。一些对冲基金经理不想成为他们新公司里的主厨和洗碗机，而是希望能够拿起电话，从网上得到结果。最终，这样的人不可能在对冲基金的世界中成功。要想成功，你必须卷起袖子，参与业务运行的所有方面。因为积极参与业务的各个方面会让你更容易成功。

Havens Partners 是一只驻扎在纽约市的基金，它的创始人南希·黑文斯（Nancy Havens）在我的另一本书《对冲基金入门》（*Getting Started in Hedge Funds*）的概要访谈中，告诉我最困难的事情就是她开始意识到她对别人并不重要了。她再也不能只是打一个电话，就让她的电脑修好或者为打印机增添一个新的墨盒。作为自己公司的领导者，她不再是贝尔斯登这个大机器的一部分。她不得不自己整日承担所有的事务。

“这个很难适应，”她说，“但是一段时间之后，我对基础设施的重要性和如何做这边的业务有了更好的理解。”①

向投资者兑现你的承诺

当你启动一个对冲基金时，你需要将你、你朋友和你家人的资产聚集到一起来设立这个基金，你需要运营资本来确保你能开始这项业务。你会发现筹集资金可能是所有业务中最难的部分。记住，那些你认为会给你钱的人可能不会给你钱，那些你在一百万年后也从未相信能够给你钱的人却可能给你钱。从大多数企业家的经验来看，这就是筹集资金过程中可能会遇到的情况。为了获得投资者并维护好他们，你需要在发行文件和营销材料中更清楚地定义好一个稳定的策略，然后你就要兑现它。如果你不能执行你的策略，那就不要启动对冲基金。你必须兑现你的承诺，并且执行你的原定策略，这样即使你犯了错或者策略没有成功，投资者也愿意原谅你并且继续坚持下去；一旦你偏离了既定策略而导致失败，虽然你自己可以换一份新工作，但是投资者对于这种行为几乎是零宽容的。当然，如果你成功了那就无所谓了。

“市场不会允许基金经理总是取得成功，”纽约市的 FOF 经理理查德·布克班德（Richard Bookbinder）说，“我们的想法是找到一个策略，可以随着时间的推移来进行工作，并且使基金经理的工作不会偏离原定计划，从而得到更好的数值。我情愿有一个基金经理告

---

① 资料来源：Daniel Strachman, *Getting Started in Hedge Funds: From Launching a Hedge Fund to New Regulation, the Use of Leverage, and Top Manager Profiles*, 2nd ed.（Hoboken, NJ: John Wiley & Sons, 2005）。

诉我，策略没有成功是因为这样或者那样的原因；而不是告诉我他又尝试了一个新的策略并赚了很多钱。我想知道我投资的什么，我能获得什么。”

我们把策略和方式先放一边，个人投资者和机构投资者需要关注的是，在尽职调查过程中基金用于经营业务的服务供应商。

投资者希望看到新老基金使用好的、得力的、受人尊敬的服务供应商合伙人作为他们的律师、机构经纪人、审计师和管理者。这主要是因为已经发生了一连串的欺诈事件，比如 Bayou Hedge Fund Group、KL Group、Lake Shore Asset Management、Drier L. L. P. 、Beacon Hill Asset Management、Lipper Investments、Tradewinds International 和 Manhattan Investment Fund①。后来，一个共同的信念就是：如果受人尊敬的公司为基金提供审计、管理、法律和机构经纪服务，就说明它们已经通过了某种程度的尽职调查。遗憾的是，你永远不知道，你不应该听信任何基金经理的一面之词。

几年前，我参加了一场在美国佛罗里达州的伯克莱屯（Boca Raton）举办的对冲基金会议。在为期 4 天的会议中，一位正寻找大型机构战略伙伴关系的 FOF 经理接待了我。这个基金经理从一个我们共同的朋友那里知道了我的名字，我的朋友告诉他，我的公司运行的很多项目都与他的公司相似。他需要把他的生意拓展到下一阶段，且认为这对我们来说都是有意义的。

我们决定一起去吃午饭，看看彼此是否可以一起工作。其间，我们谈了这个行业的很多事情：他认为的伙伴关系将如何开展，他想从交易中得到什么，他和谁谈了合作。总之，谈话进行得很顺利，这个午餐对于我们来说很有用。

而我要做的下一步就是获得一份基金文件的复印件，审查它的

① 此处均为投资管理公司名称。——编者注

表现，考虑如何帮助他解决问题。这项审查最重要的组成部分是对基金经理、基金以及他的组织做一些原始的但是却很重要的尽职调查。最初的工作将会基于复查和联络他的律师、会计、管理员以及一些相关行业联系人而展开。

几天后我们又一起吃午饭，文件送到了我的办公室，我马上扫描该基金的服务供应商的名称。事实证明，该基金的律师是我熟悉的一家公司的律师。另外，大多数基金文件都是相同的，所以很容易快速审查文档。对冲基金文档始于一系列免责声明，然后进入发行总结，紧随其后的是一个详细的解释总结。发行总结总是提及基金的审计人员、管理员、律师、主要代理人和其他可为基金的持续性经营工作或提供服务的人。

在阅读文件、评估营销材料，并和我的合伙人就合作机会展开探讨之后，我打电话给这位律师，想要了解他所知道的关于这只他曾给予建议的基金。他说："我知道这个基金和它的经理。我们大约在六七年前写过这个文件，但是我之后再没有听到他的消息。他还在做业务吗？"

这个律师告诉我，自从他在文件中听到了自己的名字，就打算马上给这个基金经理打电话，看看他们如何能恢复之前的关系。这种情况是正常的，它不是一个危险信号，而是现实存在的事实。一旦文件完成，基金经理和律师就没什么工作需要一起做了，除非出现了问题或者业务扩大了。

也许这个基金经理在未接触期间没有出问题，也许他找了不同的律师来工作，但并没有想要新律师来重写文件。这是我和我的合伙人在后续谈话中的一个问题。

在这个特殊的尽职调查期间，我们没有发现什么来使我们相信这种关系有问题。基金和律师已经分道扬镳。基金经理一直在想着他的业务、做投资和融资，他不需要特定的律师事务所或来自他们的咨询建议。

作为一个想要建立成功业务的人，你需要做好准备，来回答打来电话的投资者询问你公司的问题。你要确保在回答那些问题之前，你知道所有的答案，并且你从来没有对潜在投资者做出任何虚假的陈述。你必须和服务供应商保持良好的关系，让他们知道你在参考他们的意见。你当然不想被困在这样一种情况下：服务供应商提供的信息和你给投资者提供的信息是不同的，或者服务供应商不知道你的两家公司如何一起工作。所以关键是要为所有的情况做好准备。

不幸的是，在过去的 5 年里服务供应商行业在持续增长，或者这也是幸运的事。似乎每个人都在为对冲基金提供产品和服务。第二章的内容涵盖了服务供应商的作用，以及作为一个刚起步的基金经理，你应该如何选择各种服务供应商，与它们一起建立你的组织。

第二章

服务供应商

全球各地的对冲基金经理有一系列服务供应商来帮助他们开展运营业务。许多不同类型的公司会对对冲基金经理提供各种服务来帮助他们成长。从这方面想想：人们认为对冲基金经理总是很成功，有很多的钱，所以，大家总想卖些什么给他们。这跟想想看“为什么大家会打劫银行”是一样的。

今天在美国，大多数对冲基金大致有 4 类不同的服务供应商：主经纪人、律师、会计师和行政管理人。在一些情况下，对冲基金还会雇用外来的宣传公司、合规顾问和科技专家。

每个服务供应商，仅看名字就可以认得，不必再进一步解释。然而，在今天这种环境中，随着华盛顿新规的出台和更多潜在法规的来临，你必须清楚每个服务供应商如何能让公司成功运作。

作为一个基金经理，你需要最好的公司给你的基金提供最好的服务，无论市场状况如何。你要确保和知名的公司合作。如今市场竞争如此激烈，许多投资者只和那些在过去投资中合作过的服务供应商做业务。

这一章我们会探讨这些服务供应商所扮演的角色。目的是让你对这些服务供应商的作用，以及当你的基金不断成长，如何发挥这些服务供应商的优势有一个基本而全面的概念。在这一章的最后，我会讨论一下第 5 类服务供应商——营销公司，研究一下外部或第三方营销公司在帮助公司开拓生意上的优点和缺点。

服务供应商的种类

一旦你决定进入对冲基金行业，你需要组合一个业务计划，勾画出基金如何组合、如何管理资产，以及如何筹集资产。大部分对冲基金经理的第一步的准备工作是寻找主经纪人，和他们推荐的律师。

主经纪人通常能为一个还在孤独探索时期的新基金提供一个好的起点。它除了可以提供经纪交易服务，也可以为基金公司提供其他服务供应商的联系信息。刚开始时，想找到一个主经纪人也许不太容易。许多大的经纪公司不太想跟这些新成立的对冲基金合作。而那些小型经纪公司，自己本身也许就是新公司，没有可验证的工作记录，让你来决定其能否提供给你的基金需要的经纪交易服务，来包装你的基金的成功运作。这些都是需要你在建立新的对冲基金时慎重考虑的难题。

由于次贷危机和不良对冲基金业绩，以及新的注册法规，2011年早期美国新成立的基金数目减少了。相对应的是，经纪公司的新业务也减少了。由于许多大规模对冲基金公司丢失了资产，甚至倒闭，经纪公司现有的生意也大大减少，市场的波动导致对冲基金公司宁可持有现金也不去交易。经纪公司可是一个赚钱的行业，大型经纪公司都投入了大量的资源来开发那些精密的交易技术和会计方法用于记录交易和佣金。目前，经纪公司已经开始饱和了，但是华尔街疑虑仍存在于游戏当中。虽然有很多经纪公司说他们不接待小客户，但也有好多接待的。关键是，到处多看看，你就能找到最适合你的。作为一个新的对冲基金经理，你进入了一个买方市场。

律师通常是对冲基金成功的第二步。因为律师是基金成立初期你会花大部分时间与之沟通的人，所以律师成为我们在这个章节内第一个探讨的服务供应商。律师会提供给你一个蓝图，让你看看你的基金、你的管理公司、你的生意会变成什么。

过去几年内，律师已经把基金的架构从 LP 改为 LLC。这两个架构都是可以接受的，但是很多律师相信，LLC 可以在情况变坏和投资者起诉基金公司时为公司提供更多的保护。

雇用会计是建立对冲基金的第三步。会计会给你提供费用如何计算、如何处理税务、如何审计业绩和如何向现有和潜在投资者汇报业绩的内部信息和指南。

行政管理人通常是筹备建立对冲基金的最后一步。行政管理人会记录基金的交易项目和账本、追踪客户、准备月度和季度的业绩汇报。

最后一个你可能会用得上的服务商是营销公司。而我不太相信营销公司的作用，因为过去这么多年我只碰到过几个可以给基金公司带来资产的营销公司。尽管还有几个营销公司可以给基金公司带来资产和吸引投资者，我的建议仍是雇用内部的营销人员。只有自己承担吸引资产和投资者的任务，才可以从头到尾地帮助基金成长。

律　师

律师的工作是帮助你和你的合伙人，参与从起草基金发行和经营的文件到设立能够成为基金管理公司的组织结构的各项工作。其中文件包括发行备忘录（你起草的第一个文件）、认购书，和一个 LLC 的协议书等。

发行备忘录描述了基金如何交易、如何运作，以及组织架构的细节。这个文件也讨论了投资策略和锁定期，以及基金的合伙人、收取费用和运作细节，与共同基金的说明书类似。认购书是投资者填好来申购基金的文件，与其相伴的是赎回文件，即投资者赎回投资时使用的文件。认购书要求投资者回答很多问题，这样可以了解投资者的类型和目标，以及他们的投资知识。在这个文件内，投资者会表明他们的财务状况良好，并且已经阅读了提供给他们的所有文件。LLC 的协议书则描述了公司（比如基金）如何运作、谁负责什么工作，和投资者在公司中的地位。

每一份文件在公司的运作和管理中都承担一定的作用，也描述了基金、基金经理和投资者的关系。具体案例可以在我写的《对冲基金入门》一书内找到。文件一般都是非常长和详细的，显得有些无聊和啰唆。文件详细介绍了投资策略、管理层人员和对投资风险的审查。你必须从头到尾地阅读这些文件，如果不懂，一定要问清楚。你一定要理解这些文件，并且能够回答问题，以及与投资者交流文件的内容。

在这些文件中，披露这部分内容是比较有意思的。毫无疑问，律师会把一切可能出错的事都放进这部分中。其他需要注意的是费用如何计算、如何付费管理公司、基金的投资方式和策略、税务问题等。会计会帮你处理费用和税务问题。而你和你的合伙人是唯一可以决定投资方式和策略对错的人。让会计来处理文件内的数学问题，尤其是“费用是如何计算的”非常重要，因为会计明白这些数字，他们会着眼于这些数字，确保你能挣到钱。

要全面理解文件的各个方面。每个文件包括了基金运作和管理的具体信息。你需要对文件内容特别熟悉，这样你就可以履行你对投资者的受托义务，而且能够与潜在的投资者进行清晰、准确的沟通。

在说接下来的话之前，先要跟我的众多对冲基金的律师朋友道歉，我认为，随着对冲基金行业越来越成为主流行业，法律文件也开始变得程式化。除了新规中要求的内容，没有什么新内容需要加到发行备忘录或者认购合同内。这是因为过去 6 年合伙人法规和税法基本没有什么改变。律师只有在有新法规实施时，才会更新文件。总体来说，大部分文件是相对连贯的。

许多新的基金经理认为他们从律师那里能拿到独家信息，其实他们得到的都是与其相关的文件更新而已。当然，从法律角度来说，也不总是这样。如果真的出了什么事，基金经理最好有一份跟别人类似的文件，而不是在行业内独特的文件。从营销角度也是这样，有丰富投资经验的投资者知道应该在文件中读什么，而相似的文件也可以让他们感觉安心一点。如果文件跟以往的不一样，投资者就得多花点时间来读它和做决定。

如今对冲基金完成一份法律文件，最少要花 15 000 ~ 25 000 美元，一个新的基金经理甚至会花到 100 000 美元。这完全取决于法律公司如何起草这些文件和完成这些工作花费的时间。一些律师说，那些廉价的律师事务所提供的文件会有瑕疵，而那些昂贵的最后提供的文件则近乎完美。我跟昂贵的和便宜的律师都共事过，我的意见是：应该与那些你感觉最舒服的和最在乎你的律师合作。事情就是这样，不是多付钱就比少付钱能得到更好的产品和服务。因为对冲基金行业发展得如此迅速和庞大，所以律师事务所可以提供给对冲基金的服务差异性已经很小了。如此，你的决定就该是选择那个最符合你的需要的、那个让你感觉能放心来谈生意的、那个你觉得能给你最好的建议的律师。你必须考虑的一件事就是：不管你选择谁，他都必须要有对冲基金行业的经验。要确保他明白自己在做什么，还要查查行业推荐。如果你需要，可以给我发邮件，我很乐意对服务供应商发表评论。无论你选择哪个公司，请确保这个公司有基金经验，并在行业内有一定名气。你一定不希望这个公司用你的钱来积累经验。

最初，你会花很多时间和律师一起做文件，把你的想法做成一个可行的对冲基金。这个工作包括把基金策略、方式、功能，以及能达到基金业绩目标的交易工具具体化。你需要把自己和合伙人的个人简介也做出来。你一定要喜欢你的律师，尊敬他们，相信他们能够把工作做好。如果关系没处好，工作过程就会拖得很长，而且达不到能让你成功的程度。大部分律师的工作都是从问卷调查开始的，你要好好填写，这些问题包括了以上我们刚刚讨论的那些，甚至可能更多。

你希望有一个富于洞察力并能够很好地回答你的问题的律师。你希望找到这样一位律师：当你对于生意中的法律事务提出疑问时，他能够提供可靠的信息来源，尽管这可能跟文件不相干，你期待他可以帮你顺利地完成这个过程。

一位不愿透露姓名的资深基金经理说："我们碰到的第一个律师根本不想帮助我们工作，他要了一个我们认为完全不合理的价格。当我们问他为什么这么高时，他说，'要不就是这个价钱，要不就不做。'我们就放弃了。后来我们找到了另外一家行业名声不错，而且愿意以一种让我们感到无比舒服的方式帮我们工作的律师事务所。"

一个基金经理在决定用哪家律师事务所之前，一般要与三家律师事务所谈判。选择服务供应商是一件让人抓狂的事。但是，选择服务供应商的第一原则是：记住你是消费者，而消费者总是对的。

服务供应商和你是相互需要的。没人知道一个新基金是否能够成功，因此，你有可能会成为一个大客户。不要跟那些不相信你可以做得更好的人做生意，他们不会成为好的服务供应商。记住，你是客户，是你付的账单，他们需要为你工作。

最好的选择律师的办法是多接触一些，多感觉感觉。我刚开始做 FOF 时的律师是我认识多年的一个人。他的名声不错，我觉得他在我的领域内应该是一个能力很强的人选。当我和他坐下来谈我的项目时，他看起来似乎有心聆听，而且感兴趣，但是，他还是接了几个电话，在他的黑莓手机上回了几封邮件。本来这个会议只要 40

分钟就可以结束，就是因为我们中途好多次被打断，最后花了一个多小时。最后，在毫无意义的45分钟会谈之后，我问他：既然你现在这么忙，不如我们约下次再谈。他回答："不用，我这儿一直是这样。"当我和我的合伙人离开时，我们互相看了一眼，说："这个律师不适合我们。"他可能是一个好律师，他是生意中的朋友，但他不是那个能让我们这些潜在客户感觉舒服的人。我们后来为这个项目选择的律师就非常好，做事扎实，就是贵了点。他的工作非常超群，但是项目中的大部分活儿都是他的助理做的，那个助理在项目做了一半的时候走了，结果让项目变得更难做了。最后还好的是，结果我们都很满意。尽管那个助理没有一直待到项目做完为止，我们还是非常感激他高质量的工作。

律师为你支付的钱做了什么？他们为你创建并实施将变为你业务的架构。律师帮你把公司创建起来，并为你提供公司文件，以建立你的业务的基础设施。在某些情况下，律师将担保你的税号，以便你设置银行和经纪账户。想想看，律师就像是建筑师一样，草拟出如何建设你的房子的计划。当你和他们坐下来，告诉他们你的基金的计划、策略和资产的来源，律师会把你的想法写在纸上，以便你可以在安全、合法的环境中操作，并为你和你的投资者赚钱。文件完成的时间可能从几个星期到几个月都有。这取决于需要做多少工作，律师和团队在参与这个项目时有多忙。记住，创立第一个基金是最难的。然而，当你做的越多，它会变得越容易，你不需要创造发明，这只是重复工作而已。

在起草文件期间，你需要确定使用哪些服务供应商。在大多数情况下，律师会为你提供一个良好的参考列表，里面是你可以合作的公司，经纪人将为你提供有关会计师和行政管理人的信息。律师很可能有一个他们喜欢打交道的首选人名单，这个名单通常是一个好的开始。选择其他的服务供应商也很重要，因为他们在文件中也会被提及，并且这些服务供应商也想检查一下你的基金材料，并提供他们的意见。通过这一步，服务供应商可以为基金材料添加有价值的信息。

举个例子，大多数基金经理认为会计和行政管理人对于法律文件的补充是不重要的，因为他们的主要工作是做账本和记录基金。其实，这二者都可以确保律师在文件中以正确和最有效的方式说明收取的费用和方式。会计师和行政管理人可以提供重要的基金财务结构，这反过来将决定如何支付基金经理。在基金材料公开前，请让你的会计师和行政管理人审查材料，因为他们会在最后的草稿中找到一两个错误，这可能会帮助你避免在未来遇到严重的问题，包括未来可能要支付的额外费用。

如果你的律师反对让会计师和行政管理人审查文件，你就要开除他，另找一个律师。多些人来审查是非常重要的。一旦文件完成，你可能一年内顶多跟你的律师谈几次。你应该让你的律师了解目前投资者的数量、基金中的资产数量、业绩和公司发生的任何变化。律师可以提供良好的咨询建议，所以要好好利用。你可以向你的律师或服务供应商要潜在客户的名单，服务供应商可能在这方面有很好的资源。所有这些人都可以帮助你的基金。记住，你的成功对他们只有好处，因为这意味着你需要他们提供更多额外的服务。

主经纪人

没有主经纪人，基金就不可能存在，这个事实不能被忽略。没有主经纪人，一个基金就不能交易，或者在市场中做其他投资。也就是说，在过去 10 年来，主经纪人带领了对冲基金行业规模的增长。主经纪人带领对冲基金行业成长的一个原因是他们看到了为对冲基金经理执行交易的独特的机会。甚至随着利差收紧和佣金下降，主经纪人反而更加努力了，因为他们把执行交易的业务变成了一个数字游戏。基本上，他们手头上的资金越多，他们就能赚更多的钱，这是一个质量和数量的关系。随着交易技术的飞速发展，业务的成本已经下降，意味着主经纪人可以向任何人提供良好、便宜的执行服务。以人为经纪人来管理账户的费用消失了，在大多数情况下，人类经纪人已被排挤出了交易过程，取而代之的是通过互联网连接到基金经理桌子上的交易屏幕。今天，点击鼠标，你瞬间就可以在全球市场上买、卖和借股票。主经纪人交易股票、期权、期货和债券。只要有一个屏幕和一个键盘，你就可以交易！

10 年前，为对冲基金提供主要经纪服务的公司数量远低于 50 家，而今天，光在美国的数量就接近 100 家。在次贷危机爆发和美林、贝尔司登、雷曼兄弟公司被收购，以及一些较小的公司停业后，提供主要经纪业务的公司数量有所减少，但仍然在继续成长。最近，似乎每一个新发行的对冲基金通讯或杂志上，就会出现一个关于主经纪人新建公司启动一个个令人兴奋的新的执行服务的故事。

“主经纪人”一词完美描述了它是为基金经理做什么的。主经纪人提供了许多服务和职能，包括新建咨询、交易和执行、投资组合报告、风险管理、借贷股票、办公空间、技术支持、杠杆和资本引进等。当然，其主要业务是为基金经理提供一个地方交易，其他的服务是用来吸引基金经理与公司合作的。

“我们的作用是为基金经理提供他们要运营业务的所有服务，方便他们专心挑选股票，”一位主经纪人销售员说，“我们为他们提供办公室空间、电话系统、彭博信息系统，以及其他他们需要的任何服务，这样他们可以专注于管理投资组合。”

主经纪人不能在法律上要求基金经理在他们那里有特定金额的交易，或通过其在特定投资组合中持有头寸。但是，不成文的规定是，如果一个基金在不是其主经纪人那里下了超过其交易量 50% 的订单，那主经纪人可能不会像对待一个基金那样来对待它。

“我们不能控制基金经理想和我们交易多点还是少点。但是因为我们保留所有的记录，我们知道他们管理了多少钱，在每天所有交易结束时我们得到数据，就能知道多少是跟我们做的，多少不是跟我们做的，所以，我们知道发生了什么。”主经纪人销售员接着说。“如果数字相加不对，我们首先要做的事情，是问他们为什么偏离了预期。接下来要做的是找出让他们与我们一起做的更多的办法。如果我们没有得到一个上升的交易量，那我们将提高他们的费率，这是用一种委婉的方式来提醒他们搬到另一家主经纪人那儿。

公平地说，一个主经纪人应该为其提供的所有的服务而得到报酬。而因为软美元规定的变化，对冲基金的成本正在上升。几年前，对冲基金可以使用软美元，或向投资经理提供信贷，用于支付更高的交易佣金，或者他们需要的任何东西。现在再也没有这种情况了。2005 年秋季，SEC 收紧了有关投资经理在正常的业务过程中用软美元可以做什么不可以做什么的规定①。基金经理正在减少做生意的成本，因为这些成本来自基金和他们的资金库。今天，价格最重要，价格就是底线。

而为对冲基金提供办公空间是一些主经纪人成功吸引对冲基金的做法。

提供办公空间的主经纪人，通过一个称为“对冲基金酒店”的方式，针对所提供的空间和房地产服务来收费，并为那些不想为建立自己的办公室而烦心的基金经理提供全面真实的服务。

基金经理不是被强制使用这些对冲基金酒店的，但他们会逐渐

① 资料来源：Jonathan Burton，“SEC Proposes Tighter ‘Softer Dollar’ Rules：Use of Commissions for Investment Research under Fire，” *MarketWatch* （October 20，2005）. Retrieved August 9，2006，from http://www. marketwatch. com/News/Story/Story. aspx?guid = %7B373BBC75-B693-457F-B656-A540F21CC034%7D。

意识到，使用对冲基金酒店，即使只有几年，也比建立自己的办公室更便宜。

一位基金经理告诉我，她不敢相信原来所有的头痛事儿都与设立自己的办公室有关。她说，如果她必须重新来一遍的话，她会进入她的主经纪人提供的对冲基金酒店，一旦产生了问题，她可以找人负责并解决。

在曼哈顿，如果你沿着公园大道从中央火车站走到西57街，随意扔块石头都可能打中一家对冲基金酒店或独立的对冲基金办公室。这个城市到处分布了这些对冲基金公司。

然而，由于对冲基金行业的戏剧性扩张，提供这些服务的业务已经扩大到了曼哈顿以外的许多城市，一个新的基金经理可以设立一个由主经纪人或另一个服务供应商控制的办公室。因为科技允许基金经理在任何地方进行交易，所以基金经理可以选择在任何地方设立办公室，很多新的基金经理正在利用大都市之外的地区。

其实，主经纪人不仅仅提供办公空间。小规模基金似乎对提供办公空间比较在乎，而大多数成规模的基金则并不是特别在乎。总之，主经纪人让基金经理能够专注于挑选股票并执行投资策略，而不是处理后勤问题。今天的主经纪人提供在线的实时组合报告，其中包括头寸级数据和实时损益表。一天24小时，一年365天，通过安全的网站和网络点击即可获得该信息。提供这种类型的服务是这些主经纪人的一个惊人的成就，因为几年前许多主经纪人是在市场关闭后几个小时通过快递的形式给基金经理发送纸质报告的。

大多数主经纪人还为基金经理提供投资组合会计报告，让他们看到实时的投资组合状况。这种实时损益报告已经成为资金管理重要的一部分。它提供日间分数，基金经理可以根据这个调整投资组合头寸。除了利润和损失，基金经理可以同时获得佣金和费用细节，以及风险报告和杠杆信息。

“真正惊人的是，我们只要点击鼠标就可以获得我们想要的信息”，Dix Hills Partners（在美国新泽西州的固定收益对冲基金）的财务和管理总监彼得·库克（Peter Cook）说，“科技的发展让竞争变得更公平了，我随时都可以得到我想要的数据。”

一些主经纪人为自己的报告系统所能提供的信息细节感到自豪，另外一些主经纪人则专注于交易的类型和给卖空的客户提供“好借贷”。市场上的主经纪人纷纷杂杂，他们之间好与坏的界限也不是很清晰，而最终的标准就是服务和价格。

大多数基金经理相信他们的主经纪人的工作就是提供最佳交易。他们认为，一旦他们的公司运作起来，那些被主经纪人用来吸引他们的一些服务，完全可以在内部由自己开发。

“我们不想要主经纪人提供各种花哨的服务，或本意是使我们的业务更好，却反而令我们花费更多的钱的项目。”在写这本书时，一位基金经理正在寻找一个新的主经纪人，他说，“我们想要主经纪人来确保我们的交易快速有效地完成，并且花费最低。能提供各种花哨的服务固然好，但价格更重要。”

主经纪人正在用为客户引进资本（即新客户资产）这个新的卖点来吸引客户。主经纪人对新的和现有的客户承诺他们会帮助客户筹集资产。资本引进就像是经纪公司吸引基金经理的胡萝卜，似乎无论我去哪里，每个人都在谈论他们如何比以往更加努力帮助客户通过其资本引进部门筹集资产，卖点是基金经理将能够指望他们的主经纪人来帮助他们获得投资者的资金。由于关于如何筹措资金以及谁能和谁不能提供这个功能的规定，从一个主经纪人那里筹资的承诺往往是不能兑现的，这个事情，主经纪人很少能够做成。你不应该仅仅因为其为你提供资本引进服务就选择一个主经纪人。

“我们的手被绑住了。我们可以做事。我们让基金经理做演示，我们可以尝试找到合适的人来参加演示会，但这是难以筹资的。”一个在主经纪人的资本引进部门的雇员说。“我们的合规部门严格规定了我们可以和不可以说的话，也严格规定了谁可以和谁不可以来参加我们的演示会。在这个范围内我们的手真的被绑在一起，无法开展工作。我们努力尝试过，但因为公司和监管机构对我们的限制而无法成功。”

如果你相信主经纪人能够为你提供资金和帮助你把投资者带到桌前，我建议你和其他正在使用这个服务的基金经理交谈一下。在我的经验中，10 次有 9 次，主经纪人的确给基金经理提供了一些帮助，让他们参加资本引进活动，但这种努力没有导致大量的资本流入。筹钱是很难的，主经纪人除了介绍潜在客户外，能提供的帮助很少。资本引进活动固然很重要，但它不能保证获得新资产。

筹集资金的方式将在本书后面的章节进行专门的介绍。下面我们需要看看会计师以及他们将在你的组织中所发挥的作用。

会计师

在我看来，对于对冲基金来说，审计公司或会计师是最重要的。审计公司的作用是检查公司的账簿和记录，并验证基金的记录。而会计师的作用在过去几年里变得越来越重要，因为投资者现在需要得到更详细的投资组合和基金信息。投资者非常重视审计在尽职调查中的作用，你必须确保你有一个出名的审计公司来做这个工作。

“如果基金不使用我们认为有对冲基金经验的审计公司，我们甚至不会看这个基金第二眼。”理查德 · 布克班德说，“财务审计报告为基金及其经理提供了一个清晰的观点，这是我们的尽职调查工作的一个重要部分。”

对冲基金会计师根据基金资产规模、投资者数量和投资策略来收取一系列费用。那些难以定价的对冲基金比那些容易定价的对冲基金收费更高。同样，如果一个基金规模相对较小，管理的资产在1亿美元以下，它的审计和税务费用可能会少于50 000美元。大型基金往往支付更高的费用，有时会达到小型基金的数倍。

“这一切都取决于工作的范围。”EisnerAmper有限责任合伙公司（简称LLP）的金融服务审计合作人彼得·泰斯塔韦尔德（Peter Testaverde）说。

次贷危机导致许多基金倒闭了，因此为你的基金找到一家会计师事务所会比以前更容易。在2005年这本书首次出版时，我写道：因为对冲基金行业扩张，会计师事务所会对客户精挑细选。而在6年多后的今天，随着次贷危机的发生，会计师事务所尽量在维持他们所拥有的基金客户，并到处寻求新客户来取代已经失去的客户。今天，四大会计师事务所都会高高兴兴地接受新客户，问题是你想不想要他们。2011年秋天是一个买家市场，我预计未来一年左右也是这样。因此，做好你的尽职调查，多挑一挑，并且要求好的费率。

“随着对冲基金行业的继续增长，他们直接雇用那些人才到自己的公司来，这些人能够让公司继续成长，而且能够更好地运用外部服务供应商。”泰斯塔韦尔德说，“我们看到很多优秀的人，不只是来自我们公司，而是来自各行业，他们决定进入这个行业。这是基金和个人的双赢，因为基金在内部得到了一个努力工作的好员工，而那些会计师则获得了一个在大型对冲基金这样一个不同的环境中的独特的工作机会。会计师事务所是唯一的输家，因为很多人才会跳槽到基金公司去。

新的基金经理所面临的问题是如何跟踪账本记录以及如何追踪相对应的数据。答案是，当一个新的基金启动，它必须保持所有资金流动的详细交易记录。大多数数据可以从客户记录和经纪公司报表中提取。基金的结构将决定费用如何计算和支付，以及在发行备忘录内费用是如何计算和定义的。会计师将以发行备忘录作为依据，来确定如何在投资者和基金经理之间分配利润。

当谈到日常和每月的会计作用时，你有两个选择：你可以在内部做，也可以在外部做。大多数与基金相关的后勤职能可以利用主经纪人的报告系统，它使内部的会计工作更容易。你也可以外包给第三方服务公司，它会为你记录数据、基金表现和会计信息，承担管理员的角色。在自己内部做有它的优点，外包出去做也有它的优点，这取决于你的公司的能力和资源。公司拥有内部人才的好处是可以比较快速地准备基金的业绩报表，同时这个人也可以为基金经理的投资组合提供内部财务数据，有助于风险管理。如果内部会计师有审计背景和税务背景，则可以减少外部会计师事务所的工作量。但是不管你选择哪样，即使你内部的雇员有审计和税务经验，你还是要雇用第三方服务公司准备审计。同你的会计人员坐下，了解管理和奖励费用是如何计算的，并且如何处理高水位线、实现收益和损失、利息收入、损失结转，以及其他热点问题。你需要每个月都计算和监控这些项目。你必须知道这些项目的作用，那样你才可以理解基金的财务状况。

选择会计公司与选择其他任何服务供应商一样难。然而，有了会计师，你的麻烦才会更少。毕竟，数字从不说谎，会计师的工作是完全客观的。与律师事务所一样，许多会计师事务所会将你介绍给合伙人，然后将工作交给公司的中级或初级员工。当你会见你的会计师时，你会发现谁将为你工作，这是至关重要的。你需要与这个人见面，以确保他有能力完成工作。同时，你是客户，有权提出问题并得到答案。

大多数会计师事务所都有知识渊博的工作人员。但是，你必须了解他们有多少人是致力于对冲基金工作的，他们有什么样的客户，他们可以提供什么服务来使你的基金运作更高效。事务所人越少，他们对对冲基金行业提供的服务越少，对你的工作的帮助就越少。可以查看他们的推荐信，但很少有人提供推荐信，除非他们知道这些推荐信将如何回应你的问题。大多数的推荐信很少提供甚至没有关于技能或者组织的内部信息。关键是要向客户请求你期望从该公司得到的服务，并了解它如何执行你的基金所要求的任务。一个公司可能在一个领域是强的，而在另一个领域则是弱的，你需要在签署之前了解这一点。更换会计师不是投资者或潜在投资者会轻视的一个决定，它可能带来潜在的问题，因此，你必须第一次就选对了。

行政管理人

过去几年里，在一些高调的舞弊和倒闭案件被曝光之后，出现了在岸基金使用第三方管理人的趋势，以便履行许多内部会计师每日和每月的必要职能。这已不同于四五年前。就像会计师通过年审对基金财务提供客观审查一样，行政管理人可以提供客观的会计服务，如资产净值（简称 NAV）计算和资本流入和流出，以便在每个月和每天更彻底、完整地了解基金及其财务状况。

运作在岸对冲基金的行政管理人提供了一种类似于共同基金业务中转让代理人和保管人的服务。大多数在岸基金单一战略经理使用行政管理人的原因是：他们不能承担内部会计师团队的费用，而使用行政管理人是一种经济、高效、可靠的解决方案。投资者欣赏用“独立的眼睛”来考察基金资产。大多数行政管理人根据管理的资产来收取下降的基准点费用。有些行政管理人会在开始时收取固定的月费，一旦基金扩大其运营和资产，则会按照比例调整费用。

鉴于离岸基金的结构，它本身就是一个实体，它有自己的经理，并有一个独立的董事会和投资者，它需要一个行政管理人来跟踪资产流、交易数据和客户信息。在“9·11 事件”之后，行政管理人为资金提供反洗钱服务以确保其遵守《美国爱国者法案》。

相较美国国内，离岸单一基金经理对行政管理人的使用更为普遍，因为行政管理人服务有时由在岸主经纪人来提供。第三章会介绍在岸和离岸基金的结构的区别。

在FOF领域内，对行政管理人的使用最为普遍。然而，感谢麦道夫和其他舞弊者的失败，单一经理基金使用行政管理人的比例正在上升。

FOF经理使用行政管理人以保存他们的账簿和记录，并跟踪其在资金中的头寸。FOF通常没有主经纪人，也不通过银行账户来操作投资者资产流入和流出及运营费用。因为他们没有经纪商账户跟踪他们的头寸，所以他们使用行政管理人来填补这个空白，行政管理人跟踪基金头寸，并提供有关基金及其如何运作的报告。

在接下来的几年里，随着基金行业的持续增长，行政管理人的业务也将随之增长。在某些情况下，有行政管理人会使基金看起来更专业，许多资金需以此来筹集资产。

市场营销和营销公司

最终，资金管理业务最困难的部分是筹钱，而第二个最难的部分是管理钱。不要让任何人愚弄你。有很多人说，选择正确的股票或选择正确的债券是基金经理面临的最难的事情。其实融资比这些任务都难。

要理解如何管理钱，你必须做以下几件事：阅读一本关于价值投资的书，研究格雷厄姆（Graham）和多德（Dodd）的投资原则，跟随沃伦·巴菲特（Warren Buffett）和查理·芒格（Charlie Munger）在伯克希尔·哈撒韦（Berkshire Hathaway）年报中的想法，并阅读关于乔治·索罗斯（George Soros）、朱利安·罗伯逊（Julian Robertson）和迈克尔·斯坦哈特（Michael Steinhardt）的文章。如果你这样做，你马上会知道该如何做了。这种材料会告诉你同样的事情，那就是找到便宜的投资标的，投资它们，并在价格上涨后出货。你不需要拥有特许金融分析师（简称 CFA）证书或哈佛工商管理硕士（简称 MBA）学位以成为一个好的投资者。你需要了解如何以合理的价格来识别好公司。这不是什么高深的学问，任何人说这特别难都是撒谎。那种只有 CFA 或 MBA 才有资格管理钱的想法是疯子才会有的。

然而，我认为营销或筹集资产是一门独特的科学。在某时某刻，人们在向某人卖某些东西。问题是他们可能不知道他们在做什么，他们可能是在跟错误的人说话，或者他们可能在做他们不擅长的事，这样往往会以失败告终。随着对冲基金行业在过去几年中的增长，它已经吸引了许多专门从事营销或资产筹集工作的人，这些人在这个行业经验很少甚至没有经验。你需要小心使用这些人，因为他们会伤害你的生意。原因是他们认为他们懂得营销，他们以为自己知道该做什么，他们相信他们会成功。但是，我的朋友，大多数时候，他们会以失败告终。

作为一个刚起步的对冲基金经理，你需要明白筹集资金将会很困难。虽然新闻报道了一个基金推出了 5 亿美元或另一个基金启动了几十亿美元，但这不是每日的现实情况。大部分基金都是从小开始的。你要理解这一点，因为没有资本，你做不了生意。为了避免许多新基金的陷阱，你要知道一个规则：只有能够为你筹集资产的人才是懂业务的人。我们很难找到这些人，因为他们可能正在作为贵公司的旅行推销员而进行销售。

在大多数情况下，营销人员或销售人员被认为是华尔街的拖车头。我们假设他们不明白如何交易或如何执行订单，所以他们在市场好的时候去做资产筹集的业务。这是不对的。营销人员是前线工作人员。他们是你在华尔街的眼睛和耳朵，他们是大部分想要了解你公司的潜在投资者第一个会联系的人。你必须意识到这些人对你和你的组织有多重要，他们就像是让发动机运转的汽油一样。

在外面筹集 100 万美元、1 000 万美元或 1 亿美元，比看屏幕，决定买 100 万美元、1 000 万美元或 1 亿美元的股票要难得多。对于许多成功基金的经理来说，他们不能在实际交易中带有情绪，却要在要求某人投资基金时带有浓烈的情绪。如果你不相信就试试看，你会在第一时间看到我告诉你的真相。

要建立一个成功的对冲基金，你需要确定你和你的合伙人将要扮演的角色。有人需要负责管理钱，有人需要负责办公室的日常运作，还要有人需要负责营销和客户关系。如果你在开始时只有两个人，就要根据个人优势来分配任务。这通常是最简单的部分，因为你需要确保每个人都遵循这个原则。从根本上说，当谈到营销时，你需要确保你有正确的信息，并且你的材料能够解释清楚你的基金和基金策略。

关于营销 101 和 102，我们会在第六章中进行讨论，但现在你可以这么想：每次做展示会时，你应该将关于你的基金的信息向你的潜在客户作一个清晰简明的介绍。然后提供充足的时间让你的潜在客户提问。记住，如果你不知道答案，就要告诉潜在客户你不知道，并且你会去寻找答案。不要说假话，相信我，这会让你付出代价的。不管你的投资者是否有足够的知识，他们会看穿你，这会导致你失去客户，而你正是需要以做销售的方式来筹集资金。

在大多数情况下，通过请客吃饭，或者打高尔夫球的方式来筹集资金的日子已经结束了。投资者要求知道更多关于基金、基金经理和工作人员的信息。如果基金出了问题，他们不想被牵着鼻子走。因此，投资者正在收集更多的资金数据以便做彻底的尽职调查。在 Bayou 和其他基金舞弊案被曝光后，人们对这种尽职调查的全面彻底性产生了质疑，一些很受尊敬的资深投资者发现自己陷入了这个欺骗网中。最终，这促使合法的营销公司更加努力地给潜在投资者提供尽职调查的信息。

营销公司必须聪明、进取、有前瞻性，而且能够理解筹钱是一个数字游戏。你能向更多的人做展示，那就有更多的人可能会投资你的基金。如果你只是坐在办公室里等着投资者给你打电话，那你可能要等待很长时间，甚至电话永远都不会响。

第三章

对冲基金的结构

建立一只对冲基金既容易又困难。说容易是因为过程很简单：聘请律师写文件，开一个主经纪人账户，得到一些投资者，你就可以开始了。整个过程最快只用90～120天。说困难，是因为所有的细节都需要与律师、主经纪人、会计师、管理人和投资者来协商讨论。

很少有对冲基金能一帆风顺地按时成立，这倒不需要担心。大多数新企业成立后都会经历与市场的磨合，那么为什么要推出不同的对冲基金呢？成功推出一只对冲基金需要许多的要素，关键是要注意那些能够确保成功的要素，而不要浪费时间在其他要素上。

本章将讨论对冲基金的结构。它解释了律师、会计师和管理人在对冲基金初始阶段的作用，以及如何把对冲基金从基金经理头脑里的一个想法变成现实中一个真正能投资的载体。

启　动

在启动你的对冲基金时，你需要确定投资者的情况和他们想要投资你基金中的哪种类型的资产。这些答案会成为你的律师构建你的基金结构的基础。在一开始，大多数新成立的基金从朋友和家人那里获得资产，因此会创建在岸基金，接受可在本土缴税的资产。但是，如果基金经理准备接受来自美国以外的投资者的资产，或者免税的美国投资者的资产，抑或两者兼有，那么发起离岸基金并跟随在岸基金可能更合理。

基金结构及其所在地由投资者的资产来源所决定。大多数美国本土的基金经理都从一个在岸基金开始是因为在岸基金可以管理朋友和家人的资产。

如前所述，最佳结构是总部位于特拉华州的LLC。大多数律师认为这种结构为基金经理提供了经营基金业务的最佳工具。随着监管环境的演变和持续变化，选择的结构可能会改变，因为从20世纪40年代末到几年前，通常选择的结构是LP。无论你选择什么样的结构，我都可以说：你的律师将确保，在不犯舞弊罪或不做非法行为的前提下，你和你的同事不会在基金出错或倒闭时承担个人责任。在LP或LLC结构中，那些纠缠不休的投资者将难以揭开公司的面纱。所以，如果所有的保护膜都还在，你就不会以个人的名义来承担责任。然而，如果你犯了舞弊罪，所有的保护膜都会消失，再做什么也无法保护你。在这种情况下，接连而来的就是关于基金的各式各样的问题。大多数新基金经理和他们的律师喜欢谈论这个，因为所有新的基金经理都相信他们会是下一个乔治·索罗斯、朱利安·罗伯逊，或约翰·保尔森（John Paulson）。但是，这不是现实，你和你的合作伙伴必须知道这种保护膜的存在，事情可能会出错，你必须确保自己会受到保护。这是我建议你不要去找当地律师的原因之一，因为他们没有设立对冲基金的经验。你需要去专门处理对冲基金的人那儿了解问题，知道在文件中什么是重要的，哪些是保护你的条款，哪些能确保你和你的投资者被公平对待。

一位对冲基金律师说："做文件没有那么难。"大部分的大律师事务所都有处理对冲基金的业务，也有一些只做对冲基金业务的公司。关键是找到那些懂行的，确保他们得到的文件与投资者在别处看到的类似，也有该有的保护条款，如果出现问题或有投资者起诉，都可以应对。

当谈到设立对冲基金时，你可以选择在岸基金、离岸基金，抑或两者兼有。当客户期望获得纳税和不纳税的投资者时，许多律师会使用“主从”或“并排”结构。你的注册地选择将决定资产流动的功能。在岸基金大部分会选择特拉华州，因为该州的商业法律保护对冲基金。离岸基金的所在地选择会是避税地区，例如开曼群岛、百慕大和英属维尔京群岛（简称BVI）。与这两种基金类型并列的是三种投资者类型：国内应纳税投资者、国内免税投资者和不纳税的境外投资者。国内应纳税投资者必须对他们的利润缴税，大部分情况下包括位于美国的个人和营利机构，他们在全球范围对自己的收入缴纳税款。国内免税投资者包括养老金计划、捐赠、慈善基金会和国内应纳税投资者的退休账户的信托等。这些投资者在美国居住，但因为其特殊税务状况而不缴纳所得税。不纳税的境外投资者则包括不在美国的任何个人或机构，因此他们不必向美国国税局（简称IRS）缴税。

成功建立一个对冲基金的关键是了解你会有什么类型的投资者和你将要吸引的资产来自哪里。这样做，会确保你有合适的基金结构。最后还要考虑到那些希望和你做生意的投资者，因为有些人仅仅因为你的基金结构而无法投资给你。这里的关键是了解你的客户，并了解你的潜在客户。

在某些情况下，特别是对海外投资者而言，地理位置很重要，而不是结构，这决定了他们是否将投资于一只基金。例如，如果你是向日本投资者推销基金，你必须有一个在开曼群岛注册的单位信托。这种投资者很少投资于不成立信托单位的对冲基金，因此，如果你向他们推销在其他的避税地区成立的基金，这些投资者的数量就会下降，因为他们不赞成基金的结构和注册地。这个跟基金策略和基金经理无关，仅仅是因为这些投资者因为基金结构和注册地而无法投资而已。

由于次贷危机，欧洲议会批准了“可转让证券集合投资计划”

（简称 UCITS）IV 指令，这是 2001 年通过的 UCITS III 最新的条例，UCITS 是管理集体投资如何在整个欧盟运行的条例。条例允许集体投资的管理人员在欧盟各地经营，并且他们要对“简化”的《招股说明书》进行管理，这使跨国界的投资者有了一个统一的信息格式。最近增加的条例包括了基金结构、投资者沟通和基金经理操作等。欧盟和美国国会一样，相信通过建立更多的针对对冲基金和私募股权经理的结构和法规，可以避免未来信用危机的发生。

如果你的投资者来自欧洲，一定要让你的律师知道，以便于他们投资正确的载体，而且你做了应该做的一切，这样才不违反任何规定。

同样，你不能将总部在特拉华州的 LLC 变成波士顿的非营利组织，因为他们投资在岸基金往往会引起 IRS 潜在的税务问题。

关键是要了解你的市场，在你给投资者展示一个产品之前先了解他们的需求，确保能够解释清楚他们提出的异议。

今天，美国国内的对冲基金通常设立为 LLC。很少有基金采用 S 型公司或 C 型公司的结构。此处概述的结构包括管理基金的实体和管理资产的实体。

典型的基金结构由两部分组成：成员（即基金中的投资者）和管理成员（即管理公司或基金经理）。管理成员提供投资管理和运行组织的日常行政功能。成员则是提供资本的投资者。成员或投资者在基金中有“经济利益”，他们分享基金的损益，承担的责任受限于他们的投资金额。简言之，他们最多只能失去最初的投资和收益。

管理成员向成员收取管理费和奖金。目前管理费的范围是管理资产的 1% ~2%，是由基金的净资产作为基础计算的，并通常在每个季度前支付给管理成员。

管理成员收取的奖金通常为基金新增净利润的 20%。这个费用一般是按季度计算的，并按年向管理公司支付。奖金是根据基金的利润计算的，这样对冲基金经理的利益和投资者的利益就一致了。如果基金和投资者赚钱，基金经理就会赚钱；如果基金不赚钱，基金经理除了管理费就没有其他的奖励了。这也是对冲基金和共同基金不同的地方，因为大部分共同基金不能收取奖金。而有一些基金结构虽然允许管理者这样做，但是远远不能和对冲基金的奖励机制相比拟。因此，共同基金经理倾向于管理他们的基准，通过达到或超过基准来吸引新的投资。对冲基金经理可以参与基金的上涨，因此有更大的激励性。他们不只专注于打败基准，尽管这个在图表上看起来就已经不错了，他们的工作就是赚钱，基金赚到钱了，他们就能得到很好的报酬。

大多数对冲基金采用最高水准来计算基金经理的奖金。当一个基金处在亏损时，基金经理在收取奖金之前必须将已发生的损失赚回来，或者使基金重回最高水准。大多数收取最高水准奖金的基金经理每年都要进行奖金分配，因为他们不想把现有的奖金留下来支付日后的损失。

你的律师和会计师会在与你的初次会议中解释这一点。基金的文件将解释如何支付和登记费用。私人配售备忘录，或发行文件将针对基金如何运作、管理，来提供详细的解释，它详细说明了投资者通过基金经理投资的所有潜在的和切实的风险，对基金的法律结构、投资风格和策略、管理和运营团队、投资和赎回政策，以及税务问题提供了深刻的见解。

大多数文件都解释了潜在损失的众多风险，如果投资者相信这些文件列举的风险会发生，他们投资基金的做法会被认为是疯狂的。“文件的思路覆盖了所有的风险，”一位对冲基金律师说，“我们的工作是彻底解释风险，真正保护我们的客户免受可能的诉讼，然后让投资者签署他们已经阅读的配售备忘录。我们为基金经理提供一定的保护。”

设　立

从运作角度看，设立一只对冲基金和创办一家新公司是一样的。你的律师将在该基金运作的所在州提交成立证书。你会从 IRS 得到税号。你需要办公室、电脑、名片、营销材料、电子邮件地址、电话、办公用品，以及一系列银行和经纪账户。一些基金经理还推出了网站，但我认为没有必要，这对成功启动来说并不重要。

鉴于“9·11 事件”的发生和《美国爱国者法案》的通过，美国的银行在开立对冲基金的新支票账户之前会进行更加仔细的检查，经纪公司也要做更多的尽职调查，但似乎银行已经走上了极端。

“在《美国爱国者法案》通过之前，我可以在一两天内开立一个新基金的银行账户，”一个新基金的管理员说，“现在它需要至少几个星期和大量的文件，并且银行的工作人员还要进行大量的尽职调查。有时甚至需要一个或几个月，客户才能开始存款。”

新的基金经理通常需要两个银行账户。其中一个账户用于基金的日常业务费用，另一个则被用于接受投资和赎回投资。这两个账户要保持分立。你永远不要将客户资产与业务资金相混淆，因为这可能导致一个真正的噩梦，避免噩梦才是明智之举。

接受投资者时，你需要向他们提供 3 个文件：私人配售备忘录、认购文件和 LLC 的运营协议。在某些情况下，认购文件和 LLC 的运营协议合并为一个文件包，但它们是两个不同的文件。正如我将在第六章讨论的，这样做是为了简单一些。为此，你必须知道文件的所有内容，以便可以回答出现的任何问题或知道问题在哪些文件里可以找到答案。你不必记住文件，要记住这些文件很难，但是你应该熟悉文件的内容和组成的材料。我建议所有的客户要多研究文件，多问问他们的律师，并理解这些文件。充分的准备会有助于你的成功。

投资过程很简单。一旦投资者被认为是合格的，他们与对冲基金签订协议，就可以投资于基金。美国国内基金的《有限责任公司经营协议》（境内投资者）和离岸基金的《公司章程》（境外投资者）都详细介绍了这个协议。当投资者签订经营协议后，同时也就签订了认购文件。

认购文件详细描述了基金投资的数量和类型。除了详细说明投资者的投资外，基金经理也使用这个文件收集有关投资者的背景，以便基金和其管理者可以执行了解客户（简称 KYC）和反洗钱（简称 AML）的职能（在第六章，我们会讨论 KYC 和 AML 问题，及其策略和实践）。因此，认购文件被用于收集社会安全号码（简称 SSN）或税号、地址、电话号码、投资历史、婚姻状况和就业状况。认购文件应被视为一种工具，以了解你的投资者的更多信息，它也是投资者申请投资的文件。信息是基础，但你必须把它们收集起来。“9·11 事件”之后，美国政府特别关注洗钱与恐怖主义活动，要求基金经理确保他们的投资者没有用对冲基金作为洗钱的工具。美国政府非常重视这个问题。当你与律师讨论接受投资者时，请询问 KYC 和 AML 规则以及其他你必须遵守的法规，不要忽略这一点。以下是一个简短的故事，我会让你明白这是个多么严重的问题。

几年前，美国司法部的一名官员在一个对冲基金会议上讲到美国政府在“9·11”恐怖袭击后如何处理洗钱问题。在他的演讲完毕之后，一个对冲基金经理举手问道：“政府对于洗钱有多么重视呢?”这名官员立即回答说：“10～20 年，你觉得这足够重视吗?”这震惊了在场的观众。洗钱是一个严重的问题，你作为对冲基金经理需要知道这一点，无论你的投资者群体多么小或多么孤立。关于 AML 规则和法规我们将在本章的后面继续讨论。

如上所述，管理公司或管理成员是负责基金运作的实体。在这个职位上，它将管理和运作基金，并因提供了服务而收取管理费。

基金通常会雇用一家管理公司来管理和经营基金，而不是直接雇人，这样可以避免潜在的责任。

理论上，这种结构在基金出了问题时可以保护管理团队免责。当然，这种保护也是有限的（例如，基金经理欺诈或犯法）。在最基本的定义中，当基金经理窃取基金的钱买了一辆新车，或者构筑一个庞氏骗局，用偷来的钱去偿还另一个投资者的钱财，就产生了欺诈；而当基金经理用内幕信息交易，或进行非法预先交易（front running）那他就会犯法。非法预先交易俗称老鼠仓，指基金经理在基金销售或购买证券前，为自己的账户先下单，从而得到价格优势。在任何此类情况下，LLC 不能保护管理者和他们的员工逃避投资者和监管机构的诉讼。LLC 只会在基金策略失败或市场崩溃，导致基金资产变成零时保护管理者和他们的员工。这种公司结构在欺诈发生时会失去保护作用。在过去几年里，许多对冲基金的欺诈行为都被归类成庞氏骗局，同时许多内幕交易也被起诉了。这两者都是卑鄙的行为，我赞同监管者从市场中扫除这些罪恶。

在当今这个诉讼社会中，代表投资者的律师正在努力刺穿公司的保护层，从而追究基金经理和他们的团队的个人责任。麦道夫的大规模欺诈案的诉讼结果是一次真正的考验。麦道夫案被完好的记录在册，随后的案子还要等待结果。而 Bayou 案是另外一个例子，通过此案，我们可以看看基金经理和工作人员到底要负多少责任。

Bayou 集体诉讼案是由投资者于 2005 年 11 月提交的，他们认为自己被基金及其管理人员骗了。诉讼称自从 1996 年基金发起以来，管理人员经营“金融假货和庞氏骗局”，其中两个被告是 Bayou 的负责人及其工作人员，他们以欺诈性手段诱使投资者向 Bayou 的对冲基金投资了大约 4. 5 亿美元。

该诉讼还称，基金的主要负责人把钱花在购置豪宅和汽车上，而不是按照基金文件进行投资。①

2005 年 9 月 29 日，Bayou 的创始人塞缪尔·伊斯雷尔三世（Samuel Israel III），及其首席财务官丹尼尔·E. 马里诺（Daniel E. Marino），承认他们从投资者手中偷走了超过 4.5 亿美元的罪行。46 岁的伊斯雷尔承认犯有三项罪名，阴谋、邮件欺诈和投资咨询舞弊。他被美国南方地方法院的地区法官科琳·麦克马洪（Colleen McMahon）判处 20 年徒刑。而马里诺则于 2008 年 4 月，在纽约区认罪了一项阴谋和三项欺诈，被判处 20 年徒刑。②

在审理伊斯雷尔和马里诺的集体诉讼案的同时，花旗银行北美公司也被告了，两名 Hennessee Group LLC 的负责人和 Sterling Stamos Capital Management LP 成为被告。根据集体诉讼案的指控，花旗银行协助伊斯雷尔转移了至少 1.2 亿美元的投资者资产到他的个人银行账户。该诉讼进一步指控 Hennessee Group 和 Sterling Stamos Capital Management 事先并没有对 Bayou 基金进行适当的尽职调查，而把它们作为良好的投资对象推荐给了客户。③

该诉讼称，被告没有监测资金且没有及时提供其活动的报告。一个有趣的现象是，原告的律师事务所 Berger & Montague PC，试图打破 Hennessee Group 的保护层，从而由查尔斯·J. 格拉丹蒂

---

① 资料来源："Berger & Montague, P. C. Client Files Class Action Against Bayou Hedge Fund Entities, Citibank, Hennessee Group, Sterling Stamos Capital Management and Others on Behalf of Bayou Hedge Fund Investors," *Market Wire* (November 2005). Retrieved August 11, 2006, from http://findarticles.com/p/articles/mi_pwwi/is_200511/ai_n15850332。

② 资料来源：Amanda Cantrell, "Bayou Founder, CFO Plead Guilty to Fraud," CNN (September 29, 2005). Retrieved August 11, 2006, from http://money.cnn.com/2005/09/29/markets/bayou/index.htm。

③ 资料来源："Berger & Montague, P. C. Client Files Class Action Against Bayou Hedge Fund Entities, Citibank, Hennessee Group, Sterling Stamos Capital Management and Others on Behalf of Bayou Hedge Fund Investors," *Market Wire* (November 2005). Retrieved August 11, 2006, from http://findarticles.com/p/articles/mi_pwwi/is_200511/ai_n15850332。

（Charles J. Gradante）和 E. 李·亨内西（E. Lee Hennessee）这对夫妻作为诉讼被告①，如果成功了，格拉丹蒂和亨内西将会对他们的行为以及他们的公司承担个人责任。一些律师与我谈论过这个诉讼，他们认为原告律师很难证明这个角色的转换，但如果他们这样做了，将很可能在对冲基金领域开了一个先例。该诉讼已经被麦克马洪法官驳回。

不管这个集体诉讼的结果如何，对冲基金律师将继续使用这种可以限制基金经理个人责任的组织结构。你的律师会创建一个保护网，保证你、你的同事、你的资产免于被起诉。图 3.1 是一个最常用的在岸基金结构图。

在美国颁布《1996 年国家证券市场改进法案》之前，所有对冲基金仅限 100 名投资者。这意味着一旦 100 名投资者的空缺填满了，基金经理就不得不拒绝新的投资者加入。在这个法规改变之前，这个规定可变空间很小。一些基金经理只能复制另外一只基金来接受更多的投资者，但这被视为违反美国颁布的《40 法案》。因此，如果超过 100 名投资者的限额，会迫使基金经理将产品注册为共同基金，这是不得已的选择。许多基金经理也可能创立新的基金，新的基金会采用旧基金的方式来运作或管理，并加一些变化。在某些情况下，基金经理也可能会设立更长的锁定期，使用更多的杠杆，并利用私募股权投资来区分不同的基金。由朱利安·罗伯逊领导的老虎管理公司（Tiger Management），以提出了新的方法来逃避这个规定而闻名。罗伯逊和他的团队在与华盛顿特区的联邦政府合作中更新了关于投资者的规则。

---

① 资料来源：United States District Court，District of Connecticut，Civil Action No. Class Action Complaint：305CV176 2. Retrieved August 11，2006，from http://securities. stanford. edu/1035/BHFE05_01/20051117_f01c_0501762. pdf。

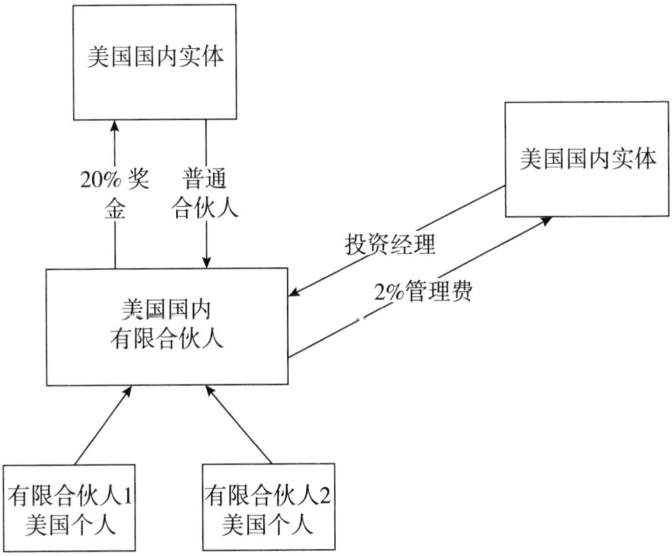

图 3.1　简单在岸结构

注：这里描述了常见的独立基金结构。普通合伙人收到的只有奖金分配，有时被称为绩效分配，通常被称为持有权益。管理费用则支付给作为投资经理的另外一个独立实体。一般合伙人和投资经理实体通常组成有限责任公司，但是投资经理也常常用有限合伙人的身份，为他们管理费收入的自雇就业税做避税工具。这样，普通合伙人的奖金所得税也有了避税工具。对未实现收益的征税将被推迟，实现的长期资本收益将受益于15%的较为实惠的所得税税率，而合格股利也将受益于15%的所得税税率。最后，奖金的应纳所得税将免除自雇就业税。但是，关于持有权益的税收在美国国会一直有很多争议，奥巴马政府建议取消持有权益的优惠税收政策。

资料来源：经莫里·卡尔汀（Maury Cartine，法学博士、注册会计师）许可，方可创建和转载

《1996年国家证券市场改进法案》实施的3（c）（7）条，改变了这个规则，它允许基金经理接受多达500个投资者，只要这些投资者都被视为是合格的购买者即可。合格的购买者是指具有至少500万美元的个人，以及拥有或管理至少2 500万美元资产的家族企业。[①]

① 资料来源：Securities and Exchange Commission, 17 CFR Part 230-Releases No. 33-8041; File No. S7-23-01, "Defining the Term 'Qualified Purchaser' under the Securities Act of 1933." Retrieved August 11, 2006, from www. sec. gov/rules/proposed/33-8041. htm。

3（c）（7）条下基金的引入，如业界所称，为基金经理提供了广泛的业务自主权。在1997年之前，当投资者超过100名时，基金经理就不得不关闭新的投资者渠道，只能通过自然生长的方式建立业务客户群。

今天，一个可以吸引机构资产的基金经理，可能还包括FOF，可以通过使用3（c）（7）条下基金来显著地开拓基金业务。然而，有一个关键点需要注意：基金经理不能将传统的只能接受100名投资者的3（c）（1）条下基金，转换为3（c）（7）条下基金来接受更多的投资者。此外，3（c）（7）条下基金不能接受认可投资者，它只对合格的购买者开放。管理者不允许运行中的3（c）（1）条下基金转变成3（c）（7）条下基金，从而可以接受更多投资者。按照监管要求，这两个不同的基金必须明确分开进行管理。

“基金可以相似，但它们必须是不同的基金。”一个对冲基金律师说，“监管者给基金经理放开了一点点，他们允许新的结构，但并没有使基金经理操作起来更容易。在某些情况下，基金经理为了未来的成长，会被迫取消一些客户。无论基金经理选择哪种结构，都在某种程度上限制了投资者的数量以及谁能够投资基金。”

《40法案》豁免对冲基金经理登记的部分是3（c）（1）条和3（c）（7）条。要获得3（c）（1）条豁免的资格，基金不能接受超过100名投资者，也不能做公开发行。[①] 基金向认可投资者和最多35名非认可投资者开放。大多数基金经理不接受非认可投资者，因为一旦这样做了，就限制了基金未来增长的可能性。原因是如果接受了这些非认可投资者，就意味着基金经理必须遵守额外的披露要

① 资料来源：University of Cincinnati College of Law, Security Lawyer's Deskbook. “The Investment Company Act of 1940.” Retrieved August 17, 2006, from www. law. uc. edu/CCL/InvCoAct/sec3. html。

求。但是，有时从营销的角度出发，基金也会接受非认可投资者。投资团队肯定有部分资产（即使不是全部资产）投资于基金里，这会造成一个问题，可能有一些团队成员尚未达到认可投资者水平，但是他们还必须投资到基金内（在第四章，我会讨论这个问题的原因）。现在，要知道你唯一不认可的投资者应该是你的员工。有关认可投资者的完整定义，请见附录。

当涉及《40法案》中的豁免条款时，SEC对投资者数量的计算是有严格规定的。它使用一种被称为“看穿条款”（look-through provision）的工具来确保基金不会接受超过100个投资者，而且没有投资者被打包成单独实体来计数。如果一个实体是为了投资一只对冲基金或FOF，并在一只基金的投资超过其资产的10%，SEC说，这个实体中所有的个人必须算作个人投资者来计算。这意味着如果10个人组成一个实体，每个人都投资了10万美元，然后组成100万美元，投资到基金FLJ中，那么基金FLJ的经理就要登记10个个人投资者。由于这需要10个投资者的名额，而且每个投资者的投资金额相对较小，所以基金经理的未来成长能力会受阻。

SEC会使用两个测试来确定是否要使用看穿条款。第一个测试是是否有超过10%的资产投资在单一基金。第二个测试是如果投资公司不适用于3（c）（1）条和3（c）（7）条豁免，且有超过10%的基金资产投资在基金中，那这个公司必须注册为投资公司。

作为遵守美国联邦法规的一部分，基金经理需要在接受来自某些州的投资者时做一些州政府申报。

在某些情况下，对冲基金需要在接受投资者之前提交特定州政府申报，而在另外一些情况下，他们要在接受投资者后提交州政府申报。最终，政府申报可能会变得多余。在一些案例中，政府申报在一开始建立基金时就要提交。这些政府申报被称为蓝天条款（blue-sky provisions），它允许基金经理做生意，意味着接受投资者，还罗列了注意事项。一开始你就应该确定你的投资者是来自哪些州，然后让你的律师确保你在未来向潜在投资者发起募集之前或之后就已经在这些州注册好了。遵循蓝天条款是对冲基金业务的必要之处，也是你和你的合作伙伴在启动和运营你的基金时需要密切注意的事情。

由于离岸基金特有的结构和性质，使得基金经理不需要担心存在于在岸基金的种种问题。但是，他们需要注意免税美国投资者具体的管辖权和税务问题。而最大的问题就是反洗钱问题。

反洗钱和了解你的客户

《美国爱国者法案》旨在侦查和防止洗钱及资助恐怖主义活动。因此，它增加了对冲基金经理的合规负担。法案的第三卷包括两个部分，主要针对对冲基金经理和他们的员工：第 352 条，建立反洗钱方案；第 326 条，要求验证账户持有人身份。①

《美国爱国者法案》第 352 条要求未注册的投资公司，包括对冲基金、风险资本基金和私募股权基金，如果允许投资者在购买的两年内赎回投资，必需建立反洗钱方案。② 美国国会认为流动性不足的投资通常对洗钱者用处不大，而一个典型私募股权或风险资本基金不允许投资者在购买的两年内赎回投资，所以这些类型的资金不需要根据第 352 条采用反洗钱方案。③

没有两年锁定期的对冲基金被视为流动性投资，需要采用反洗钱规则和做法。所以，它要遵守第 352 条规定，其管理人员至少需

① 资料来源：HR 3162：Uniting and Strengthening America by Providing Appropriate Tools Required to Intercept and Obstruct Terrorism（USA Patriot Act）Act of 2001（Enrolled as Agreed to or Passed by Both House and Senate）. Section 326. Retrieved August 11, 2006, from http://thomas. loc. gov/cgibin/query/D?c107:4:./temp/~c1076T6dS4。

② 资料来源：同上，Section 352。

③ 资料来源：同上。

要以下防范洗钱的措施：

- 制定内部政策、程序和管控。
- 任命合规官。
- 提供持续的员工培训计划。
- 安排独立的审计职能来测试方案。①

除了这些程序和任务，对冲基金经理还必须参照法案的第326条，进行身份验证。在这个规定下，美国的财政部秘书规定了管理者在识别其客户时必须使用的最低标准，包括以下内容：

- 验证任何寻求投资基金的人的身份。
- 保存用于验证投资者身份的信息，包括姓名、地址和其他识别信息。
- 由政府机构向对冲基金提供已知或疑似恐怖分子、恐怖组织的查询名单，以确定投资者是否在名单上。②

根据纽约宾汉律师事务所专门从事对冲基金的律师罗伯特·莱昂纳德（Robert Leonard）的说法，受第352条管理的对冲基金，要制订和实施该基金的普通合伙人批准的书面反洗钱方案。离岸基金

---

① 资料来源：HR 3162：Uniting and Strengthening America by Providing Appropriate Tools Required to Intercept and Obstruct Terrorism（USA Patriot Act） Act of 2001（Enrolled as Agreed to or Passed by Both House and Senate）. Section 352. Retrieved August 11, 2006, from http://thomas. loc. gov/cgibin/query/D?c107:4:./temp/~c1076T6dS4。

② 资料来源：同上，Section 326。

没有《美国爱国者法案》的豁免权，也必须有反洗钱政策和程序，而且要时刻遵循和执行。由于提高了对洗钱和金融犯罪的意识，注意反洗钱和了解客户问题，并认识到美国国会有改变和修改规章制度的能力，因此，在这个问题上你要与你的律师保持联系。要阅读律师每次更改或添加制定规章信息的电子邮件，不要把这些通信视为垃圾邮件。在岸基金和离岸基金经理，只要他们在美国，就需要注意反洗钱问题。知道需要注意什么和不需要注意什么将是你成功的关键。

你的律师应该能够为你在这一领域提供所需的所有信息。但是，你必须主动学习这些规则和法规。例如，离岸基金不受《40 法案》或商品期货交易委员会（简称 CFTC）的规定约束。然而，离岸基金经理需要确保他们遵守美国法规、规则，并合法运营他们的基金。

再次说明，你的基金所在地将取决于你是否计划在国外市场营销你的基金，或者希望吸引免税的在岸美国投资者。你还需要注意关于免税在岸投资者的问题（在第四章，我会谈到这些问题）。

只要地点是避税天堂，大多数离岸投资者不关心基金在什么地方注册。如果你想扩大你的海外业务，就需要吸引美国本土那些寻求匿名和避免美国政府监管的投资者。

当你启动一个基金，你需要记住这一点，以限制投资者在投资期间出现的反对意见。你当然不希望潜在的投资者告诉你，他们喜欢你的战略，但无法给你投资，因为你的基金没有合适的结构在正确的地点。

成功筹集资金的关键是了解你的客户。虽然在第六章中我会讨论营销问题，但是在基金启动和基金结构建立的初始阶段就该考虑到营销。这样做，你可以避免与潜在投资者的尴尬时刻。

由于潜在的税收影响，非应税美国投资者，如养老金计划、捐赠基金和慈善信托投资主要是离岸基金，因为这些投资者需要避免无关业务收入应纳税所得额（简称 UBTI）。

如果对冲基金利用杠杆让美国的免税投资者进行投资，投资者将受到 UBTI 条款的制约，因为 IRS 将认为它是一种“交易生意”。因为基金是一个流通实体，任何收入都受 UBTI 条款制约，在年底发行 K-1 税表（简称 K-1），公司的审计员向所有投资者发送上一个纳税年度的利润和损失的 K-1，以及投资者的年末资本项目余额。

“虽然政府不出来说话，但他们不希望做生意的人不纳税。”一个不愿透露姓名的会计师说，“因此，如果 IRS 看到免税投资者投资在岸基金，就认为他们是一个企业，而不是一个非营利实体。因此，投资者是受制于 UBTI，与营利性实体没有区别。”

大多数离岸基金设立为公司或非流通实体，这样可以允许关注 UBTI 的美国投资者进行投资。这就意味着基金不发行 K-1，投资者不被视为是在做生意。相反，他们在避税天堂的公司有被动投资，如开曼群岛、百慕大或英属维尔京群岛，并且不需缴税。这项投资被视为与在美国公开上市的公司的投资是一样的。

“通过建立离岸基金，基金经理为非营利机构投资者提供了在公司被动投资的机会，这样这些机构就可以投资市场，而不是投资某个制造企业。”会计师说。

在美国和欧洲遍布了许多为对冲基金服务的供应商。在避税天堂也是如此。今天，在这些地区建立离岸基金几乎没有什么问题，因为这已经成为许多不同国家的企业基础设施的一个重要部分。

“对冲基金行业对很多地方的整体经济很重要，如开曼群岛、英属维尔京群岛和百慕大。”在开曼群岛的律师事务所的高级合伙人，主要在 Walkers 负责投资基金业务的马克・刘易斯（Mark Lewis）说，“这些管辖区的政府支持我们的行业，并帮助我们成长和发展，因为我们的行业在这个社区和国家的经济中发挥关键的作用。”

尽管次贷危机和美国国会阻止基金经理发展离岸基金，但是对冲基金行业在开曼群岛一直在壮大。一个原因是岛国基金经理提供的服务水平，另一个原因是许多在岸基金的律师认为这里的法规比其他避税地区更有利于基金经理。基金经理继续使用开曼群岛和其他避税地区以发展和经营其业务。开曼群岛似乎是基金经理喜爱选择的地方，而实际上百慕大、英属维尔京群岛和其他国家也有不少对冲基金在运行。新基金的成立转化为大量的费用和政府机构收入，以及在这些地方为对冲基金提供服务的企业收入。许多人和组织愿意协助你进行离岸基金的开发和运营。作为客户，不管你的基金规模大还是小，都应该要求优质的服务。你是客户，花你的钱，所以要确保你得到该得到的。如果你不喜欢你在用的服务提供商，那就继续寻找新的。很多公司为基金公司提供服务，他们都想和你做生意。

大多数新的对冲基金经理过于依赖他们的在岸基金律师来指导他们的离岸基金业务。我建议你直接跟离岸律师打交道。大多数情况下，对冲基金经理会委派其在岸基金律师来寻找离岸基金律师。

图 3.2 描述了一个直接明了的在岸基金。它概述了一个主从结构。律师和会计师对主从与并排的结构各有争议。大多数刚开始做的基金经理使用主从结构，因为它更容易管理和分配基金资产。而主从结构会有一些会计问题存在，有人认为这会触发未来的问题，但这些问题还不至于让结构不适用。更重要的是，如果你选择这种结构，你绝不会是第一个也不是最后一个使用这种结构的。因此，你应该能够得到很多的支持并解决主从结构下产生的问题。

许多基金经理喜欢主从结构，因为它允许他们通过单一实体来经营在岸基金和离岸基金。主从结构采用简单的概念，允许基金经理接受投资者的境内和境外资产，而且这些资产可以汇总到一个账户中并作为一个单独投资组合进行管理。资产在一个投资实体内，利润和损失按照资金的来源进行分配。主从结构有很多好处。而管

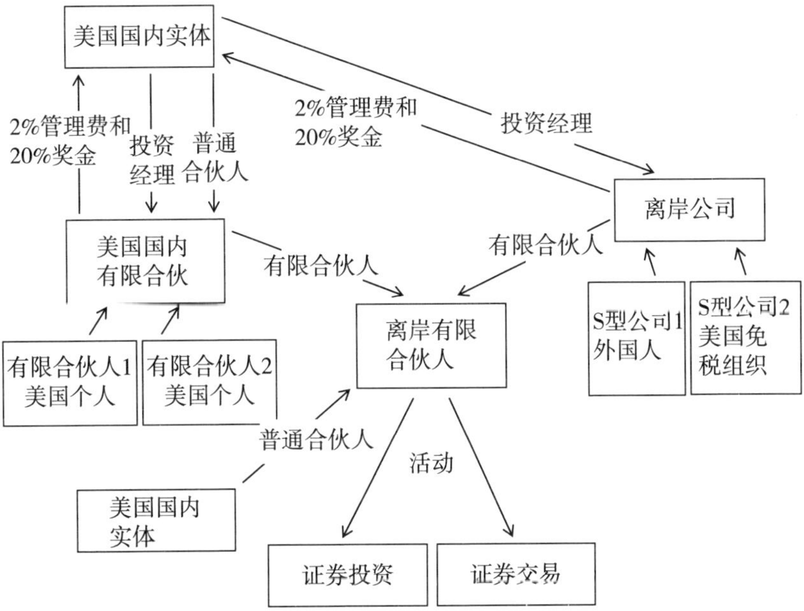

图 3.2　经典主从结构

注：通常，离岸公司的股东，即那些为离岸有限合伙公司提供资金的人，只能是外国投资者和美国免税投资者。离岸公司保护外国投资者免于接收合伙人的 K-1，也许更重要的是，帮助美国免税投资者避免因为使用保证金负债所产生的不相关的企业所得税。所有交易均在离岸有限合伙企业完成。这在理论上为美国投资者和外国投资者将获得相同的投资回报提供了保证。但是，同样的回报只有在来自美国和外国投资者的资本同时投入的情况下才能得到保证。在早些年，基金经理认为主从结构是一种更方便的交易方式，因为交易不需要在在岸基金和离岸基金之间隔离。然而，进步技术已经降低了这一方面的优势。

资料来源：经莫里·卡尔汀许可，方可创建和转载

理投资组合可以显著地节省成本，因为基金经理可以在单一投资实体内运营。没有必要分开交易，这会降低佣金。也有人认为从风险管理的角度来看，好处也是存在的：基金经理管理一个投资组合比管理两个要容易的多。

虽然主从结构是在岸基金和离岸基金最常用的结构，但还有一些律师建议基金经理使用并排结构。为此，基金经理要同时运营一只在岸基金和一只离岸基金，保持业务分开，根据资产流动分配收

益。许多会计师认为以这种方式运营，能够让税务管理更有效率。但是，这种结构会带来更多的工作量。律师可能会建议你使用该结构，而你必须确保你的结构对成本和操作有好处。

当你发展自己的离岸基金时，不管你的基金和管理公司的管辖权如何，作为美国公民，你在全球的收入都必须交税。2008 年 10 月，在次贷危机中，布什总统签署了《2008 年经济稳定紧急法案》。这项法案直接影响到替代投资，因为它废除了基金经理从离岸基金获得的奖金可以推迟缴税的能力。在此之前，离岸基金经理能够推迟奖金的缴税。你最不想做的事一定是在一个简单的事务上与 IRS 产生问题。记住，即使你在海外工作，IRS 还是可以查到你和你的投资者。虽然具体的税务和会计问题我们会在第四章进行讨论，但是 IRS 喜欢用对冲基金经理和其他华尔街高管使用各种计划来避免缴税做案例。做正确的事情，你就不必担心。别给 IRS 的工作人员任何机会，因为他们一直在努力需求机会来查你的账目。

第四章

对冲基金会计

数字不会撒谎，它能够将许多事物最为真实的一面展现在我们面前。对于对冲基金而言，各项纷繁复杂的“数字”同样十分重要，事关一只对冲基金的成败。因此，在对冲基金运营的过程中，对于各类“数字”的计算便是一项十分重要的工作。这些数字包括投资成本、交易成本、服务费以及业绩数据等，它们对于一只对冲基金来说十分重要。

如果你是一名对冲基金经理，那你必须时刻关注基金规模、基金盈亏数据、投资者数量、营运成本以及管理费这些繁冗的数字。由于职责所在，无论是否愿意，你都必须对这些数字时刻保持关注。

在基金管理机构发展的初期，上述“数字”的计算及处理工作都是由公司内部完成的。而随着公司业务的推进及发展，也会通过审计机构、行政管理人等提供的外部服务分担内部团队所承担的工作。

本章主要分为两部分，第一部分主要是关于对冲基金运营中的税收及审计问题；第二部分主要是关于行政管理人提供的服务。无论一只基金的管理规模是大是小，外部审计都是不可缺少的。对于离岸基金来说，行政管理人是另一个不可缺少的角色。而在岸基金是否有必要聘请行政管理人则是一件可以商榷的事情。目前行业内的趋势是在岸基金也越来越多地会聘请行政管理人，这主要源于对冲基金投资者结构的变化（详见第五章有关本问题的讨论）。

如前文所述，当你下定决心涉足对冲基金管理业务时，首先要做的工作便是找寻到合适的律师、会计师、主经纪人及行政管理人（可选），这些角色在对冲基金的运营中都起着十分重要的作用。

会计师在基金设立、运营，直至清算的整个过程中都是比较重要的角色。基金的日常运营中，会计师会在费率设置、资本及税收筹划以及非交易相关的财务事项方面给予基金经理诸多建议及监督。会计师的存在使得基金的各项数据的真实性更有保证，也有利于基金经理对于自身财务情况有更为清晰的认识。

对于一个基金经理来说，随着其业务的发展，与会计师之间的关系变得更为重要。关系良好且值得信任的会计师在基金管理机构发展的过程中会提供许多有益的建议，基金经理对其倚仗程度也会不断加深。

对于起步阶段的基金经理来说，选择会计师及审计机构主要考虑的因素应该是其在对冲基金行业及投资者中的声誉。选择一个在行业内拥有良好声誉的律师有利于基金经理树立自己的市场地位，会计师及审计机构的选择也是同样的道理。甚至可以说，具有良好声誉的会计师、审计机构给公司形象带来的加分要大于律师。毕竟，会计师、审计机构对基金各项数据的真实性负责，而基金的各项数据对于投资者的重要性不言而喻。

鉴于以上原因，基金经理更应该长期聘请在对冲基金行业具有良好声誉的会计师，并与其共同成长。由于会计师能接触到基金运营中的多项内幕消息，所以基金经理一定要选择那些可以信任的会计师。基金经理要清晰地认识到自己的投资策略及基金运营中的一切信息对于会计师都是不设防的，在会计师的选择问题上一定要慎之又慎。

而选择一个声誉良好的会计师对基金投资者而言也十分重要，毕竟会计师在基金的运营中会起到监督作用。通常来说，如果一个基金经理更换了会计师，投资者会认为基金在运营中出现了问题。

因此更换会计师对于投资者而言是一个不好的信号。基金经理若想减少投资者的流失，便要尽量避免释放这类不好的信号。

会计师通常会对基金的相关文件进行审阅，以确保基金运营中所使用的会计处理方式正确，并确保税收相关问题受到了重视。这些工作说起来十分简单，但操作起来却很复杂。大部分私募资产的法律文件都会涉及以下问题：投资策略、风险以及投资管理。而一旦触及会计问题，事情则变得更为敏感。基金经理应该在法律文件定稿之前交由会计师审阅，以避免发生不可挽回的错误。

除了审阅相关的文件外，会计师与基金经理之间的会谈也很重要，初步的会谈涉及诸如合伙企业会计处理、基金经理内部会计处理，以及基金经理如何确保主经纪人和行政管理人配合其开展业务等问题。

定价问题

投资策略会直接影响组合中资产的估值。在 OTC（场外交易市场，指在证券交易所以外的市场所进行的股权交易）或者交易所市场上市交易的证券显然要比其他交易量较少的证券更容易定价。许多金融产品在估值方面可能并不存在问题，但是对冲基金不然。由于对冲基金会配置诸如非交易所交易证券、弱流动性证券、担保债务凭证及不良资产收益权等结构较为复杂且难以定价的资产，所以它的估值经常会遇到棘手的问题。各种资产估值问题对于经验丰富的会计师而言则没有那么棘手，他们可以凭借自己的经验协助管理人更好地处理上述问题。但如果基金经理和会计师在估值问题上存在分歧，问题可能会变得更麻烦。

在估值方面并没有一套完善的规则可以遵循，对冲基金唯有在此方面保持高度的谨慎才能少犯错误，尽管这样相关的运营成本可能会比较高。当某只基金的估值出现了问题，并需要回溯调整其过往估值时，问题可能会很棘手。一只基金若在估值方面发生差错，解决起来便不会十分容易。它可能会给基金经理带来严重的负面影响，许多大型对冲基金管理机构的崩盘都源于此类问题。

次贷危机发生之时许多固定收益工具的变现会变得困难，而此时估值问题则更为凸显。鉴于此，有经验的机构在对对冲基金进行尽职调查时，往往会首先对其估值问题予以关注。下面我会讨论一下我对这个问题的看法。

以我曾经尽职调查过的一只对冲基金为例。该基金的管理规模近800亿美元，基金经理的管理团队、硬件设施以及历史业绩都比较出色，给人的第一印象可以说无可挑剔。该基金主要投向不良资产，主要投资标的包括不良资产收益权、应收账款、公司贷款、保险票据以及公司债券。在尽职调查的过程中我了解了该基金的策略及投资的一些细节，并在交流中对于不良资产收益权投资的情况进行了详细的了解。所谓不良资产收益权，就是破产企业的债权人拥有的参与破产企业财产分配及追索的权利。能够以合理价格获得不良资产收益权，并能够进行良好运作，投资者往往能从中获得不菲的收益。

该基金的管理人在大量投资不良资产收益权的过程中积累了丰富的经验，跻身成为该投资领域最富经验的基金管理人之一。然而，有一个小问题：如何对不良资产的收益权进行估值呢？由于不良资产收益权没有第三方的估值数据，所以会计师在估值中必须发挥更大的作用。

由于对不良资产收益权估值的处理细节无从深入了解，我始终对其心存忧虑。虽然我不会预先设定基金经理在估值过程中会有侵害投资者利益的行为，但是整个估值过程都由基金经理来主导，让人心存忐忑。而我在对冲基金行业的很多好友都认为我在这个问题上过虑了。诚然，不良资产策略对冲基金从2005年开始了长达3年的快速发展期，该领域投资业务靓丽且规模迅速增长。但这样的势头并没有一直延续。当次贷危机袭来信用市场急转直下之时，无数不良资产策略对冲基金也深陷泥潭，基金经理和会计师之间不能就基金的估值达成一致意见，最终大量基金都被曝出了巨亏。大量不良资产收益权的价值都发生了大幅缩水，其估值变得愈发困难，对其持有大量头寸的对冲基金最终不得不放弃努力，而面对失败的现实。至今，该类型基金的许多投资者仍在等待其持有基金的清算。虽然我没能在危机中独善其身，但是这次危机让我明白了这个道理——了解对冲基金估值方面细节的重要性不亚于了解其投资操作的细节。

基金管理机构所聘用的会计师是否提高了基金估值的可靠性？我的观点是没有。让投资人感觉更可靠的只有更为充分的基金信息及数据。

投资者对于一直沿用的估值方法的认同感更强。基金经理肯定不愿因为估值问题而影响基金的规模，于是在法律文件定稿之前，管理人对于估值条款的确认问题应该慎之又慎。

经验丰富的会计师会在确保法律文件的正确性方面提供较大的帮助。会计师对基金经理经营过程中所面对的各种财务问题的解决也有助益，会提高基金经理的经营效率。同时，在基金经理面对诸如基金的流动性无法满足投资者的赎回申请这种棘手的情况时，经验丰富的会计师也能为经理提供许多有益的建议。

弱流动性资产的一大问题在于其变现的时效性，这类资产往往需要持有较长时间或者需要较长的时间寻找交易时机才能兑现其价值。如果基金投资者在基金经理寻找到合适的交易时机前便赎回基金份额，基金便会面临流动性困难。基金经理对于上述问题的主要防范手段是“侧袋账户”（side pocket account）。所谓“侧袋账户”，就是基金经理将诸如弱流动性资产的此类特定资产单独存放的一个账户。侧袋账户独立于主投资组合账户，基金投资人根据其持有主基金的份额比例享有侧袋账户的资产及收益。由于弱流动性资产存放于侧袋账户中，主投资账户由弱流动性资产引发的流动性及估值问题便迎刃而解。侧袋账户所产生的收益及损失由侧袋账户设立之前的基金投资者承担，而侧袋账户设立后参与的投资者不承担侧袋账户中的收益或损失。

过去数年间，越来越多的对冲基金经理发现了非公开交易证券的投资价值。此类证券的升值空间巨大，成为了对冲基金创造超额收益的绝佳工具。然而此类证券的流动性往往较弱，投资于此类证券会给基金管理人在估值、核算以及基金财产分配方面带来诸多问题。与专注于投资弱流动性资产的私募股权基金、风险投资基金相比，对冲基金的管理人及投资者在弱流动性资产投资方面都显得经验不足。为了应对弱流动性资产给基金造成的影响，基金经理引入了侧袋账户这一解决方案。侧袋账户的使用使得基金管理人能够在更大程度上满足投资者的需求，并且将基金因投资弱流动性资产所带来的诸多问题也简单化。相比较而言，私募股权基金为解决资产流动性的问题，在产品结构上严格限制了基金份额的赎回，而以各种形式的收益分配来满足投资者的现金需求。

由于侧袋账户给基金管理带来的便利性，许多律师在起草对冲基金的法律文件时都喜欢将其加入基金条款中。侧袋账户使得对冲基金经理能够更自由的投资于弱流动性资产，并且凭借此类资产实施一些特定的投资策略。

由于侧袋账户给基金经理带来的诸多便利性，越来越多的对冲基金加入了侧袋账户条款，及赋予基金经理出于基金及基金投资者的利益考虑，而将某些特定的资产单独存放于侧袋账户内的权力。投资者赎回基金时，只能按照其持有的份额比例赎回其中主投资账户的部分。由于侧袋账户中的资产往往难以估值及交易，基金经理更倾向于将侧袋账户中的资产按照私募股权资产的一些处理方式来对待，这意味着侧袋账户内的资产在变现之前不会对基金投资者的收益造成影响，并且基金投资者在这部分资产变现前也不能对侧袋账户中的资产进行赎回。而对于基金经理来说，在侧袋账户内的资产变现之前，不能针对该部分资产收取业绩报酬。侧袋账户相关的条款需要在基金法律文件中进行详细地说明，因此基金管理人应该与律师以及会计师一同对其进行仔细斟酌。总之，由于侧袋账户解决了弱流动性资产给基金经理带来的诸多难题，而被基金经理广泛接受。

相关监管规定

美国金融业监管局（简称 FINRA）于 2004 年 3 月颁布实施了“2790 号法案”（Rule 2790），该法案对于证券发行的配售对象做出了诸多限制。由于该法案的限制，许多投资者不能再合法持有侧袋账户中存在的许多流动性资产，因此对冲基金经理开始减少对于侧袋账户的使用。

所谓“热销证券”，是指一只证券上市交易后的二级市场价格较其 IPO（首次公开募股）价格存在的明显溢价。FINRA 通过“2790 号法案”明确了上述“热销证券”的禁止配售对象，包括经纪商和交易商的员工及关联方、主承销商管理方及与该笔承销相关的中介服务机构。①

---

① 资料来源：Steven Felsenstein, Joel Telpner, and Brenda Chavez, “New NASD Rule 2790 Revises Retrictions on the Purchase and Sales of Initial Public Offerings” *Alert*: *Greenberg Traurig* (January 2004). Retrieved August 11, 2006, from www.gtlaw.com/pub/alerts/2004/felsensteins_01.pdf。

“2790 号法案”颁布前，许多对冲基金都将 IPO 证券放到侧袋账户中，这样处理的后果是并非所有基金投资者都能分享到侧袋账户中的 IPO 证券份额收益。而将侧袋账户中的收益正确地分享给应该享有该收益的投资者，会给基金经理及其聘请的会计师增加许多工作量。

“2790 号法案”的颁布导致侧袋账户的使用减少，依靠侧袋账户解决的一些对冲基金估值处理问题再次浮出水面。随后监管机构再次调整了关于新发证券的监管规定，他们将配售对象受限的范围由“热销证券”变为“新发证券”，并且明确了新发证券的定义，还调整了禁止配售的范围。所谓“新发证券”，是指所有首次公开发行的权益类证券，较“热销证券”的范围更广。监管规定调整后，所有的 IPO 证券均需要放入侧袋账户之中，并且基金经理和会计师更容易明确禁止配售对象的范围。

“2790 号法案”修正后所明确的新发证券禁售对象包括：

---

1. FINRA 会员或其他经纪商及交易商。
2. 经纪商及交易商的工作人员及直接家庭成员。
3. 主承销商就新发证券事项所聘用的中介服务机构，包括律师、会计师、财务顾问及其直接家庭成员等。
4. 投资经理。

同时，修正后的“2790 号法案”也禁止新发证券配售于投资银行高管或者诸如银行、保险公司、投资顾问公司一类的机构投资账户。修正后的法案仍将承销商及承销工作相关机构列为禁售对象，而对于承销工作中所涉及的律师事务所、财务顾问等机构，禁售范

围仅限定在从事了相应证券承销工作的人员。①

修正后的“2790号法案”的另一处变化在于“小额豁免”规定。所谓“小额豁免”规定，是指如果一只基金能够确保单个新发证券禁止配售对象从该基金中间接分享到的新发证券的收益不会超过该基金从该新发证券所获总收益的10%，那么这只基金便无需将获配新发证券放入侧袋账户。这条规定在一定程度上减轻了对冲基金估值及运营的工作量。

基金经理必须清楚新发证券的禁止配售对象，并在基金运营中正确执行相应的法规。同时在签署新发证券的认购协议时，上述问题的处理方式也会被问及。基金经理必须及时更新每只新发证券的禁售对象信息，并参照相应法律法规在基金运营中进行操作，即使这会给基金管理人带来很繁重的工作量。如果对冲基金聘用行政管理人，那么基金经理将在上述繁冗的工作中得到解脱。经验丰富的行政管理人能够保证基金经理不在应对前述问题时出现纰漏。

基金的法律文件定稿，并且各项运营工作走上正轨后，基金经理与会计师之间下一次需要紧密合作的时机便是审计工作展开之时。对冲基金的估值及财务工作会由内部的运营部门及外部的行政管理人完成，直到审计工作开展之时基金经理与会计师之间都不会有太多的交流。

对冲基金的审计

对冲基金的审计工作繁冗而痛苦，很多人将该项工作的痛苦程

① 资料来源：Steven Felsenstein，Joel Telpner，and Brenda Chavez，“New NASD Rule 2790 Revises Retrictions on the Purchase and Sales of Initial Public Offerings” *Alert*：*Greenberg Traurig*（January 2004）. Retrieved August11，2006，from www. gtlaw. com/pub/alerts/2004/felsensteins_01. pdf。

度与拔牙时未使用麻药的痛苦感相提并论。审计过程中，基金经理需要收集整理大量关于其所管理的基金在投资者、交易、资金等方面的数据及信息，以及其与各第三方服务机构间的业务开展情况信息等供审计机构审阅。但是上述大量的数据及信息并不在基金经理的掌控之中。在上述数据及信息的搜寻过程中，基金经理首先需要梳理其业务开展中的各项主体，比如投资者、交易对手方、第三方服务机构等。上述主体梳理明确后，基金经理便可以将与审计相关的数据、信息需求发送于相应的主体。而需求发出后对方的响应速度便不再受管理人所左右，对方响应的速度有快有慢，但审计工作完成的前提是收到所有的反馈。审计工作的整个过程并不掌控在基金经理手中，这是基金经理的痛苦所在。

我们在 www. hedgeanswers. com 上为读者提供了一个关于对冲基金审计的案例，该案例的相关材料在该网站上可以查阅。

如前文所述，大量对冲基金的组织形式都是有限合伙或者有限责任公司。而在会计处理层面，对冲基金都被视为有限合伙，这意味着对冲基金都要适用十分复杂的有限合伙会计准则。不幸的是，合伙企业会计并不简单，甚至很复杂，不论发展战略和管理资产是怎样的。对冲基金的每一个投资者或者合伙人都会被分配到一个资本账户，该账户会记录和评估该投资者或合伙人在持有基金的过程中的收益。每年年末或者基金的开放期，基金经理都会向投资者提供关于该账户的详细报告。所谓基金的开放期，主要是指对冲基金合伙份额比例会发生变化的期间（允许有合伙人参与或退出的期间）。在基金的开放期，基金的资产会按照市价估值，基金的收入及费用也会进行每日结算，对基金份额的估值力求做到精确。对冲基金会在法律文件中明确开放期的结束时间，其通常会是某个月的最后一日。开放期结束之时审计机构会对基金的估值及份额确认等进行审计。对冲基金变更后的合伙份额比例会在开放期结束后的次日

（通常会是某个月的第一天）生效。[①]

税收及收入相关事宜

一个公司的经济收入通常并不等于其应税收入，意识到二者之间的差别时公司便要对税务问题予以关注。GAAP（一般公认会计原则）要求企业在确认经济收入与应税收入时均采用权责发生制，在税收方面还需遵守美国国税局的相关规定。在对经济收入进行调整之前，首先应该完成当期税收分摊，这便需要会计师对于相关账目进行审阅以确定基金的应税收益。通常情况下，会计师事务所每年会对对冲基金进行一次审计。审计的过程也是对于一只基金的财务状况、期间业绩以及稳定性的一次全面摸底。基金的定期审计对于其营销也有助益，大多数投资者都喜欢查阅基金的审计文件，进行定期审计的基金更容易取得投资者的信任。

接下来我会简要阐述审计及税收相关问题对对冲基金及其投资者的潜在影响，力求使读者了解其中的关键所在，以及使基金经理明确在与其会计师及行政管理人打交道过程中需要注意的重点问题。对冲基金的税收问题十分复杂，恐怕只有注册会计师（简称 CPA）能够完全理解其中的细节。美国的对冲基金通常都采用有限合伙或者有限责任公司的组织形式，普遍受各州普通合伙（简称 GP）法的管辖。而各州的有限合伙法普遍允许使用有限合伙或者有限责任组织形式的对冲基金使用投资合伙的所得税处理方式。[②]

以下是基金经理在与会计师以及行政管理人讨论审计、会计及

---

① 资料来源：Hedge Fund Center，“Hedge Fund Accounting Basics.” Retrieved June 1, 2011, from www. hedgefundcenter. com/wrapper. cfm?article_type = basics。

② 资料来源：PFPC Worldwide, Inc. ,“Global Hedge Funds: Maze – Navigate the Maze of Opportunities.” Retrieved August 11, 2006, from www. pfpc. com/pdfs/BRO_Hedge_Fund. pdf。

税收问题时常谈及的一些内容：

- 投资合伙的分类。
- 营业收入、已实现收益或损失的分摊。
- 基金的税后业绩。

普通合伙人于基金中取得的报酬可以以基金费用或者基金收益分配两种形式之一进行支付，而具体的支付方式需要在基金的法律文件中予以明确。由于将普通合伙人的报酬以基金收益分配的方式进行支付对于普通合伙人和其他投资者都更为有利，因此该种方式为更多的基金所选择。以基金收益分配的方式向普通合伙人支付其报酬不被视为合伙企业的费用；相反，它保留了它在普通合伙人手中的性质。[①] 基金各项损益、费用的分摊需要符合以下原则，才能有利于大多数基金参与者的利益：

- 必须按照基金设立时确立的收益分配、费用分摊原则。
- 必须有事实基础。
- 合伙人之间就基金份额的交易不能仅出于避税目的[②]

被认定为投资合伙的对冲基金在分配基金损益时有两种方法可

① 资料来源：PFPC Worldwide, Inc., "Global Hedge Funds: Maze - Navigate the Maze of Opportunities." Retrieved August 11, 2006, from www. pfpc. com/pdfs/BRO_Hedge_Fund. pdf。

② 资料来源：同上。

以选择：分层法（layering method）和总和法（aggregate method）。

在使用分层法分配基金的损益时，会根据每一个投资人在基金中的份额占比，将已实现损益直接计入其账户。而对于未实现损益，也会根据其在基金中的份额占比计入投资者的未实现损益账户。当相应证券被交易，未实现损益转化为已实现损益时，投资者账户内部也会做相应的处理。

使用总和法的基金只会将已实现收益与已实现亏损的轧差分配给投资者。采用该种处理方法的基金不会将基金的未实现损益都具体计入每一个投资者的账户之中。未实现损益会对基金净值整体产生一个影响，使得基金净值存在"未实现收益"或者"未实现亏损"。[①] 通常来说，总和法相对于分层法操作起来更为容易。许多专业人士认为，长期来看分层法和总和法对于基金损益的处理结果并无差异，但由于总和法更为简便，因此应该选用总和法。而在实际操作中，会计师会根据基金的具体特点提出在两个处理方法之间的选择建议，基金经理最好听取其会计师提出的建议。

虽然本书前述章节对于对冲基金和其他投资工具之间的差别做了比较多的讨论，但却未提及对冲基金的收费问题。虽然共同基金以及许多主流媒体经常诟病对冲基金的收费过高，但是对冲基金的高收费在另一个角度来看也反映了投资者对于其产生高回报的预期。

业绩报酬往往被视为对冲基金的独有收费模式。对冲基金的收费模式通常如下：收取按照基金管理规模一定水平（通常为1%）计提的管理费，以及超过门槛收益率（hurdle rate）以上收益一定比例（通常为20%）的业绩报酬。过去的数年间，高水位法（high-water

① 资料来源：PFPC Worldwide, Inc.,"Global Hedge Funds: Maze - Navigate the Maze of Opportunities." Retrieved August 11, 2006, from www. pfpc. com/pdfs/BRO_Hedge_Fund. pdf。

mark）一直是对冲基金行业计提业绩报酬的常用方法。而门槛收益率以上的潜在收益，才是对基金经理以及投资者最大的吸引所在。

高水位法是对冲基金行业常用的业绩报酬计提方式，采用这种方法的基金只有在基金净值超越了之前峰值的情况下才能计提业绩报酬。而当基金净值从峰值处发生回撤时，基金经理能够继续计提业绩报酬的方式唯有使基金净值超越之前的峰值。举一个简单的例子，比如初始规模为100万美元的投资组合经过一年的投资运作后组合净值为85万美元，此情形下该基金便不能计提业绩报酬，并且在基金净值回到其历史峰值（100万元）之前都不能计提业绩报酬。[①]

对冲基金行业还有一个常用的概念——门槛收益率，当基金的收益率高于门槛收益率时才可以计提业绩报酬。通常情况下门槛收益率为挂钩某些固定收益基准的收益率，比如10年期国债或者LIBOR（伦敦同业拆借利率）加100个基点。当然，门槛收益率也可以是一个固定的收益率，比如10%。举一个简单的例子，假设一只基金的门槛收益率为10%，如果运作期末该基金的收益率仅为8%，则不可以收取业绩报酬；如果运作期末该基金的收益率为15%，则其可以针对高于10%的部分（5%）收取业绩报酬。[②] 高水位法以及门槛收益率这两种机制实现了基金经理和投资者的利益绑定。

对于在岸基金来说业绩报酬的计算并不复杂。而对于那些采取离岸基金通常采用的将基金划分为均等份额并定期公布份额净值的产品形式的基金产品，业绩报酬的计算则复杂很多。上述情况下，基金业绩报酬的计算方式也不止一种。根据Eisner Amper公司的彼得·泰斯

① 资料来源：Australian Stock Exchange Website Glossary. Retrieved August 12, 2006, from www. asx. com. au/investor/lmi/how/AbsoluteFundsGlossary. htm。

② 资料来源：Texas MBD Hedge Fund Organization – McCombs School of Business Website Glossary of Terms. Retrieved August 12, 2006, from www. mccombs. utexas. edu/students/MBAHFO/glossary. asp#H。

塔韦尔德介绍，许多离岸基金会从整个基金的层面去计算业绩报酬，但这样会导致部分基金份额持有人被多征收了业绩报酬（即被征收了业绩报酬的基金持有人并未享有应有的投资收益）。为了应对上述问题，许多基金管理人在计算业绩报酬时采用了各种各样的调整方式以保证业绩报酬的计算更为公平。根据一篇对于各种业绩报酬计算调整方式进行总结的文章，主要的几种调整方式如下：

- 系列份额均衡法（也称系列会计法）。
- 摊薄系数均衡调整法。
- 均衡调整法。①

上述三种方法中被采用最多的是系列份额均衡法，该方法要求基金对于每一批新募集的资金都对应一期新发份额。该种方法下，由于每一期份额的净值是相互独立的，因此业绩报酬能够得到精确的计算。该种方法是使得业绩报酬计算更为公平的最为简单直接的调整方法，但是由于使用该种方法的基金进入时间不同的份额的净值是各不相同的，使得对基金有多期投资的持有人的资产净值变得混乱，持有人相关的会计处理也会变得困难。②

如果基金经理想对使得业绩报酬计算更为公平的各种调整方法有更为深入的了解，可以和会计师以及行政管理人进行深入地交流。不同业绩报酬计算调整方法的计算方式不尽相同，但是计算过程都比较复杂并且都要求基金的各种数据良好保存。会计师和行政管理

---

① 资料来源：Nandita Das, Richard Kish, David L. Muething, and Larry W. Traylor, "An Overview of the Hedge Fund Industry," Martindale Center for the Study of Private Enterprise, Lehigh University 2002 Series 1. Retrieved August 11, 2006, from www. lehigh. edu/ ~ incntr/publications/2002_series_1. pdf。

② 资料来源：同上。

人可以帮助基金经理处理好业绩报酬计算的各种复杂工作，但是基金经理也不能对业绩报酬的各种计算方式毫无了解，毕竟这事关基金经理自身的收入。

行政管理人

当下，随着监管的不断收紧以及投资者尽职调查工作的不断细化，基金以及基金管理人的审计变得越发重要。投资者在尽职调查的过程中往往都要求基金经理出具经会计师审计的审计报告。而审计工作往往是每年才进行一次，现在越来越多的在岸基金都引入行政管理人进行估值、业绩记录以及份额登记工作。在无需应对第三方尽职调查的情况下，基金经理通过银行或者主经纪人提供的各种记录也能满足基本的数据需求。但是投资者在进行尽职调查时需求的数据则更为详细，并且投资者往往需要数据经过第三方的审核，此时基金经理便要借助行政管理人提供的数据服务来满足第三方的数据需求。行政管理人的引入势必会增加管理人的成本，但是行政管理人的引入对于基金的募集却有助益。总体来说，行政管理人的引入所带来的收益大于成本。

基金经理通常需要行政管理人按月度提供以下服务：账务记录、投资组合的定价及估值、基金资金流入及流出的记录。同时，行政管理人也会协助基金经理进行管理费及业绩报酬的计算及记录。

可以把行政管理人想象成基金经理外设的一个运营部门。这个部门会负责记录总分类账，保存账务凭证，为资产组合定价提供客观数据来源，并核实记录。同时行政管理人也会协助基金经理按照《美国爱国者法案》进行诸如反洗钱等合规性质的工作。

各种运营以及行政事务无论对于哪种体量的基金经理来说都是费时费力的工作，而行政管理人的引入则可以帮助分担基金经理的各项工作并为投资者带来更好的体验。行政管理人也会协助基金经理出具各种财务、税务以及合规性报告，这些工作都会使得基金的营运更为顺畅和高效。

也有许多基金经理认为引入行政管理人是毫无必要的，这些基金经理认为自己可以完成行政管理人的工作。然而现实情况是，上述不引入行政管理人的基金经理往往被各种复杂繁琐的运营工作压得喘不过气来。同时，基金经理雇用内部会计人员和有充足经验及能力的首席财务官也是一项极其耗费成本的事情。

通过引入行政管理人这样的第三方专业机构，基金经理则相当于聘请了众多拥有丰富基金运营经验的员工，通过较低的固定成本使用了先进的软、硬件设施，并且自身的行为也会受到行政管理人的良好监督。正确及时地履行其应承担的各项职能，并且保证基金经理的各项行为都合法合规是行政管理人的重要职责，同时通过行政管理人代为履行上述职责对于基金经理来说也更为经济划算。按照通常的经验，引入行政管理人比基金经理自建相关部门的成本会更为低廉且高效。

行政管理人提供各项服务的收费通常以一定的费率按照基金的规模进行月度计提。不同的行政管理人提供的服务类型也不尽相同，总体来说，行政管理人提供的服务可以划分为“简单估值服务”以及“全方位运营服务”，这两种类型的服务的主要区别在于行政管理人承担职责的多少。考虑到潜在责任，大型的行政管理人往往只提供全方位的运营服务。

虽然基金经理也承担客户服务、运营、财务等责任，但行政管理人承担了大量的相关工作。而在诸如反洗钱、客户调查等合规性工作方面，行政管理人会为基金经理提供很大帮助，这也是行政管理人工作中最有价值的一部分。当新的法规实施的时候，行政管理人也会保证基金经理的各项工作能够跟得上法规的要求，此时基金经理应该对于其选择引入行政管理人而感到庆幸。

当然引入行政管理人也并非百利而无一害。引入行政管理人来提供各种各样的服务虽然可以减少基金经理在人员及软、硬件设施上的投入，但是也会增加基金的日常开支及费用（支付给行政管理人的费用）。引入第三方行政管理人能够使得基金经理得到那些拥有丰富经验的专业人士以及先进的软、硬件设施所提供的服务，而这些通过基金经理进行自建则会过于昂贵。有时行政管理人还会雇用一些极富有经验的专业人士为其所服务的基金经理提供各项帮助，这些专业人士的人力成本对于大量的单一基金经理而言可能都是过于昂贵而难以承担的。

引入行政管理人所带来的费用节约无疑会使投资者获益，同时基金经理的行为有了行政管理人的监督也会受到投资者的欢迎。而基金管理人为了迎合投资者以促进基金的募集工作，便乐于使用行政管理人的服务。

对于在岸基金经理来说，是否使用行政管理人的服务是自由的，而离岸基金在这一问题上则别无选择。基金经理不能直接运营管理离岸基金，只能通过分层顾问协议的方式间接管理，因此其必须引入行政管理人。

离岸基金通常都有独立的董事会，该董事会有权决定谁来负责基金的运营以及投资管理。正如共同基金的投资者可以更换麦哲伦基金（Magellan）的管理人富达国际（Fidelity）一样，对冲基金的投资者也有权更换基金的管理人。这一点对于许多基金管理公司来说是难以置信的。

如果基金经理想对这个问题有更为深入的了解，可以咨询自己的法律顾问。虽然基金经理的确有可能对自己一手建立起来的对冲基金失去管控，但是这种可能性微乎其微，毕竟整个行业内有太多的限制导致这种事情不会频繁发生。然而，正由于离岸基金的基金经理的确有被更换的可能性，行政管理人在离岸基金中的地位便显得更为重要，成为离岸基金连续运营的重要保障。

正如本书第三章所述，离岸基金通常以公司制形式设立于百慕大、英属维京群岛以及开曼群岛等地。上述离岸基金的投资者不仅包括美国以外的居民，也包括美国国内的免税投资主体（如养老金、教会信托、慈善基金等）。由于 UBTI 的相关税收规定，上述投资主体往往需要通过投资离岸基金以达到节税的目的。

离岸基金与在岸基金在行政管理人的职责方面差异并不大，主要都包括资产定价、估值、基金运营文件保存等工作。离岸基金的发起人常常会召集董事会讨论基金的重要事项。虽然董事会通常由发起人来召集，但是却独立于发起人进行决策，并对基金拥有高于发起人的权限。董事会也要与行政管理人保持紧密沟通，以保证基金的一切工作都按照章程来开展。

“十条戒律”

基金行政管理人的角色在 1997 年克林顿减税政策实施后发生了极大的变化，投资界所熟知的“十条戒律”也被废除。所谓“十条戒律”，是指美国 1966 年颁布的《外国投资者税收法案》（Foreign Investors Tax Act，简称 FITA）中所规定的，美国本土纳税主体的十项职责功能若均由其海外办公室独立履行，便可豁免其来源于美国收入的应缴税金。十项职责功能包括：

---

1. 与股东沟通。
2. 公众关系的维护。
3. 公司新发股份的询价。

4. 新股东的接纳。

5. 公司文件的保存。

6. 公司账务的审计。

7. 公司红利以及律师费、审计费等各项费用的支付。

8. 公司股票发行或回购价格的公布。

9. 召开股东会或者董事会。

10. 执行公司股票的回购。①

由于 FITA 的废除，美国境内的公司无需通过设立离岸公司而是通过设立在美国本土的机构来履行上述职能。

FITA 的废除使得基金经理可以获得更为廉价的行政管理人服务，也促进了对冲基金行业的发展并彻底地改变了行业竞争格局。2005 年前后，基金行政管理服务领域展开了一波兼并浪潮，此后该行业的市场份额开始集中到少数可以提供较为完善的服务的行政管理人手中。市场普遍认为这一波兼并并未导致行政管理服务的收费提升或者服务质量下降。

在选择行政管理人之前，基金经理首先应该思考清楚自己想从行政管理人那里获得哪些服务。而在选择行政管理人的过程中，基金经理还要对行政管理人进行尽职调查。该尽职调查一定要详细，决不能像仅仅填写一份问卷这样简单。

然而经过一番兼并后，行政管理服务领域仍然是良莠不齐的局面，不同水平的行政管理人都在为对冲基金提供服务。

通过对行政管理人的尽职调查，基金经理可以排除那些不适合

① 资料来源：Antoine Bernheim, "Repeal of the Ten Commandments: The Impacton the Offshore Hedge Fund Administrations Industry," *Hedge Fund News*. Retrieved August 11, 2006, from www. hedgefundnews. com/news_n_info/article_detail. php?id = 260。

自己的服务提供商。可以供基金经理对行政管理服务提供方进行评判的指标很多，报价、服务质量以及声誉等，基金经理通过这些指标的筛选便可以排除一批不适合自己的行政管理人。而快速收集行政管理人信息以及对其进行筛选的一个有效手段便是通过向潜在的合作方发出调查问卷，至于调查问卷的内容，基金经理可以与其律师和会计师沟通协商。你可以通过互联网找到许多调查问卷的模板，当然这些问卷通常都不是免费提供的，基金经理需要加入某些组织才可以得到这些模板。

对行政管理人的尽职调查

我们建议基金经理在进行尽职调查时最好还是自己设计调查问卷，在调查问卷中基金经理可以提问行政管理人如何进行基金的估值、估值数据的获取渠道以及灾备安排等问题。当基金经理收到调查问卷的反馈后，应该对于调查问卷进行仔细地分析，并且就对方是否与自身的需求契合这一问题进行仔细地思考。而且基金经理应该清晰认识到所收到的调查问卷反馈决不能是其做出决定的唯一参考，基金经理应该与行政管理人的服务团队进行面谈，并应该向其服务的其他客户进行走访。最后需要强调的一点是，不要盲目相信那些有推荐人背书的行政管理人，因为推荐人的观点及经验也具有局限性。基金经理若选取一个适合自己的行政管理人，势必要付出大量的努力，这其中既包含大量详实的尽职调查工作，也包含基金经理自己去了解行政管理人的可靠程度及业内声誉。

你应该做的一件事是与拟聘用的行政管理人的客户交谈，这些客户与你所需要的服务相同。比如一个基金经理自己主要是专注于权益类策略的，那么他就无需对专注于固定收益类策略的基金进行走访。在此过程中你的主经纪人也会提供有价值的意见，毕竟主经纪人对于行业内的情况比较了解，他们会对拟聘用的行政管理人提出客观中肯的评价。

对于基金经理而言，选择行政管理人应该如同为自己的投资组合选择投资标的那般谨慎。基金经理应该仔细思量拟聘用的行政管理人对于基金的运作是否有所助益。我们建议基金经理在对行政管理人进行尽职调查时应该进行以下工作：

- 实地调研。走访行政管理人的办公地，尤其是将会服务于自己的团队的办公地。
- 对将服务自己的团队进行访谈。
- 保证双方的系统可以顺畅对接。
- 确保对方的客户中包括与自己投资策略类似的机构，切勿成为对方的试验品。
- 用直觉来判断对方和自己的需求及要求是否有较大的背离。
- 确保对方对于自己的投资策略有所理解，能够对自己的投资组合进行估值定价，即使组合中包括一些估值较为复杂的资产。
- 法律顾问仔细阅读对方的格式服务合同，最好向对方索要一份详细的服务说明。如果可能的话，同对方落实清楚具体的负责人、业务对接部门以及对接人。[1]

---

① 资料来源：Dermot S. Butler, "How to Select an Administrator: Due Diligence or What to Look For – What to Ask." Delivered at AIMA and Euronext 7th Annual Investor Forum, September 25, 2002. Retrieved August 12, 2006, from www.customhousegroup.com/How%20to%20Select%20Admin.htm。

虽然尽职调查中需要了解的问题并不只限于此，但上述罗列的事项可以使基金管理人对调查对象的业务能力有一个基本了解。而以下所列示的两个问题则供基金经理选择行政管理人时作参考：

- 行政管理人是否有独立的行情数据获取设备？毕竟没有哪个基金经理想聘用一个需要自己或者自己聘用的主经纪人提供行情数据的行政管理人。
- 对方所使用的技术及系统的情况。

总而言之，在做出最终决定之前，对拟聘用行政管理人深入而透彻的尽职调查工作是必不可少的。在决策的过程中还有一点需要切记："贵的不一定是好的，价格低廉也不代表劣质，选择最适合自己的才是最重要的。"

一个优秀的行政管理人对于一只基金的平稳运作十分重要。虽然过去的数年科技发生了长足的进步，但是行政管理服务领域仍然是一个劳动密集型的产业，这决定着行政管理服务的成本不会低廉。有鉴于此，基金经理在选择行政管理人时更应该加倍谨慎。若想聘用一个优秀且适合自身的行政管理人，除了详实有效的尽职调查之外别无他法。

第五章

《雇员退休收入保障法案》、UBTI与离岸基金

在任何社交场合中，即便是自由轻松的鸡尾酒会，你都会以对冲基金经理的身份亮相，你以此为傲，对冲基金经理的身份于你而言就好比战士胸前的勇士勋章。

只要你募集到大笔资金，并且基金运作良好，你就会兴致勃勃地介绍自己的工作是对冲基金经理。但是，一旦你募集不到资金，基金的表现又很糟糕，你就会说自己还处于寻找工作阶段。因为发起一只基金并不意味着这只基金能够马上取得成功。为了能使基金正常运作，在基金运营、投资组合管理和募集资金方面你还要做大量琐碎而繁重的工作。

孤身在外闯荡本就是一种成就，你应该自豪自己正在养成企业家精神。但是做企业家是很艰难的，离开公司，依靠自己和自己的团队的困难性可想而知。大多数人都做不到这一点，所以你应该为此而自豪。但是，你要记住，谦逊是一个好品质。危机来临时，你与其他企业家没有区别，无论事业大小，你们都有一个共同点：希望自己的生意好转。

正如我在前面的章节讲述的，大多数对冲基金会因为无法募资而失败。因为无法得到投资者的投资，所以这些对冲基金无法存活。尽管多数基金经理知道募集到资金之后如何运用，但是他们不知道如何为自己的基金募资。

在第九章中，你将会了解一些关于基金成功或失败的案例。你的工作就是从失败的例子中汲取教训，从成功的例子中学习经验，知道如何做是对你和你的合作伙伴有益的。据我所知，人们喜欢阅读案例研究。首先，我们需要仔细审查关于募资的一系列问题。具体来说，你需要了解美国 1974 年颁布的《雇员退休收入保障法案》、UBTI 和离岸基金的内涵。

一旦募资工作完成，你的基金已经开始运作，你就会进入我所说的业务可持续发展阶段。当你意识到你不再需要向公司注资以弥补你的运营费用时，你就进入了这一阶段，这时你的公司的收入已足够覆盖成本。这并不意味着你将赚得巨额财富或者从基金管理公司支取薪水，而是意味着业务现金流收支平衡，你和你的合伙人不需再向经营账户注资。对于多数企业家来说，这是一个重要的转折点，要好好珍惜。

当处于转折点后，你便可以全身心地投入业务增长开发中，并不遗余力地维持可持续经营。大多数对冲基金经理认为长期经营的关键是掌控尽可能多的资产，并确保那些资产具有黏性。这意味着即便基金的业绩遭到冲击，表现不佳时，投资者也不会争相撤资。因此，还是那句老话：需要确立锁定期。记住，黏性意味着无论业绩如何，资金都会长期掌握在你手中。这些资产来源不只包括你的朋友、家人或者同事，还包括乐于投资对冲基金的投资机构和对你长期管理资产的能力表示信任和认同的组织。资金的黏性越大越好。

对大多数基金来说，得到机构投资是很难的。大部分基金经理并不愿意投入时间与机构投资者周旋，即使这样做会使他们得到这些投资者的投资。相反，他们会远离涉及向机构投资者营销的种种活动，而只关注容易说服的投资人。这是错误的。你需要制订一个计划并执行，来跟进基金中你可以掌控或维持的资产池。符合这一要求的投资人包括养老基金和捐赠基金打理的资产，以及其他机构投资者，这些资产要与 FOF 中的资产区别开来。FOF 对你的公司来说可能是一个巨大的资金来源，然而，FOF 的问题是你无法掌控整个基金。如果你的基金运作良好而 FOF 经理投资的其他基金业绩糟糕，你同样会蒙受损失。你无法掌控整个基金的运营状态，底层基金的投资者并不能了解你的投资策略。作为基金经理，既不掌控FOF的运作情况，对投资者也一无所知，这是很棘手的。你需要了解你的投资者，并与他们每个人建立联系。这并不意味着你要拒绝FOF的资金。相反，如果你可以得到它，那么就接受它，但是要与你的投资者直接建立联系。在今天的竞争环境中，多数投资者追求收益，他们寻找炙手可热的基金经理，在不该投资的时候胡乱投资。你应该寻找有经验的投资人，或者是能够依据基金经理长期表现的预期做出明智的投资决定的投资机构。虽然拒绝投资者很难以启齿，但是有时候拒绝是最好的选择。当投资者与你见面，讨论你的策略的时候，你也要问他们问题，了解投资者的需求和想达到的投资预期，获得这些信息有助于你更好地管理与投资者的关系。

自对冲基金存在时起，有经验的投资人、捐赠基金和投资机构就开始对其进行投资。这些人精明并善于投资，知道多空市场操作的价值所在，于资本市场而言，他们代表了大量资金的存在。在过去20年中，养老金计划、退休保障计划和保险公司投资于对冲基金，因为他们无法从仅做多头的投资产品中获利。在经济低迷或停滞时期，这些投资者知道他们需要寻求一些新的投资产品以满足他们的需求，于是，他们投资了对冲基金。一些机构投资这些产品已经有段时间了，他们对这个行业较为了解。其他国家和地区的投资机构刚开始涉足对冲基金领域，正在寻找基金经理帮助他们获得收益。

作为一名基金经理，你需要考虑如何得到这些资金池的投资。为此，你需要了解关于对冲基金的投资计划的规章条例。

美国1974年《雇员退休收入保障法案》

1974年，美国国会通过了《雇员退休收入保障法案》（简称ERISA），目的是设定统一的国家标准来保护私人部门雇员的养老金计划，使其不受欺骗和管理不善的损害。这项法律监管私人部门雇员养老金计划的融资情况和执行情况，维护雇员保留退休金的权利。它确保了雇员的养老金计划稳定存在，直至雇员退休。ERISA 管理的资金规模庞大，多数基金经理乐于得到 ERISA 的投资，但是他们不愿意承担把养老金资产纳入投资组合相应的责任和义务。然而，让多数基金经理喜闻乐见的是大部分的责任都由具体实施投资操作的人来承担。只要基金经理遵照自己的任务分配情况管理资金，即使出现问题，基金经理也是受保护的。然而，在今天这样的法治社会，万一基金暴跌或者发生重大损失，律师会控告所有与交易相关的人。只要基金经理坚持投资原则，他们一般不需要为自己的错误埋单。然而，如果在被告知只能投资流动证券时投资了非流动证券，或者未经授权就进行期货交易，基金经理就有麻烦了。毋庸置疑，打理这些资产总会伴随一些棘手的情况。

在设法得到这些资产时会有两个问题。首先，接受这些基金的投资意味着就要遵守相关的重要条例，一旦违反，就会对你造成麻烦。其次，你需要确保这些资金的管理人相信你和你的基金值得投资。

作为一个新人，你要找到能够帮助你应对该投资领域复杂情况的方法。你只能和工作伙伴或雇员一起去做这件事，不需要雇用外部顾问帮你做这件事。多数自称善于寻求养老金计划和捐赠基金的投资的人不过是浪得虚名，几乎不存在成功的第三方营销公司。你不应该相信营销公司能帮你募集资金，否则你会发现他们除了浪费你的时间，妨碍你进行营销活动以外，别无他用。

作为基金经理，你应该设法亲自得到这些投资者的投资。获得这些投资者的资产数额、投资情况和联系方式的信息并不麻烦，不过也可能花费比想象中更长的时间，但是你将会对募资过程有更多的了解，并且获得这些资产。

毫无疑问，一些人认为 ERISA 资产是最有利可图的，同时也是难以获得和管理的资产。这些资金池庞大，具有黏性，但是通常由个人投资者、投资委员会和投资顾问管理，他们对投资基金慎之又慎。

ERISA 管理人责任重大。首先，“25% 条例”规定一个基金吸纳的 ERISA 资金不能超过该基金资产规模的 1/4。ERISA 计划被定义为退休账户，如退休金计划、基奥（Keogh）计划和其他为人们的退休时期而提供的计划。通过将基金中的 ERISA 资产限制在 25% 以下，你既不会被要求去做不同的事情，也不需要为这些资产承担额外的责任。计算非常简单，如果你管理的总资产为 100 美元，26 美元来自 ERISA 计划，你将会超过界限，陷入麻烦；如果只有 24 美元来自 ERISA 计划，则没问题。你必须监测资产水平和百分比。你能做的就是仔细检查资产占比，并且摆脱由此带来的令人头疼的事。

然而，如果你管理的一只基金中 ERISA 资产占比超过 25%，该基金就会被视为一种“退休计划”，由此你承担的责任也重大许多。

只要你不违背“25% 条例”，你可以像操作你管理的任何其他资产一样，自由操纵这些资金。你应该平等地对待这些投资者，把精力放在寻找资产投资上。

在 2006 年夏天，美国国会通过了总统布什签署的法案——《2006 年养老金保护法案》，这部法律改变了“25% 条例”中的计算方式（如果基金持有退休计划资产的话）。在这部新法律下，政府退休计划、外资企业年金计划以及某些宗教组织的退休计划的资产不再计算在内。根据旧的条例，如果被认为持有退休计划资产的基金投资于一个实体，所投资资产中，只有归属于退休计划投资者的部分在测试中被计入。新的法规更容易让基金通过 25% 测试，因为很多大型投资者不再计算在内。

把来自 ERISA 的资产控制在基金资产规模的 25% 以内，意味着基金经理不必承担作为退休计划额外的责任，投资责任依然由基金中具体负责投资的人来承担。如果你愿意的话，确保投资达到预期值的责任归于退休计划的受托人。退休计划的发起人、主管、顾问以及其他参与资产配置的人，都是投资在你管理的基金的这部分资产的负债人。这意味着尽职调查可能会非常详尽和严格。

在尽职调查的过程中，退休计划的管理人需要考虑不同的因素和不同的信息以确保他们为计划参与者做出正确的投资决策。他们首先要考虑的事情是投资是否审慎。资产管理人或者受托人必须恰当考虑与你的基金特定投资相关的现实环境。这意味着他们需要考虑为什么做这项投资，如何投资，这项投资对于计划是否有意义，计划是否有必要批准这些类型的投资。他们会质疑所做的投资风险是否太大，或者风险太小是否值得投资，也会质疑所投资的基金是否做了应该做的，基金经理是否满足尽职调查要求。

为了做这些决定，受托人需要考虑投资组合的构成、基金的仓位以及与他们投资的其他所有基金的关系。投资多样化很重要，他们不想把鸡蛋放在一个篮子里。他们需要考虑很多东西，如流动性、透明度、预期回报、基于前期的表现回报率会下降的情况和其他市场指数。他们需要考虑所有对投资于你的基金有影响的因素。在尽职调查过程中，受托人和他们的代理人会不断重复地问同一个问题以查明你的基金信息。他们需要知道投资于你的基金对他们的退休计划是否有意义。

过去几年，受科技股泡沫破裂的直接影响，投资多样化成为尽职调查过程中最重要的环节之一。受托人希望确保他们的投资组合的资产配置足够多样化，以使因基金下跌而承受巨大损失的风险达到最低。

他们的工作是考虑若干不同的问题来为他们的计划做出最合适、最稳健的投资决策。退休计划投资者想做的一件事是确保他们的投资具有地域分散性。

例如，1998 年之前，许多退休计划投资新兴市场基金。这些基金多半把资产集中在苏联和世界其他国家的债券上。当俄罗斯债务危机爆发，许多基金，特别是新兴市场基金，垮台了。那些基金与许多宏观基金一起见证了他们的投资组合的资产暴跌至零。该事件对所有投资者造成重创，尤其伤害了没有预见到全球债务危机可能发生并对他们的投资组合造成重大灾难的投资者。

尽管投资的地域分散性在投资决策过程中是一个关键因素，但是投资者会考虑投资的分散和行业的分布。如果你在运营行业基金，这就变得很重要。站在退休计划的角度，对你的基金做尽职调查的管理人可能想知道投资组合的仓位情况，因为他们想确保自己了解与投资于你的基金有关的所有风险。如果你说你运营科技基金，那么你的基金比那些专投成长股的多空策略基金拥有更大或者更集中的风险是可以理解的。

他们希望你为他们提供最精确、最有意义的信息。对于退休计划而言，最不想发生的事就是不得不赎回投资，因为计划管理人的投资仓位太过集中，他们也担心你管理的基金的投资组合的相关风险。

退休计划寻求仓位水平的透明度。举个例子，他们可能想确保他们在科技基金的投资和在大盘股基金的投资之间没有太多的重叠。比如想确保在谷歌或者微软上的投资都不会过多。

退休计划不会允许投资集中在一个具体的市场板块或者一个具体的公司，因为害怕如果交易对他们不利，他们可能会有潜在的巨大损失，不能对其会员尽到责任。

在尽职调查过程中，你需要问投资者大量问题以便了解他们对于投资组合的需要、期望和要求。由于21世纪初互联网科技股泡沫破裂，股票市场无法达到预期表现，许多ERISA计划发现自己资金不足，处于无法偿还即将到期的债务的危险之中。在某些情况下，做出投资决策的人要求宽松；而在其他情况下，他们对投资决策的要求更加严格。归根结底，这取决于该退休计划的内涵是什么，以及市场条件的变化是如何影响其偿债能力的。

投资者需要深入考虑投资的内在情况。他们需要深入了解投资组合，考虑其投资的基金如何构成，该基金又是如何进行投资的。作为一名基金经理，在尽职调查期间你必须配合对方的要求。一旦你满足他们所要求的，他们就会带来你需要的东西：具有黏性的资金。

作为一名基金经理，你也有权向潜在投资者索要信息。你应该尽可能多地得到关于该退休计划、主管、顾问、投资情况、投资需求和期望的信息。在尽职调查期间，投资者会问你各种各样的问题，你在为他们解答的同时也要向他们提问，这是互惠互利的过程。他们为你提供资金，你为他们提供收益以便他们履行责任。要回顾退休计划的相关文件，因为你需要确保他们与你所做的任何投资与该计划的文件要求一致。

你不能接受退休计划的资产，然后再对他们进行投资。你要做好你应该做的事情。正确的做法是你要了解退休计划是要进行投资的。你必须知道他们要做什么，然后确定你要为他们做什么。你必须践行这些事项，并与你的律师确认你做的事是否合适。

如前所述，这类投资的特点就是受托人为因违背受托人的责任而造成的损失负责。所以，如果他们的行为有不当之处，一旦基金亏钱的话，退休计划的投资亏损由他们负责。受托人也需对实际收益与期望收益之间的差异负责。举例来说，如果基金以标普 500 指数为标准，标普 500 指数上涨了 30%，但是投资资产只上涨了 20%，退休计划的投资损失则由受托人赔付。

然而，在机构追索基金的责任之前，实际损失已经产生。损失不是假想的，而是真实存在的。很显然，受托人可能会因为违反受托人责任而被开除，即使投资并未遭受损失。受托人甚至会被处以 20% 的罚金或者会因为故意参与违背受托人责任的行为而坐牢。

接受这些退休计划的投资会带来一些具体的麻烦，对此你需要了解。在你开始之前，需要知道受托人是谁。受托人可以自由管控退休计划，他们对退休计划资产进行管理和处置。受托人对投资建议收费，有时候受托人就在报酬问题上栽了跟头。一些受托人既代表退休计划也代表基金，然而他们并没有披露他们或他们的附属机构是赚取工资收入的；而基金经理又会因为受托人为自己带来了投资而支付报酬给受托人，但受托人没有向他们服务的退休计划披露。结果，他们向交易双方收取报酬。

过去几年，大多数退休计划开始关注这一问题。各大报纸都刊登了与此相关的报道。焦点特别集中在许多大型咨询机构上，这些咨询机构本该对于基金提出客观的投资建议，但是却因为基金带来资产收取费用而涉足交易，因而陷入麻烦。

作为一名基金经理，要避免这些冲突。总之，无论你因此而获得多少投资资金都不值得。

了解关于ERISA投资的问题对你事业的成功至关重要。你必须要了解UBTI。虽然我在第四章中简要地讨论了UBTI，下文将进行更详细地探讨。

在课堂上教对冲基金的时候，我们几乎花费了一整天的时间讨论UBTI问题。了解其概念和规定会使你成为一名更好的基金经理，并帮助你彻底了解对离岸基金的需求。

在1913年美国政府通过所得税之后不久，UBTI诞生了。在那时，美国政府正在挑战慈善组织利用豁免权使其经营业务利润免税的权利。美国政府对那些经营与其慈善目的无关业务的慈善组织的免税地位的合法性表示质疑。

在制定法律的过程中，美国政府陈述道：举例来说，如果教堂在麦当劳的街对面开了一家汉堡王，来自汉堡王的所有收入都不应该因为汉堡王属于慈善团体而对其免税[①]。因为麦当劳的所有利润都会征税（即这家公司隶属于应税单位），而拥有汉堡王的教堂占有优势，所以谁的汉堡味道更好或者谁的薯条更受市场欢迎都不再重要。

① 501（c）（3）免税条款界定了相关免税组织，在本例中即为教堂。

汉堡王不需要缴税，它与麦当劳间的竞争就是不公平的，因为它的总费用和经营成本更低。

人们认为在免税环境中经营的机构比收税环境中经营的机构占有优势。因此，美国政府认为如果教堂经营了一项业务，这项业务不是或者不被视为它的日常慈善业务的一部分，也不与其日常业务相同或者相似，那么它应该为该业务经营所得的收入缴税。

结果，美国政府成功挑战了那些经营与其组织无关的业务的慈善组织的免税地位，相关的慈善组织失去了与这些业务有关的免税权。然而，当相关组织将其经营利润用作免税目的时，美国政府的举措并不成功。举例来说，如果汉堡王在内部开设了一间教堂或者它参与教堂的日常活动，美国政府要求其缴税的举措可能就不会成功。

美国政府这一政策背后有两层含义：（1）人们认为，这种免税权助长了不公平竞争；（2）政府因此失去了来自这些业务的税收。最终，美国政府将赋税强加在实质上与这些组织的本质或者职责无关的商业活动上。

这意味着教堂仍旧可以从事汉堡生意，但是必须为该业务及其利润缴税。

即使有了裁决和监管，某些收入项目也被排除在税收之外，并被认为是公平竞争。美国政府明确指出，股息、利息、版税和房产租金是可以免税的。然而，证券分红、版税和租金（不包括取决于使用该财产所产生的净利润的租金），应特别排除在 UBTI 之外。

某些收入项目被特别排除在税收之外，这些项目包括股利、版税和不动产租金。这部法律包含一项条款，该条款规定对负债房产的部分租金收入征税。负债房产是为了获得或改善房产债务融资房产的结果。[①]

---

① 资料来源：Maury Cartine，CPA，“Unrelated Business Taxable Income，” *BISYS Alternative Investment Services*（Fall 2006）。

美国1969年的《税收改革法案》规定，所有免税组织都将受到UBTI的约束，几乎任何类型的债务融资资产都需缴税。这个税是根据免税组织的UBTI计算的，它通常不是免税组织的经营净收入。这类收入可以由非证券化资本交易中的投资活动直接产生（非证券化交易包括贸易索赔和不良债务的积极管理，也可间接由其他实体的投资产生）。免税组织必须缴纳预估税款，纳税单位会因为缴税不足而交罚款，但完全遵从法规几乎是不可能的。Form 220依照企业和信托公司的罚款比例来计算免税组织的预估税款罚款。前一年的免税额可以用来抵扣今年的罚款。①

根据莫里·卡尔蒂尼（Maury Cartine，纽约的一家会计师事务所Marcum LLP的另类投资业务组合伙人）的说法，债务融资资产的问题在于定义不够明确。该财产是债权一方还是债务一方？在债务融资资产条例扩充之前，债务融资经常用于引导交易。举例来说，慈善机构将以分期付款的方式从卖方购买股票，卖方通过收债获得长期资本收益。慈善组织将清算公司并将公司的资产租赁给由卖方经营的新公司，其获得的租金收入将免税，并将使用租金支付分期付款产生的债务。卖方保留对该资产的所有权，慈善组织将从分期付款方式中赚取租金。“由此产生的问题是政府失去了与这笔交易相关的税收，”莫里·卡尔蒂尼说，“债务融资资产条例扩充之后这种情况就终结了。”

在对冲基金领域，因为投资组合中杠杆的使用以及受信贷额度限制的基金的融资，也存在UBTI问题。最初，人们相信免税组织应能够投资闲置资产以支持毋需缴税的经营活动。而美国政府质疑基金和保证金的使用及其与免税组织经营活动的关系，指出，投资在岸实体的免税组织不再享有免税权，并强行对其收入缴税。结果，这些投资者中的多数都在海外投资，以减轻UBTI的影响。对于这些

① 资料来源：Maury Cartine, CPA, “Unrelated Business Taxable Income,” *BISYS Alternative Investment Services* (Fall 2006)。

投资者来说，关键是通过将其资产投资于境外基金来避免这些问题。如果你不想处理 UBTI 问题，并且不希望你的那些享有免税权的客户受 UBTI 问题的困扰，请不要让他们投资你的在岸基金。享有免税权的投资者会因为投资了在岸基金而承受重大的税务负担。这些问题可以通过将资金转移到海外来避免。

作为对冲基金经理，有几项影响 UBTI 的法律条文对你来说很重要。一个是卖空条例。美国政府指出非债务融资收入的卖空收益不会产生 UBTI。该条例并没有指明卖空产生的损失和 UBTI 的联系，但大多数会计师认为，损失应排除在 UBTI 相关收入之外。

另一个有趣的问题是关于合伙权益转让的条文。如果转让合伙权益时包含了债务融资资产，则该交易的收益须遵从 UBTI 规定。该依据同样适用于有限合伙权益转让涉及的损失和免税问题。

当涉及商品和期货交易时，这些交易的收益不被视为债务融资收入，即使 CFTC 要求当前的现金存款。而商品和期货交易造成的损失也不属于债务融资损失。[①]

为了避免这些问题，你需要有一个向在美国享有免税权的投资者开放的离岸基金。离岸基金的优势是交易过程中没有 UBTI 发生。因此，不存在免税组织与其免税权产生冲突的风险。没有针对海外集团旗下的债务融资公司的详细法律文件。要了解关于 UBTI 对你的业务和投资者的影响的更多信息，你应该咨询你的会计师。他们能够向你提供有关 UBTI 在你管理的基金和公司扮演什么样的角色的详细信息。

离岸基金

当你刚刚开展你的业务时，可能不会考虑到在岸和离岸投资者。

① 资料来源：Maury Cartine, CPA, "Unrelated Business Taxable Income," *BISYS Alternative Investment Services* (Fall 2006)。

于你而言，投资者是一个笼统的概念。然而，本章最后将阐明为什么你需要一个离岸投资结构，以及为什么你需要尽你所能了解一切关于你的基金投资者的信息。了解客户是为了确定他们不是恐怖分子或恐怖组织，并确保他们的投资决策正确且适合他们。

大多数在美国注册的基金经理不想一开始就花钱发起并列关系的基金或是主从关系的基金。他们想保持低成本，而建立这两种结构可能增加发起成本。归根结底，了解你的资产和投资者的来源，这样才能知道你管理的资产中是否存在毋需纳税的部分，以及是否需要为其建立单独的投资结构。但是，你必须确保你开发的投资产品适用于你所在的资本市场。

我发现建立一个具备可以处理在岸和离岸资产投资结构的基金是正确的，即使它会增加经营成本。在初始阶段，你很容易为投资配置正确的投资组合。重点是随着基金的发展，接受的资产类型不尽相同，你要确保能够把这些投资安置在合适的投资结构中。

离岸基金的税收优惠对享有免税权的美国投资者和美国国内资产管理公司都很有吸引力。首先是外国投资者有机会投资，而不必承担由于美国税收对其投资带来的风险。鉴于美国税收“十条戒律”的废除，外国公司，即离岸对冲基金，为自己的账户交易证券的行为并不属于美国境内的交易或业务，即使该公司的总部位于美国境内。这意味着它及其投资者不需要承担任何税务责任。

离岸投资者或不需纳税的美国投资者使用离岸投资工具避免了为收入和资本收益缴税。在离岸基金中，国内合伙企业的外国合伙人为自己的账户交易证券的行为不被视为在美国境内从事贸易或业务。因此，外国合伙人在合伙企业收入中所占的份额不会被视为关联收入。此外，资本收益和大部分利息收入是免税的，至此，关于免税法案的应对措施基本完善了。

然而，离岸基金并不是避免美国税收的完美解决方案。对于股息和某些利息，外国公司仍将承受30%的代扣所得税，而对银行、储蓄和贷款机构及保险公司的存款利息则免于扣缴。根据法律条文，投资组合收益免于缴付该税。另外，离岸基金应避免使用金融市场账户，这些账户以现金余额投资方式盈利，针对此盈利减免15%的税收的政策并不适用于外国公司或外国人。[①]

离岸基金确实为美国免税组织提供了避免UBTI的机会，因为它允许使用杠杆而不触发不相关的债务财务收入。与在岸基金不同，需缴税的收入和扣除税款不会从外国公司转移到投资者。

作为基金经理，你和你的团队可以享受离岸基金的好处。在本书的第一版中[②]，本章最后几段讨论了离岸基金为基金管理人提供的大量递延所得税机会。然而，在次贷危机、大萧条之后，华盛顿政权抨击了对冲基金和其他投资管理公司的递延所得税问题。作为《2008年经济稳定紧急法案》的一部分，美国联邦政府对银行实施救助，国会结束了大部分对冲基金经理与其离岸基金享有的递延所得税计划。要了解这将如何影响你的机构，你需要与美国国内的律师研读该条款，掌握了它的内容就了解了游戏的规则。美国新的和现有的对冲基金经理面临的另一个问题是，美国政府要着手更改附带权益的税收制度。然而，在2011年的《美国就业法案》中，时任总统奥巴马纳入了一项条款，将所有附带权益作为普通收入处理。附带权益是基金经理在投资利润中分得的部分。在撰写本文时，该法案仍在讨论中，是否会通过尚不清楚。然而，预计对附带权益的征税处理会在未来一年左右有所改变。

---

① 资料来源：PFPC Worldwide, Inc.,“Global Hedge Funds: Maze - Navigate the Maze of Opportunities.” Retrieved August 11, 2006, from www.pfpc.com/pdfs/BRO_Hedge_Fund.pdf。

② 本书的英文原版第一版于2007年出版，第二版于2012年出版。——编者注

第六章

营销和资本募集

在推出你的基金并创建你的策略之前，你需要有一个清晰简明的营销计划。在你更进一步行动之前，反复研读上面这一句话。只列出一个清单是不够的，如果检查两次之后仍然希望这项资产进入基金的话，你需要有一个计划，一个包含营销宣传、营销策略和营销理念的计划。制订计划可能比较费时间，而且这个计划应该是比较灵活的。但对业务领域的关注应该等同于该业务的其他任何领域，要知道，一台发动机只能用汽油来实现运转。

一旦你有了适当的计划，就要开始谈谈你要怎么募集资金然后发展你的业务，让它从一个想法变成现实。

这一章的目的是让你理解如何为你的企业创建、开发并实施一个营销计划。本章会提供给你一些案例研究，来挖掘市场上一些新的或者经验丰富的基金，而且会重点介绍面临市场信任危机的基金。这一章会让你了解投资者在尽职调查过程之前、之中和之后是如何审视你的。

这一部分的目的是给你足够的信息来证明你需要充分准备与投资者的会面和工作。

成功募资的关键是有简明和有意义的介绍，这是需要毅力的。归结为一个词就是：沟通。你需要做一个出色的沟通者。正是通过沟通，你才会发现你的资产的实质性增长所必需的成功和毅力。营销是一个成功的对冲基金运作的最重要的部分。

你们中的一些人可能会接着问："那怎么可能呢?"尽管能够管

理资产并执行策略对成功来说很重要，但是，没有可管理的资产，你就不能证明你的策略是有效的。正如我所说，一台发动机只能用汽油来实现运转。没有汽油，你只是拥有一大块漂亮的金属，只会积攒灰尘、在车库里占地方，毫无用武之处。一只基金也是一样，没有资产，你只是有一两张好纸，在你付不起暖气费的时候拿它做引燃物来生火。

营 销

你的基金短期和长期成功的关键因素将影响着管理层的营销计划以及这个计划成功实施的能力。如果你认为只要你建立了基金，资产就会随之而来，那你要重新思考一下了。营销的关键之处在于创建一个计划，能够实施一项能使你吸引、保持和发展一个坚实的资产基础。

在第一章，我说很多人把对冲基金行业的营销人员（就这方面来说，即华尔街的大部分人）看作约会白痴。营销人员既没有读过商学院也没有拿到 CFA 证书，他们多半被认为是华尔街最低级的共同支配者。如果他们带来了一大笔投资，那是因为基金的表现好，产品本身就热销；如果他们没带来投资，他们就没有价值了。如果过去的 6 个月、9 个月甚至 12 个月基金表现不佳，或者行业处于困境，这都不重要。大家认为营销人员应该能拿到投资，或者说这个部门就是这样管理的。如果你要负责公司的营销，那就听听已故的伟大的罗德尼·丹杰菲尔德（Rodney Dangerfield）是怎么说的。

“我的朋友，不管你喜不喜欢，不管你做什么，你都将得不到尊重。如果你要雇用营销人员，我建议你给他们应有的尊重，因为没有他们，你一无所有。”

我知道大部分营销人员热爱他们的工作。从自我实现和金融行业的角度来看，对冲基金营销是有趣而且有益的。以寻求资产为名，你可以去有意思的地方旅游，在高档的餐厅吃饭，去时髦的酒吧，打高尔夫球，而且有很多时间可以挥霍。在大多数情况下，这一部分是值得的，尽管你得忍受同伴的很多废话。只要你记住你是那个能让发动机运行起来的汽油，就没什么问题，而且你会在这一过程中得到快乐。

首先，你需要有个计划。这个计划不用 100 页那么长还用单倍间距打印出来，但它应该能给你提供一幅蓝图，能帮助你走在通往成功的道路上。这是很多人失败的地方，因为他们相信凯文·科斯特纳（Kevin Costner）理论：你创建好之后，一切都会随之而来。通常这种事是不会发生的，而且你也不应该凭此获取成功。当然，这个规则的例外也是存在的，一些基金从一发行就拿到了数亿美元的资产。通常，这样的发行是基金经理离开大型交易平台或者对冲基金，并从他前任雇主那里获得种子资本的结果。然而，这种最初的成功是少见的。媒体往往会给这些发行记上浓墨重彩的一笔，因此有一种看法是，所有新的基金经理都会用管理下的资产发行基金，但这种看法并不实际。

当你正在规划并实施你的营销效能的时候，你得遵循以下两条准则或者说是经验：

---

1. 那些你认为在你发行基金时会给你资金的人很有可能并不会从一开始就投资给你。
2. 那些你认为接触不到的或者根本没有机会拿到投资的那些人可能是第一个投资你的基金的人。

当涉及聚集资产的时候，对冲基金是比较特殊的。在投资者表

示同意或拒绝之前，你是很难读懂或理解他们在想什么或者要做什么的。因此，你需要有准备、有决心，而且有能力把你的产品推销给所有符合条件的投资者，因为在你拿到定金记录和汇来的资金之前，你不会知道资产将会来自何方。投资者不喜欢变动，所以你会看到大的对冲基金越来越大，小的对冲基金一直很小。投资者喜欢保持现状，即使这意味着选择了输家：没有人会因为买了 IBM 而被解雇。这一点对于投资对冲基金的机构投资人也同样适用。

了解中间过程的运作有助于你获得更多的成功。从 21 世纪初开始，营销已经包括打高尔夫、共进晚餐以及共度一个美好夜晚了。如果你能识别出投资者，与之建立密切的关系，同时你的产品还算不错，那你就比较有可能拿到资产。大部分情况下，喝酒和吃饭会带来投资，很多尽职调查是在酒吧或者行业内朋友之间的电话中完成的。但是，随着行业的发展，基金开始走下坡路，欺诈出现了，信任危机开始蔓延，而打高尔夫以及共进晚餐已经不足以让投资者同意投资了。

从感觉上来说，似乎投资者在寻求 α 来源的同时变得越来越富有经验。α 是投资超过指标的额外回报。但是，人们已经不再频繁打高尔夫、共进晚餐了，尽职调查过程变得越来越周密，而且对投资和营销过程越来越重要。

一个对冲基金的市场营销人员说：“5 年前，你可以带一个人去高尔夫球场，和他共进晚餐，和他喝酒，同时告诉他你是做什么的，那么你会非常确定这个人会给你投资。”

今天，投资者也出去吃饭喝酒，但似乎会更加认真地进行尽职调查。他们在努力培养对策略和方式的理解。

“当我们与潜在投资者会面时，我们花费大量时间检查基础架构、解释政策和程序，并且我们作为一个公司也会提供对基金的彻底审查，以及基金是如何管理的，”一位在曼哈顿市中心的对冲基金销售主管说，“制定适当的政策和程序来运营业务与投资人做出投资决策同样重要。”

几年前，对冲基金行业有点像老朋友的网络那样进行运作，这非常依赖于关系。我告诉你一只基金，你告诉我一只基金，然后我们都投资给这两个基金，因为我们了解彼此而且相信彼此的判断。但问题是，你认为我做了尽职调查，我认为你做了尽职调查，最后我们靠着其他朋友的建议，大家的尽职调查都没有做，而且我们都不知道我们自己在做什么。这些建议可能在短期内让你达到目的，但是长远来看往往会损害你的利益。

经济的动荡以及许多对冲基金的表现不佳并没有阻碍行业在过去几年的发展。资产持续涌入行业，基金持续推出，事情看起来发展得很顺利。

在 21 世纪初，许多人认为对冲基金投资者的市场将继续严格制度化，因为大量的养老金、捐赠基金和基金会开始投资于对冲基金，以满足他们的养老金领取者和董事会的需求。从某种程度上来说，这是对的，但是这些新的投资者并不是全新的投资者，而是在过去十年里一直在成长的投资者。精明的投资者知道投资于投资组合的价值，比如当市场上涨时的收益。同样地，他们知道做多或做空市场的投资需求。

尽管投资者看起来青睐于对冲基金和另类投资，但你不要妄想去尝试着从那个庞大的投资资金池里吸引来投资。原因是，大多数机构投资者喜欢照章行事。其他机构投资者把资金放在哪些基金中，他们也会投资于完全相同的基金。如果出了差错，他们就会想着可以把责任推卸给其他人了，这些人通常会是顾问，就是那些给他们推荐基金然后说很适合加入到投资组合当中的人。

作为基金经理，你应该懂得顾问和机构投资团体之间的策略。就因为这样，我建议你不要去吸引机构来凑足资金，而是要专注于高净值投资者。

根据我的经验，基金经理不会介意和机构一起参与尽职调查过程，因为他们相信会从这些投资者身上获得资金。坦白地讲，在一切到来之前你将要花非常多的时间。募集资金是很难的，从那些对你不感兴趣的投资者那里募资更难。你应该到能筹到资金的地方去。[①]

在过去几年中，投资者已经改变了。当我和客户见面，谈论他们的投资组合、探讨他们的投资配置和投资目标时，我就知道了。许多营销基金的人已经亲身体会到问题和信息请求质量的变化了。

“我不知道是他们变得越来越精明了还是似乎想表现得更精明，但是他们现在会问非常多的问题，我们也会给他们更多关于我们的基金、人员以及运营的信息。”一个对冲基金营销人员说，“我不知道他们是否知道该怎么处理我们给他们的信息，但是我知道他们想要，而我们设法给他们想要的，因为我们想得到他们的资金。”

懒惰的投资者

你成功的关键就是要记住，投资者大多数都是懒惰的。不管他们是所谓的精明的投资者还是普通人，这两种群体都是天生懒惰的。因为这种懒惰，总的来说，华尔街赚了很多钱，而且还会继续赚很多钱，华尔街人能利用这种懒惰来获得收益。彼得·兰什（Peter Lynch）是一个投资经理，1977～1990 年他在经营富达麦哲伦基金期间获得了极高的声誉和极大的财富，他说美国人在选冰箱上花费的时间都比选投资组合花的时间要多。我的经验告诉我兰什这句话说

① 资料来源：FBI History：Famous Case：Willie Sutton. Retrieved August 11，2006，from www. fbi. gov/libref/historic/famcases/sutton/sutton. htm。

到了点儿上。无论如何，投资者可能会索要很多信息，但是他们也许并不知道怎么使用。[①]

作为一个基金经理，你需要做好充分的准备。我建议你上网查找或者和你的主经纪人、律师、行政管理人讨论关于取得尽职调查问卷的事情。你可以在 www. hedgeanswers. com 这个网站上找一个示例。该文件由一系列基础架构、策略、风险控制、人员以及财务资源相关问题构成。这个理念就是，当投资者拿到一份完整的调查问卷时，至少对于你的机构的规模和范围方面能够在很短时间内有一个很好的了解。如果你存有一份调查问卷，那你就可以根据需求提供给潜在的投资者。如果投资者给你一份调查问卷要你填写，你可以剪切然后粘贴你已有的答案到他们的问卷上。不管怎么样，这样可以加快进程。尽职调查问卷似乎是被大多数投资者用做研究过程的起始部分，也是大多数投资者要求必需的，而且是大多数基金经理最开始完成的部分。我会创建一个调查问卷而且保证你可以拿去使用。你的营销资料中应该包括一份尽职调查问卷（简称 DDQ）。资料越多越好，但是要保证所有的东西都是最新的而且是正确的。随着业务的变化和发展，你要定期更新尽职调查问卷。

照章行事

今天，对冲基金投资的许多方面是关于数据点和照章行事的。这是因为基金经理们想要机构资产。基金经理们听闻了关于美国加利福尼亚州公共雇员退休制度（CalPERS）、马萨诸塞州养老金储备投资管理委员会（MassPRIM）以及其中的每一个养老金和基金会都

---

① 资料来源：*Frontline*, Pros Peter Lynch “Betting on the Market.” Retrieved August 11, 2006, from www. pbs. org/wgbh/pages/frontline/shows/betting/pros/lynch. html。

在分配资产到对冲基金中的事情。他们想要从中分得一块蛋糕。“每个人都在追逐大牌投资者，因为他们相信这才是钱的真正来源。”一位对冲基金营销主管说，“这些资产池中流出许多资金，但为了获得它，首先你需要通过顾问，而且唯一的方法就是照章行事。”

作为一个对冲基金经理，问题就变成你如何处理这个事情。一方面，你并不想做很多不必要的工作；另一方面，你需要能够提供数据点来让潜在的投资者对你的产品做出有见识而且考虑周全的决定。

答案非常简单。发一条简明清楚的信息，当然得是有诚意的，然后听那头的人会对你说什么。如果你把发人深省的、有深刻见解的资料整合在一起，提供给提问者有价值且可靠的答案，那么就可以认为这项工作完成得非常出色。

“让一个潜在的投资者点头并不容易，但是只要你感觉你把他们要求的事情做好了，你大可放心。”这位销售主管说，“问题在于听好他们的要求然后提供他们需要的资料。你做完了这些，其他的就不用管了。”

要想在对冲基金行业中获得成功，聆听是营销人员需要具备的最重要的技能之一。做一个好的聆听者意味着你要关注投资者的要求而且你能够提供给他们做决定所需要的资料。你需要仔细听好潜在顾客说的一切，然后你才能完全知道他们的情况。要知道对你来说不太重要的可能对他们来说非常重要。如果某件事对他们来说是重要的，那么对你来说也应该是重要的。

为了证明我的观点，我想和你们分享一个关于聆听的故事，这个故事一直影响着我对于销售过程中聆听的重要性的观点。

在过去 15 年左右的时间里，我有幸在世界各地对冲基金大会和项目上发表演讲。在这期间，对冲基金会议已经成为一种辗转世界各地的巡回会议。一般来说，最开始是 1 月份在美国的佛罗里达举行，初夏的时候到欧洲，然后在秋天到亚洲。参加这些活动是有趣的，而且是大多数人喜欢的。我很喜欢和对冲基金行业中最有趣的人一起参加这些项目，我学习到了很多，而且在一路上结交了很多好朋友。

当我参加这些活动的时候，对我来说最重要的就是聆听。在过去20年中，我参加过100多场大会，这还不包括我自己的HEDGE-Answers[①]项目。尽管每一场都有它独一无二的特点，但是有一场尤其突出。这不是因为会场有多么华丽，也不是因为项目有多么出色，而是因为我从一个我尊敬而且爱戴的人身上学到了一些东西。

我先介绍一下前提条件。

这个大会是每年冬天在佛罗里达一个度假村由基金经理、服务供应商和投资者组成的一个集会。因为时间、地点和一些发言者的原因，大会吸引了很多来自世界各地对冲基金行业中的人们。这个项目虽然相对平庸无奇，但是一些亮点受到了与会人员极大的关注。其中的一次会议是由一位就职于一家大名鼎鼎的基金公司的基金经理发起的讨论会，会议现场挤满了人，只剩下站的位置。这位基金经理因为投资于现有成熟的基金以及对新的基金公司的兴趣和投资而被大家熟知，他发言的主题是资产的配置过程。

那似乎是每个参与大会的对冲基金营销人员和基金经理想要出席的为数不多的几次会议之一。他的演讲让人们离开酒吧、走出高尔夫球场，来到会议室度过一个美妙的周一下午。基金经理和营销人员非常渴望能见到这位发言者，和他聊聊自己的基金。他们想要接触他以及他的资产。

演讲持续了45分钟，包括发言人探讨他和他的团队在派定对冲

① HEDGEAnswers是作者发起的一个对冲基金项目，在全球范围内定期组织大型会议，并且有相应的活动官网。——译者注

基金经理所使用的投资过程。他详细地说了5件他在基金经理身上要探寻的事情，以及1件让他会立刻拒绝的事情。他探寻的5点是风格、管理的资产、管理团队、沟通能力以及基础架构。如果他对这几个方面满意，他就会接着关注基金的业绩。

他说他非常喜欢和基金经理见面，讨论他们的业务，学习他们做什么、怎么做。对他来说，他必须知道如何管理资金这项业务，他喜欢在业绩表现出来之前和他们探讨这些。能让他立刻拒绝基金经理正在销售的基金的事就是基金的表现。“当从他们口中说出‘你好’之后的第一句话就是基金的业绩表现时，我会在讨论中委婉地告辞然后离开。”他那天对观众这么说。

“如果我不是一个投资者，我不会关心一只基金过去是什么情况。在我的资产处于风险之中时我只关心我应该要怎么做，”他说，“告诉我过去并不能帮助我了解未来，所以我对此一点兴趣都没有。我想知道关于风格、策略以及管理团队的信息，而不是当我还不是投资者的时候基金的表现情况。”

观众席上的人们在疯狂地做笔记。他们在迫切地等待着他的演讲结束，然后就可以给他讲他们的宣传内容。他们唾沫飞溅，而自始至终，他们都忘记了最重要的一件事情，那就是聆听他在讲什么。他们都忙于在演讲结束后占个好位置，完全没有用心听他讲的关于投资过程的内容。可能他们这样做，会更满意他们和投资者接触的那15秒钟的结果，可是他们没有好好听的结果就是失去了一场非常有价值的会议。

我知道这一点是因为那天晚些时候，当我们在泳池旁边喝鸡尾酒的时候，演讲人告诉我，基本上每个来找他的人在他演讲结束之后开始他们的对话时都会说这么一句话：“我的基金去年涨了这么多。”

“大多数观众完全忽略了我讲的内容，没错，我可能也因为根据这样的初次相遇就立刻对他们的评价大打折扣而失去了一些不错的基金经理。但是如果他们不聆听对我来说重要的事情，我怎么能考虑他们?”他问。聆听是基本原则，这是我们要做而且希望我们的基金经理也要做的事情。

聆听潜在和现有的投资者将是你成功的关键。聆听会帮助你了解他们需要什么、希望从你那里得到什么。聆听会让你知道对他们来说什么是重要的，有助于确保不管市场情况以及基金表现如何，你都能够紧紧握住资产。聆听很重要，而且你不应对它打折扣。

想做就做

尽管聆听和了解你的客户很重要，营销的另一个重要方面是使基金成立并运行。很多新的基金经理都会遭遇的一个问题是，在他们把基金带入市场以及告诉潜在投资者之前，他们并不能使基金成立并运行起来。当基金经理告诉潜在投资者他们希望在某月底启动或者期望在某月第一天开始成立时，他们就是以我称之为“希望”或者“期望”的准则在运营。

达成一致

一个好的营销策略始于基金开始运营，这一天是在你决定进入对冲基金行业之后。刚入行的对冲基金经理们所犯的常见错误之一就是，他们拜访朋友、家人以及其他潜在的投资者，告诉他们自己要进入这个行业。他们告诉别人自己正在计划开始或者正在致力于启动业务，但是他们似乎并没有启动基金。

潜在投资者并不买账。他们在把他们的钱投进去之前想要看得见、摸得到这只基金。因此，我建议所有的客户和读者们，你们要停止告诉大家你们期望或者希望开始启动。你们要真的开始启动。不要告诉大家你将要推出一只基金，而是要真的把它推行出来。这是我的座右铭。你经营业务的每一天都是你增加业绩的一天，你不经营业务的每一天都是你减少业绩的一天。关键在于开始。

这对很多人来说难以理解。他们觉得他们需要一定数量的资产来开始业务，或者有特定数量的投资者来推出基金。这是胡说八道。如果你在等待资产或者投资者，那么你永远没法顺利开始。如果你是担心开展业务的花费，那你应该待在你的工作岗位上一直等到你的银行账户上有更多的钱。你需要开始行动。只要你想让事情做起来，这是唯一的方法。正如耐克的广告语："想做就做。"

问题是，要怎么做呢?

在之前的章节，我讨论了如何让基金实体启动并运行。现在我们要讨论一下如何创建并实施一个营销策略。

你需要做的第一件事就是把你的故事写下来。这应该是大纲之类的，类似于你在小学五年级做的事情。你要知道，有 A 必有 B，有一必有二。完成之后，这个大纲将会是你宣传册的框架。它会有开始、中间和结尾，并为潜在投资者提供关于你做了什么、怎么做的信息来让他们对你和你的产品做出有见识的决定。那就是你的工作。

现在它反而是营销过程中使用的工具。任何说他的宣传册正在销售中的人，一定什么也没卖出去而且以后也卖不出去。一本宣传册的作用是要讲述你的基金的来历，并作为一个销售过程中的方法。它让你在介绍时保持正确的方向并且重点突出，它也是那个能让你在会议结尾将某些事情抛到脑后的东西。当你完善大纲和营销资料的其余部分时，请记住两条黄金准则：最简法则（也就是 KISS 原则）和少即是多。

这里有个简短的故事是关于为什么少即是多的。6 年前，我和我的同事发起了一个项目叫作 HEDGEAnswers Launch Sessions。这是一个半天制的大会，会有一些有兴趣进入对冲基金行业的人们来参加，学习如何发行基金。这个项目包括一系列小组讨论和问答环节，让大家提问并得到如何发行基金的回答。多年来，这个项目已经发展成为一个网站，即 HEDGEanswers. com，这是一个可以交流有关发行和发展基金的社区。

6 年前在费城，我和我的同事结束了一天的会议后被一个与会者邀请到位于南布罗德大街和胡桃街交口处的掌上牛排餐厅吃晚饭。这个与会者是一个新晋基金经理，他在一段时间内管理着只做多头工具的资金，而且有兴趣发行一只对冲基金。他一直与一个律师合作并开发了一本宣传册。总之，他准备好开始了。我们浏览那本宣传册的时候发现，这位基金经理管理着一个公司三个办事处的总共1 000万美元的资产。当我问他是如何有能力做到的时候，他回答说他的员工有在公寓内办公的人，这些人位于费城、纽约以及宾夕法尼亚州的西康舍霍肯，因此，就有了他的三个办事处。

我说这说不过去，你只是一只新的基金，管理着一笔重要但小额的资金。投资者会想知道在这种结构下公司还发生了什么。去掉所有的话，只留下一句会让这个故事变得更清楚：不要给潜在的投资者留有额外的反对理由。他觉得我不可理喻，而且认为那样可以让公司看上去更强大、更坚实。

几天之后我回到费城，这次和好朋友在一起，他运营着一只FOF。那个新晋基金经理也要一起，我们就又见面了。这一次我们坐在酒吧贵宾席的位置，然后开始讨论他的业务怎样发展。他说他得到了很好的反馈，而且他预计资金很快就会到位。我认为这是一个好消息，然后就说他应该和那位 FOF 经理一起浏览一下他的宣传册。当他们开始看宣传册的时候，那位 FOF 经理问他，为什么是三个办事处？基金经理解释说公司是在三个合作伙伴的公寓内运营的，因此应该将三个地点列为三个办事处。FOF 经理认为这很荒谬，因此责备了他，并表示如果本不是那样，就不应该说成那样。我坐在那儿笑了。我不是那种说“我早告诉过你吧”这种话的人，但在这次的情况下我说了。

听完一个故事，要根据这个故事，把有用的内容整合到自己的情况中。你在做的是高级金融，最终你要做的高难度的事情将是你要低价买进一些东西，然后高价卖出去一些东西。当然，你决定买卖什么的方法包括各种研究和数学。但是真的说起来，你在做的所有事情都是你假设一些东西会升值，一些东西会贬值，并且你会安排相应的投资组合。

策略越简单，投资者就越容易理解，这是成功营销的关键。你需要能够向他们解释你的故事，并且对他们会明白你告诉他们的内容充满信心。记住在与投资者的所有沟通中使用 KISS 原则。如果你不这么做，就会遭遇一些实际问题。投资者会想要了解你在做什么，如果他们不这样做，他们就不会想投资。投资者完全相信基金经理一面之词的日子已经一去不复返了。今天，投资者想知道资金是如何管理的，他们想知道他们的资产会变成什么样。如果他们不能从宣传和宣传册中了解这一点，那么他们将做更进一步的了解。你需要把事情维持在一个让大家容易了解的水平，相信我，这将帮助你获得更多的成功而且募集到更多资产。

越少越好

我们公司曾经有两位非常优秀的客户，他们曾就职于瑞银集团（简称 UBS），后来运营着一只刚刚创立的基金。他们两个人曾多年为普惠公司（Paine Webber）负责运营资金并建立回报率高的业务。

当这家公司被UBS并购之后，他们决定结束与这家瑞士巨头的客户关系并开展自己的业务。像大多无业基金经理以及寻求业务发展的人们一样，他们刚刚获得自由之后的计划就是创立一只对冲基金。在企业合并之前的几年中，他们两个人努力工作并开发了非常成功的策略和业务，在这之后他们认为是时候独立开展业务了。

为了让业务开展起来，他们两人经常一起讨论设计商业计划，并与服务供应商通力合作。在这个过程中，他们意识到需要一位可以提供资金的合伙人，这样可以提供营运资本来支付最初的日常花销以及基金的种子资金。他们确信，相比只靠他们自己，拥有这样一个合作伙伴可以更快地将业务开展起来。他们认为合适的人选应该是愿意提供营运资本使业务顺利开展，并愿意提供几百万种子资金推动业务的发展的人。如果这个人曾在一家电讯化经纪公司工作40年并于不久前离职则更好，那就可以在业务发展起来之后利用他的关系网帮助他们募集更多的资金。

“对我们来说，能够找到一个可以提供必要融资资金的合作伙伴，在至少一年的时间里帮助我们从发行一直到基金的运营，是非常重要的，”这家新公司的一位合伙人说。“我们的工作就是创建并运营这只基金，而他的工作就是为我们每日的运营提供经济支持，以及帮助我们从他的联系人名单中为我们募集更多的资金。”

这个商业计划的问题之一就在于营销策略。我在这里不透露姓名，也不想伤害任何人的感情，我只想说所有的合伙人对于这一领域的认知都很薄弱，他们并没有完全理解对冲基金行业，而且也不懂得准备一份对他们的目标投资者来说很重要的介绍书。这些合伙人来自机构，在那里多的就是好的，但他们不知道在对冲基金市场是越少越好。这个理念的转变是他们有待克服的障碍。

成为一位企业家

成为一位企业家是很难的。大多数人的职业生涯中相当大的一部分时间是工作于有名望的大型企业，他们并不知道从头开始建立业务所付出的血汗与泪水。亲爱的读者们，这就是成功人士最重要的一点。那些失败人士无法适应创业生活方式。幸运的是，我们上述案例中的人们能够意识到要不断适应并愿意做出改变。

“成为一名企业家是很难做到的，不管你要从事的是什么行业，”案例中的对冲基金经理说。“这非常艰难，而且要做非常多的工作确保完善所有的基本面。你既是一位首席主厨又是一名杂役工，对于很多人来说这是很难做到的。”

这只特别基金的发行对于三位合伙人来说很有压力，因为他们并不知道他们要花多少时间和精力来构建公司的基础设施。他们工作了很长一段时间才拿到合法执照并选好主经纪人和会计师事务所，这是一个相当漫长且乏味的过程。

“我们知道这很难，但我们不知道究竟会有多难，”一位合伙人说，“这远比简单地开一个经纪账户、存放资金、进行交易以及和律师一起完成基金文件要难得多。”

几位合伙人知道他们需要募集资金。尽管他们有那么几位可联系的投资者，但是他们很难把事情开展起来，原因之一就在于他们无法通过书面或者口头介绍的方式与投资人进行沟通。

当我和我的伙伴第一次和他们见面的时候，我们花了将近 3 个小时倾听他们的策略、了解他们的基础架构，我们试着去理解他们讲的是什么。我们发现他们并不能很好地表达出自己在做的事情。我们很专心地听，也记了笔记，但还是很困惑。最后我问了他们一个问题，才知道他们是在预测利率。简单化不是解释策略的最好方式，因为这件事一点也不简单。但如果拆分成最显而易见的各个组成部分，这就好理解多了。

这只基金使用一种专有方法来分析一系列经济指标，以确定利率将在特定时期内向哪个方向变化。跳过那些毫无意义的话，你就可以很容易理解这些事情，基金经理的投资决策中有很多复杂的数学分析和研究。问题不在于确定策略是否奏效，因为它肯定会奏效，毕竟他们在其他公司已经使用很多年了。问题在于要怎么将策略传达给投资者。我们的工作就是要帮助他们解决这个问题。鉴于他们先前的经历，我们要教会他们“少即是多”，以及把事情简单化是营销成功的关键。花了半年的时间他们终于理解了。后来这只基金发行得非常顺利，达到了很好的业绩，到 2011 年中期已经管理着 10 亿美元的资产，而这历经了 8 年的时间。

“我们需要改进我们的宣传册，”基金经理说，“我们才意识到，我们要有能力和潜在投资者进行更有效的交流以及获得更多的成功。”

在营销中，成功源自于一个词：沟通。虽然这听起来有些没头没脑，甚至有人听起来觉得很简单，但对于大多数从事营销的人来说这是十分正确的。然而还是有些人在发行基金甚至成功经营企业的时候会忽略这一点，因为他们总是认为他们理解了策略，其他人也能完全理解。

沟通归根到底就是要整合一本宣传册，这本宣传册要有价值、易于理解，以及能够让拿到它的潜在投资者很好地理解基金的运作和他怎样从中获取利益。

再次强调一下，把事情变得简单一些。你需要让他们明白你在做的事情，他们要相信他们的投资取决于你的策略水平，以及他们要相信你是值得让他们投资的。他们必须要知道基金的情况，最重要的一点就是，他们可以和你讨论关于基金的策略以及避免他们的投资看起来是不明智的。

“投资者希望自己能被倾听，”一位对冲基金营销主管说，“我们的工作就是倾听投资者说的话以及提供给他们一个被倾听的平台。毕竟他们是我们的顾客，你要知道顾客的诉求。”

听起来你可能会觉得很吃惊，但确实有很多投资者会觉得自己很无知，因为基金经理总是想用一些投资理念来蒙蔽他们。基金经理们认为投资者太愚蠢以至于无法理解投资组合中的情况，这种想法非常荒谬。每当有人跟我说他们有多精明时，我都会迅速离开然后将他们从我的备选名单中删除。这也是其他投资者会做的事情。把事情变得简单一些，相对于你把自己看做最精明的人意图操控市场，这样往往会有更好的结果。

基金经理需要做很多的工作，其中有一些还没有完成时，前述的那位基金经理就在简化介绍基金相关材料、直切要点这些方面取得了很大进步。其中另一位合伙人没有采用这种方法，所以他要克服很多内部困难，因为他不能理解少即是多的理念。随着基金资产的日益增长，他意识到了清楚简洁地沟通的意义，然后开始从提供太多信息转向提供适量的信息。

“这对一些人来说是个突然的醒悟，”一位机构投资者说，“一些人有一些固有的做事方式，他们认为这种方式将来也适用。就像人们以前一直认为狗不会打猎一样。你需要确保潜在投资者在感觉上是和你处于同一水平上的，而唯一的方法就是你要做出改变并适应新环境。”

过去的日子

几年前，在麦道夫丑闻、泡沫破裂以及次贷危机还没有发生时，营销是非常自由无拘束的。那时候尽职调查并不彻底，资金像红酒一般流入基金。投资者相信朋友或者投资伙伴告诉他们关于基金的说法。这就像一场关于电话的游戏，而区别于小孩子间的电话游戏的一点就是，电话那一头的投资者也许会损失一大笔资金，而不只是弄错消息这种小错误这么简单。

“过去几年中，投资者对行业的信心逐渐丧失，因为泡沫破裂及丑闻事件都源于彻头彻尾的欺骗，”一位对冲基金营销者说，“在2004年之前，很多人称自己做了非常严密的尽职调查，而实际上只是做了简单的三级概述。然而现在，随着风险不断攀升，投资者一直在寻找更多的信息。虽然我不知道他们对此做了些什么，但我知道他们在向基金经理索取信息了。”

收集信息和使用信息是两件不同的事。时至今日，不管你和谁谈论业务，他都会想要知道关于基金、基金经理、合伙人甚至是服务供应商的一切信息。对于业务和仓位透明度的呼声仍然响亮。每个人都想知道基金参与人员以及仓位的具体情况。我经常问：“他们会如何使用这些数据?”尽管这不一定是你的问题，但只要你想让他们为你投资，你就需要提供他们想要的一切信息。

即使是最精明的投资者也无法处理以及理解仓位水平的透明度。最不明智的投资者的做法是在做出投资决策之前寻找这些数据。但可惜的是，他们仍要对提供的数据做些处理。遗憾的是基金行业的现状是，一只基金的评价取决于能够给投资者提供多少信息，而不是单看它运营的业绩水平。虽然我从未论证这一点，但我认为提供给投资者关于仓位和风险程度的信息已经被打包成尽职调查中的一项了。收集这些数据可以取悦投资者，他们会对自己的研究成果和潜在投资更满意，最重要的一点是，他们会由此产生一种成就感。“要知道，我们在调查一个基金经理时，要看报告的三个方面：他们的律师、会计师以及主经纪人。如果这些人是我们熟知且在业界备受推崇的人们，那么我们就可以继续并更进一步完成尽职调查，”纽约一家名为 Roebling 的基金公司的 FOF 经理理查德·布克班德说，“如果我们并不熟知这些名字而且他们并未与任何知名机构合作过，我们就可以不再考虑他们了。这可能不是最科学的方法，但不失为一个良好的开端。”

如果你的文件中提到能够给像布克班德的 FOF 和其他高净值投资者及机构投资者提供优质的服务供应商，这将具有很大的价值。无论规模大小，许多投资者在尽职调查中都会检查打包文件中的一切。这意味着潜在投资者会在所有基金中重点寻找几个基本特征。他们在确认基金运营并配备了其他对冲基金中同样一流的主经纪人、会计师、律师之后，还会继续进行尽职调查。作为一位被投资者分析的基金经理，你要确保所有的项目都检查无误，行业内有非常多信誉良好的服务机构，如果因为主经纪人、律师和会计师而忧虑，显然是不明智的。

正如第一章中所说，你要和行业内有经验且信誉良好的服务供应商合作。人人都知道律师是为你写文件的。我们要认清，写对冲基金文件并不是一件难事，当地的一位注册会计师就可以完成这项工作。但是你面对客户时，他们只会寻找自己熟知的名字，那些他们投资过的其他基金或者正在做的尽职调查中见过的名字。如果他们找不到自己熟知的名字，你或许就会失去他们的投资资金。

这或许只是你在尽职调查中遇到的最简单的困难。相信你并不想花大量时间向投资者解释为什么选用这些律师或会计师而不选用其他的。你要简单直接地告诉他们你是与谁合作的，然后继续进行下一步。

服务供应商的价值

投资者对于服务供应商赋予了很高权重的一个原因是，他们认为如果信誉良好的律师事务所、会计师事务所或者主经纪人愿意与基金合作，他们就可以跳过尽职调查中的很多步骤。对这些投资者来说，这是他们投资过程中的第一步也是重要的一步。然而，尽管拥有优质的服务供应商很重要，但你一定要对于自己的投资方式、策略，以及你是如何一步步走到今天的有个简明的概括。

鉴于曾经发生的欺诈事件、泡沫破裂以及各种失败案例，投资者在做决策时会选择继续购买大量基金投资的股票。正如我在本节前面写的那样，他们在选择服务供应商时还是会选择那些有良好信誉和业内周知的机构。投资者要远离那些刚刚入行以及信誉有问题的公司，你们有很多可供选择的优质公司，一定要做出正确的选择，避免未来因此出现问题。

除了好的合作伙伴，你还需要有一个好故事。这个故事是关于业务的，包括你的背景以及你自己创立一只对冲基金的经历。你要通过这个故事告诉潜在投资者你的背景、你合作的机构以及你的投资策略和方式的所有细节。你要确保这个故事的真实性以及能够达到的效果。

有一个相关的例子可以用来说明问题。

几年前，我去见一个纽约的韦斯特切斯特（Westchester）的基金经理进行尽职调查。我来到他的办公室，用整整一下午的时间了解他的证券和资金管理业务中关于基金、组织架构以及背景的相关情况。

我非常喜欢了解基金经理的一个方面就是他本人的背景情况。我不是说他先前的工作，而是他的童年以及成长环境。我会询问他高中时候的生活，他喜欢哪类运动，喜欢参加什么样的活动，然后是大学，等等。

这位基金经理告诉我非常多关于他的家庭、高中经历以及他努力考取大学的故事。他告诉我他去了常春藤联盟大学，因为学校提供资助型奖学金。在我看来，他完全可以凭那个分数去其他学校，只是因为经济条件差而无法支付学费。我认为他是很合适的人选，因为由此看出他是个聪明且饥渴的人，这两点特质是我考察潜在基金经理时非常看中的两点。于是我继续考察其他的方面。

半小时之后，我们谈完了他的大学时光以及他早期在华尔街的工作经历，我们开始谈论基金的状况以及基金是怎样建立起来的。他说这只基金是由他的家庭提供的种子资本，刚开始的时候大约有1 000万美元。

我隐约觉得不太对劲，所以我问他这怎么可能。如果他的家庭有1 000 万美元可以投到他的基金中，他怎么能有资格申请到资助型奖学金呢？对于这个问题，他回答不上来。于是他告诉我不想讨论这个问题，希望我继续问他其他的问题。我没有再说下去，并对他花费时间与我交谈表示感谢。毫无疑问，我并没有投资给这位基金经理。

我很懊恼，因为那位基金经理的业务做得很好。他管理着 5 亿美元的资产而且业务非常成功。也许有人认为我没投资给他是个错误，但我不这么认为。我认为这位基金经理在运营过程中肯定存在一些不合理的地方。业内有那么多优秀的基金经理，你要找到能让你满意的。我对那位基金经理本人，或者说他的故事并不满意，所以我没有选择他。

不管是新入行的基金经理还是入行已久的基金经理，你都要避免上述情况的发生。你要说：“这是我的故事，而且我坚持自己的说法。”虽然听起来很好笑，但是我写下这句话的时候一直在想，关键之处在于要能够用一种简洁清楚并且保证真实性的方式和投资人交流。你需要以一种简单的形式告诉他你是谁、做了什么。他们要相信能够掌握你在做的事，以及坚信你和你的团队管理资金的能力。如果你有不足之处，不必暴露出来，但如果别人问起，你要坦诚地说出实情。每个人都会犯些小错误，每个人也都有不足之处。那些承认自己的错误并弥补自己不足的人，才是我愿意合作的人。投资者能够理解，你也是个普通人。他们愿意和你合作并帮助你成功。

寻找投资者是很困难的。很多人以为很简单，但我要告诉你们这是很难的。你要专注。作为单一基金的经理，你要练习以下几方面来确保成功找到合适的投资人。

第一，你要将你所知的可以投资给你的人列一份名单。第二，你要将所有潜在的业务渠道，包括你感兴趣的机构、捐赠基金以及 FOF 列一份名单。第三，你要尽可能广泛地接触世界各个角落的人。这意味着你要接触尽可能多的人来确定他们是否对你做的产品感兴趣。这样练习的要点就是数量，你接触的人越多，你寻找资产的成功性越大。这就是为什么营销人员被称作约会白痴的原因。对冲基金募集资金最主要的形式无异于挨家挨户推销订阅杂志。数量是重点，接触足够多的人，你一定能找到对你的基金感兴趣的投资者。只要拿到了一笔资金，募集更多的资金就不再是难事。随着你管理的资金越来越多，所有的困难都变得简单起来。要知道，你永远不会知道资金将来自何方，它通常来自你最料想不到的地方。因此，要广泛撒网你才最有可能获取资金。

这个问题归结于你为了获得成功愿意做些什么。大多数人认为自己在积极地营销自己的产品，也有很多人认为他们创建了基金之后就会有人投资，但残酷的现实是：不是投资者需要你，而是你需要他们。

饥渴的重要性

你需要保持专注，你需要保持饥渴，你需要积极进取。你还需要遵守规则，这意味着你不能向外做广告宣传，不用征求那些你不熟知或者不在第一时间与你接触的人。要想更加了解关于募集资金的相关规则，你可以咨询你的律师，他们是这方面的专家，他们的意见会帮助你避免犯一些错误。你必须要通过他们来了解行业中的规则。所以你要和你的律师交谈，掌握相关规则，并知道怎样利用这些规则。

营销新的基金或者已有的基金都是很难的，因此你需要有创新。你需要尽可能地寻找各种能见到或者接触到潜在投资者的方式。你要挖掘你和朋友、以前的同事以及熟人之间的联系来接触投资者。如果能让你熟知的人介绍给你当然更好，这类投资者是我们可预期并且可接受的。这是一场壕沟战，听起来这很艰难，事实也确实如此。我唯一的建议就是你要做好失败的准备，因为失败是成功之母。有句老话说，黎明之前的世界往往是最黑暗的。根据我与新兴或者已存在的对冲基金合作的经历，这一点已经被反复证明了。如果你什么都不问，你将一无所获。如果你提出自己的疑问，最糟糕的情况不过是对方拒绝回答你的问题，最好的情况就是基金经理将如实回答。如果你问了足够多的人，你一定会获得满意的回答。

前几年的时间里，我致力于帮助基金经理克服他们遇到的营销难题。在这期间，我提出了一些策略以及建议，帮助他们更好地理解他们的不足之处，提供给他们一个知识库，以帮助他们在营销市场上获得成功。我首先告诉他们的一点就是不要过于自信。

随着基金行业近几年的发展，现在也遭遇了一些瓶颈。很多基金经理并不愿意根据投资需求改变自己的策略。正如我在这一章节前面提到的，现在大多数投资者在寻求甚至是要求基金经理对仓位的透明化、减少费用以及特定的流动性条款。但很多基金经理不愿意做出让步，而一些新生代基金经理愿意满足投资者的所有要求。

我看到一些基金经理质疑需要向投资者提供特殊待遇的情况。我收到很多邮件，都是在问为什么投资者要求这些特殊待遇以及提供给他们这些特殊待遇是否值得。我的回答基本都是相同的：如果不太麻烦，那就满足他们的要求；如果比较麻烦，那就想办法变得不那么麻烦，然后满足投资者的要求。总而言之，顾客永远是对的。要求特殊待遇似乎是当今想要进军基金的投资者在经历了一些困难之后渴望进步的共同特点。

我偶然间接触到了一只几年前曾遭遇非常艰难时期的基金。像这样的基金有很多，这只基金只是其中之一。当时这只基金业绩表现非常不尽如人意，而且一些骨干成员离职，它似乎朝着错误的方向越走越远。公司老总曾经一度有非常出色的业绩，他决心要挽救公司并恢复往日光彩。为此他愿意付出巨大的努力并投入相当可观的资金使这一目标成为现实，不管代价有多高。

在过去几年中，这家基金公司在营销方面变得怠惰，他们以一种势利的眼光看待资金募集这件事。在市场的全盛时期，基金经理放任这种状况的发展，一部分由于机构的规模，一部分由于领导层，还有一部分由于营销人员没办法解决营销难题。于是公司采取了这样一种态度，他们并不在乎某一部分投资者是否会投资给他们，因为就算他们不投资，也会有其他人投资。

“我们陷入这样一种氛围，那就是当我们和客户共进晚餐、打高尔夫、喝酒后，我们就确定他会投资给我们，因为如果没有我们，他的投资就会失败，”一位基金公司合伙人说，“不夸张地说，我们就好像在沙漠中卖水一样，每个人都想投资，而只要能扩大投资规模，我们都非常愿意接受。人人都想投资我们的基金。”

然而，当基金业绩开始下滑，一些投资者撤资，营销市场开始担忧这家公司时，管理层才意识到投资者需要投资机构的状况变成了投资机构需要投资者。

“是我们没有适当地培养或者管理我们与投资者的关系，”基金经理说，“从前是在沙漠中卖水，而现在我们就好像在爱斯基摩卖冰，这是我们毫无准备且无法做到的事。我们对于这种情况毫无经验。”

这样没能处理好与客户（或者说投资者）关系的情况在一定程度上是由于公司大量的撤资所导致的。赎回会导致银行的挤兑，而撤资对于基金公司、基金经理以及基础架构都会产生非常深刻的影响。

“我们对看到的一切都感到目瞪口呆，”一位公司营销团队中的成员说，“我们简直不敢相信有多少资金流出我们的基金，也不敢相信赎回通知到来的有多快。”

为了度过这次危机，公司开始以城堡心态经营。基金经理拜访投资者，抢占他们的撤销通知。他恢复基金运行并且对外公布公司运营基金的情况，还雇用了一批人员填补管理空位并开始拨乱反正。他向人们证明那些仍投资于他们的公司的投资者们是非常值得的，并邀请新的投资者关注他们公司提供的产品。

“我们告诉客户我们在做什么以及如何度过危机这些故事是为了保证公司的资金不再外流，”这位基金经理说，“有时候这样做富有成效，然而有时却遭遇惨败。”

最终的结果是，这家公司一年中总资产减少了将近50%，而这只基金在此期间却上涨了11%。这就向投资者以及世人证明了不管外界的市场环境如何，他们的资产管理团队都有强大的盈利能力。这就是公司曾经努力重建资产基础时做出的承诺。

“我们经历了一场完美风暴，”基金经理说，“我们受到了各个方面的打击，但我认为伤害我们最深的是我们的内部人员转而反对我们，并且外界开始听信他们的说辞。”

公司在这次事件中死里逃生。基金经理做的第一件事就是大量削减营销部门的无谓人员。他舍掉了一小部分来保全整体。虽然这样会导致市场上一些初始问题，但是从长远来看，市场会理解他这样做是为了整个公司的生存。

“当你的营销人员拒绝和投资者以及潜在投资者解释，问题就随之而来了，”基金经理说，“华尔街发现这种情况，那就不只是一个小问题了。对冲基金行业非常小，谣言会快速传播。连你公司的内部人员都没有信心，那怎么能指望外部人员能对你们公司有信心呢？这是我们急需且很难解决的问题。”他继续说道，“我们不得不做出艰难的抉择，但都是有利于公司的。我们现在比先前更强大，我们的公司一定会存活下来。”

公司对人员和日常管理费用做了一些调整，并且努力经营，向外界传达公司一直都存在而且一直致力于开展业务。这家基金公司在经历了大概一年之后才让情况有所好转。现今浪潮已退，公司的业务也走在正轨上了。

这件事情归根结底在于自信心。如果你有足够的资金以及坚信自己的产品具有可持续性，那你就会有机会。如果你没有信心，那么不管你有多少资金都无济于事，你只能卷铺盖走人。

刚推出一只基金时，至关重要的是你要有一定数额的资金以度过拮据时期。如果你管理下的资金少于你此前工作全盛时期薪酬的3倍，那你在基金刚推出的几年时间里要度过一段艰难时期了。

基本上没有基金一开始推行时就有几十亿美元的资产。你也许在那些流行期刊中见到有基金刚推出时就有几十亿美元的投资，但是那些例子少之又少。大多数的基金刚推出时大约只有不到1亿美元。这对于基金经理来说，要自掏腰包支付基金和相关机构的运营费用，而基金经理本人是完全没有薪水可拿的。你需要在银行账户中存有一笔可观的资金以备不时之需。你的应急基金在尽职调查中可能会受到质疑，经验丰富的机构投资者以及高净值投资者都知道这些并且会询问你相关情况。如果你准备充分，他们就会知道你是认真、努力的；如果你表现出对可能发生的事情毫无准备，他们一定会质疑你的可持续性。

“我期待基金经理能告诉我他们已做好准备，在基金推出的前几年时间里并不打算拿什么工资。”一位投资于对冲基金的家族理财师如此说，“我的经验告诉我，大多数情况下成功的基金往往是基金经理以及他的团队做了最坏的打算。如果当我问到这个问题而基金经理茫然无措，那我大概不会投资这只基金。我喜欢那些考虑全面，至少是基于他们所知向努力考虑周全的基金经理。”

正如我在这一章开头所说，这两万字是为了提供给你足够多的信息来刺激你的营销热情。这是为了让你理解，就算你结交了很多富有的朋友，你也不一定能成功地让他们投资于你的基金中。不管你个人多么强大，没有投资者，你什么都不是。我希望在本章中都讲得非常清楚明白了。

第七章

为什么后台部门很重要

当你继续开展自己的基金事业时，你会发现首先要做的一件事情就是构建良好且稳固的硬件设施。公司的硬件设施以及它给人的印象，将会成为你事业成功的重要部分。投资者们检验时都喜欢浅尝辄止。他们通过翻看你的营销和业绩材料，视察办公场所、信息技术部和人力资源部，对硬件设施进行检验。许多投资者会直接和服务提供商联系，进行背景调查，检查参考材料。虽然做好表面功夫是非常重要的，但你要确保自己拥有所有通往成功的必备条件。对此不能掉以轻心，因为它是使整个公司运转起来的基础。科技对每个人都是公平的。要巧妙地利用可用的系统和服务形成专业、运转良好的机制。

使用正确的工具

拥有可供使用的正确工具是非常重要的。这样做不仅可以让你建立自己的业务，还能让你在市场中保持优势。随着当今技术的进步，你只需鼠标轻轻一点就可以获得做出投资决策所需的所有信息。尽管一些人认为这是一件好事，但我觉得这是一件坏事，它使基金经理的工作更加困难。网络和它带来的资源，以及彭博和汤森路透数据库的发展，还有那些涉及公司前前后后的部门所需技术的提供商，使人们实现了公平竞争。短短几年间的技术进步使得只要有互联网的地方就能够进行交易成为可能。然而你所拥有的一切你的竞争对手同样享有。只要你想要并且愿意付费，就可以在同一时间得到所有相同的信息。需要牢记的是，虽然你正利用科技做出更好的、更有效的投资决策，但与你竞争的基金公司也是一样的。

因此，作为一个基金经理，你的工作将会变得更加困难。容易攫取成果的投资时代已经结束了，你可以将此归因于互联网以及纽约市市长。重要的问题是：你如何获得并保持你的优势？

一开始，或者在你开始运营基金之前，你需要考虑如何发展和保持优势。我们面对的现实是：在你认为你自己还没有优势的时候，你不会愿意出钱投资，你需要做的就是明确并掌握你的优势。而你的优势就是你如何去赚钱。

一旦你定义并明确了你的优势，你需要决定如何保持它。毫无疑问，你的策略依赖于你获取和处理信息的能力。有的人快速高效，有的人拥有大量的可用资源，还有第三种人同时拥有前两者并能结合自身其他的闪光点。你需要弄清楚哪一种方式最适合你，然后决定如何据此构建硬件设施。每当涉及应用技术收集和处理数据时，大多数人会想到运用复杂的数字处理算法。我认为这是不必要的。我坚信简化处理，也就是用简单易得的工具实现非常之事。雅虎和谷歌网站上的免费新闻追踪器是寻找潜在的新型投资理念的首要战术。运用技术帮助你处理繁重的事情是值得的。我惊讶于收件箱中充斥着大量文章，可是我依然能够通过传统的研究方法找到一篇关于我感兴趣的话题的却被遗漏了的文章。当这样的事情发生时，我认识到了互联网的力量。或许在可预见的将来，内容仍将成为互联网的重点，成千上万的记者就每一个可想象的话题进行报道。这既是一件好事也是一件坏事，好的方面是因为这意味着每一个话题都会涉及，不好的方面是因为不是所有的素材都是好的。当一个事件发生时，我不做任何事情，就能立刻得到大部分的相关资料。关键是要在信息过滤器中设置参数以便于找到你需要的内容。这很重要，因为这些信息是免费的，现在你几乎不费劲就可以获得本来需要浏览成百上千的文章才能获取的信息。

作为一个新入职的基金经理，你需要使你的成本与你的企划书内容保持一致，并且需要使你高效收集信息的能力得到最大程度的发挥。我采访过的许多新建立的公司都是雅虎金融、彭博免费网站的大客户，这些网站允许使用者免费获取数据和做研究。你不需要改造车轮，但你需要知道如何让它最有效地运转。

在过去的几年里，随着对冲基金行业的发展，新建立的对冲基金的技术成本也在提高。从多个数据供应者那里购买服务难以确保所获数据的可靠度。购买彭博终端的完全访问权限、PerTrac 使用证书和汤森路透的完全访问权限会比租用办公室还要昂贵。作为基金经理，你需要确定自己需要什么，然后围绕这些构建硬件设施。想法是很重要的，但是需求对于业务的成功却是至关重要的。

当涉及发展你的硬件设施时，你的主经纪人会答应给你帮助，但事实上，主经纪人并不能在硬件设施改善上帮助太多。主经纪人都在忙着赚钱，即使他们有你所需要的所有工具和服务，但这些都是需要付费的。因此，你必须要货比三家，以确定你的主经纪人在提供执行服务和技术支持上给予你最好的价格。习惯于接受主经纪人提供的所有服务对你是不利的，这会使你额外花费不必要的费用和佣金。

成立伊始

最开始，你需要和你的合作伙伴坐下来确定你们如何进行交易、在哪个市场上进行交易，并决定你们需要什么工具才能成功。你需要了解信息从哪里来，如何加工处理信息。在实现上述目的时，你需要决定以现有的雇用规模或在家时应使用什么工具，当你独自一人时应使用什么工具。最有可能的情况是，你的大多数工作都是通过微软办公软件的标准配置完成的。你可能是从彭博终端上搜集数据，但可能是在 Excel（微软公司开发的办公软件之一）或微软系列产品的工具上来处理这些数据。

关于彭博，你需要记住的是，它不是将任何一件事情都做得尽善尽美，而是让我们在可接受的水平上处理许多事情。彭博的意义在于它能告诉你一瓶古老的木桐酒庄（Château Mouton Rothschild）的红酒的价格，或者为你提供整整 30 年美国国债的历史数据。这些信息你可能都需要，也可能都不需要。尽管如此，关键问题是：你是否需要彭博？只有你和你的合作伙伴可以回答这个问题。你应当去获取你需要的信息，而不是你认为你需要的。科技是重要的，但是良好的研究更加重要，对于对冲基金经理来说最好的研究源于大脑的思考。

建立硬件设施时需要尽可能地让你自己成为最有效率的资产管理人。很显然，你的私人电脑需要装载基础软件和微软办公软件或者类似程序，因为你将要处理文件和数据。你需要实时数据更新服务，你的主经纪人通常会为你提供该服务。这是一个桌面图标，点击就可以与市场实时沟通。你也可以从其他与你交易的经纪人那里得到这些，这些服务和系统会为你提供你所需要的大部分基本定量分析。

交易结束之后，你需要你的主经纪人为你提供交易记录以及能够让你时刻关注你的投资组合全貌的投资组合管理软件。所有的主经纪人都能够以电子的形式把这些信息传递给你的桌面图标和你的行政管理人。某些情况下，这些信息需要在线、实时可得，你将会习惯于使用主经纪人平台，通过它你可以记录并了解你所有的投资组合资产配置情况。很多基金经理喜欢计算实时利润和损失报告的功能，因为这可以让他们看到哪些投资对象表现良好，哪些不佳，并且如何更正那些表现不佳的投资对象。许多公司应用一个叫作 Advent Geneva 的投资组合会计软件，它能够提供实时信息让他们确定自己和所投资对象处于什么位置，主经纪人和行政管理人应用这款软件集合所有的交易指令和现金流。只需要点击几下鼠标，它就能提供投资组合表现的数据。有了这款软件，基金经理们就能够时刻关注投资组合配置情况，并了解交易产生的损益、保证金余额、资金的流入和流出，以及历史业绩表现数据。Advent Geneva 是能实现这些功能的软件之一，安装和使用 Advent Geneva 是昂贵的，许可费用可以达到几十万美元，因此许多基金经理从他们的服务供应商那里得到使用权限，通常服务供应商们会将这种软件作为与经纪和行政管理服务相关的全部费用的一部分。直接购买这些软件是十分昂贵的，所以从一开始就要避免。

随着华尔街技术应用的发展升级，大多数主经纪人都开发了复杂的基于网络的报告功能和实时执行系统，你需要确定自己执行交易最好的方式。最有可能的情况是，你通过屏幕浏览你的经纪人所发来的消息，你可以在智能手机上收到即时消息。许多经纪人提供相同的产品和服务，对于你需要的东西要价比三家，然后和适合你的经纪人合作。

如今，随着价格的下降以及经纪行业脱离软美元制度，许多人开始为基金经理提供相关的执行服务，货比三家然后选择最好的价格和服务是值得的。你要确保有大量的网点来执行指令，因为在交易日结束的时候你希望这些指令如你预想的得到执行。我总是建议新建立的基金无论规模大小，都要在主经纪人处开立多个账户，以确保他们能够得到最好的执行，得到成功经营所需的产品和服务。许多新的基金经理经常质疑这项建议，他们认为在同一处购买所有服务会得到更优惠的价格。在执行成本方面这确实是真的，然而在过去的几年内执行成本在快速下降，不同主经纪人的执行费用已几近相同。但是使用多个主经纪人，你可以得到额外的研究报告、会议讨论、潜在的资本推介活动以及更多的服务。这对于拓展交易范围是很有意义的。

办公室的搭建

当涉及建立办公室时，你需要购买电脑、传真机、复印机以及其他办公室设备来实现办公室的顺畅运转。如果你购买的复印机兼具扫描功能，就可以不必购买传真机。然而如果你在一家对冲基金咨询公司内使用办公室，主经纪人或者办公室管理人会给你提供大部分必需的设备，并会将这笔费用计入你的租金，办公室中所有的设备都可供使用。以我在建立办公室这方面的经验来看，对于技术、家具和办公室内其他设施来说，简而不减是最好的选择。

当下社会中有一个问题：我们总是想要最新的和最好的技术，我们认为一旦我们没有处在最前沿，那么我们就是在落后的边缘。

一个简短的故事可以证明我的观点。1991 年，我很荣幸地成为 IBM 在克拉克大学的校园代理，我的工作是教授员工和学生如何使用 IBM 个人电脑，然后把电脑卖给他们，这是十分困难的。IBM 正在销售 PS2，它最大的竞争对手是苹果公司。每当我卖出 1 台 IBM 电脑，苹果公司就会在校园里卖出 10 台苹果电脑。这是一场难以置信的艰苦的战斗。虽然我很享受这份工作，但它的确令人沮丧。没有人看到 PS2 和 IBM 的微软操作系统的价值，相反，似乎所有人都看到了麦金塔电脑（Macintosh）的方便和美观。然而在这个过程中，我发现了一些关于技术和市场购买方式的有趣的东西。我发现在 90% 的情况下，因为他们想要最新的最好的机器，所有人们购买的科技产品都是超出自身需求的。他们不在意自己是否会用它上网和写文章，他们单纯地只是想要这种功能。结果，这些人愿意花费

3 000 ~4 000 美元去购买一台可以处理更多数据、运行更复杂程序的电脑，而这些功能其实超出了他们的需求。对我来说很不幸的是，我收取的是固定佣金，所以人们购买昂贵的产品还是便宜的产品都和我没有关系，无论销售额是多少，电脑的价格是多少，我都只赚 40 美元。但是这真的给我上了一课：当你购买科技产品时，在决定购买之前，写下你计划要做的所有事情，明确你的需求，以简胜繁。因为新的事物未必是更好的事物，它只是新的而已。当你的公司刚刚起步，你需要注意开销，购买上一代产品可能会和购买最新版本的效果一样好，比如很多人还在很好地使用着第一代 iPad。

因为购买科技产品很重要，所以寻找服务商更重要。当你的机器崩溃了，你想要做的最后一件事就是拨通免费技术支持热线，寻找一个可以帮助你的人。你应该专注于你的事业，让其他人负责科技产品和它产生的问题，你需要一个可靠的、能够为你提供良好的服务和支持的组织，这样能使你的需求时时刻刻得到满足。

正如我在第一章里所写，在基金经理创业方面的故事中，我最喜欢的就是南希·黑文斯的故事，她对比了她与贝尔斯登技术支持合作阶段和她创建了自己的公司之后的情况，发现她找不到任何可以打电话求助的人。最后，她成了技术支持的负责人。

如今我们是如此地依赖技术，以至于你必须付出资源、时间和精力获得可供使用的良好、稳定的技术资源。这并不意味着你需要雇用你自己的现场技术人员，但这确实意味着你需要与一家公司合作，使其及时有效地为你提供所需的服务。

成立基金和公司的过程是很有趣的，同时也是痛苦和充满压力的。这种经历中最好的部分就是为你的公司和基金取名字。在华尔街，有许多关于基金的名字是如何产生、出自何处的故事。很多都是很简单的。比如 SAC 资本来源于公司的创建者和主席史蒂文·科恩（Steven A. Cohen）。索罗斯资产管理公司的名字源于公司的创建者乔治·索罗斯。老虎管理公司的名字来源于朱利安·罗伯逊的儿子，他告诉爸爸这个名字很容易记住，因为朱利安将人们叫作老虎。名字的来源多种多样，树、街道、广场、民间英雄、汤姆·克兰西（Tom Clancy）小说中的角色都可以作为公司的名字。我的一个朋友将他管理的FOF命名为罗布林（Roebling）基金，这是以布鲁克林大桥的工程师、设计者和建造者约翰·A. 罗布林（John A. Roebling）的名字命名的。关键是寻找一个尚未使用的名字，而且在营销材料、邮件和网络上都便于使用。[①]

当涉及建立网站的时候，你只能自己想办法。因为我不是一个坚定的网络信徒，我认为网络只不过是限制了你的思维的交互式电视。然而我的公司有一个网站，我建议你的公司也建立一个网站。如今，有经验的机构投资者所做的第一件事就是用谷歌搜索。他们会搜索你的名字、你的合伙人的名字、你公司的名字来查看出现的信息。同样地，你也应该时常搜索一下以确保你知道网络上是如何对你的公司进行描述的。再一次重申，“以简胜繁”，这样的格言对你一直都有裨益。投资者不会寻找有浮华装饰的网站，或者是有最新设计的网站，他们寻找的是简洁明了便于操作的网站，你需要提供足够的信息使他们有兴趣更深入地了解你和你的基金。

你必须亲自打理你自己的邮件，最初你可能认为这样做既麻烦又不值当，尤其是如果只有你们两个人的情况下，然而邮件很重要，不可以交由他人处理。你应该有自己的专用电话，只是当你在其他人的办公室或者对冲基金咨询公司里工作时，这会有点困难。

如果出现了问题，你知道谁应当承担责任，并且能立刻修正。和你自己的人一起工作并快速解决问题，比等待着其他人的帮助更

---

① 资料来源：Daniel A. Strachman，*Julian Robertson：A Tiger in the Land of Bulls and Bears*（Hoboken，NJ：John Wiley & Sons，2004）。

容易一些。如果你用其他人的网络和服务器，到头来就要跟着他们的步伐。一旦出现问题，你必须要等待，直到他们想要和你一起解决问题。要记住，对你来说重要的事情对别人来说可能并不重要。如果是你给他们发工资，那么事情对他们来说就是重要的。成功的关键是沟通，你要确保你的工具正常运转。

保险计划的制订

另一个你需要考虑的事情是保险。保险是一件极其讨厌的事情，但却是必不可少的。你需要健康保险计划、财产保险计划、员工补偿计划，或许还有董事和主管的保险。这是一场噩梦，没有其他更准确的词汇来形容了。为什么呢？第一，保险是没有任何潜在收入的沉没成本。第二，保险的申请程序是很麻烦的，你和你的同事可能对购买保险知之甚少，所以购买保险就好像在暴风雪中盲目行走一样，要谨慎前行。你需要确保与你一起合作的人都是值得信赖的，能针对你的需求在产品和成本方面给你好的建议和解决办法。

在讨论成立业务和处理文件时，大多数新成立的基金管理人并不会考虑保险的问题。大多数人认为它是自然而然地存在着，但不幸的是事实并非如此。实际上，保险是很难处理的，尤其是当你有了家庭。对于一个新建立的公司来说，健康保险是一笔巨大的开销，但这是你不得不做的事情。如果可以，你应该选择《统一综合预算协调法案》（简称 COBRA）保险，这是权宜之计，它的程序持续 18 个月，给你留出了足够的时间来制订自己的保险计划。当你雇用别人为你的公司工作时，问题就来了。他们需要一定的承保范围，并期待你为他们支付一部分保费。在你寻找健康保险供应商时应该进行大量的招标。你会发现在同等的覆盖程度下你可以得到大幅降低的价格，这取决于保险人以及经纪人能否调整计划。从我自己的经验来看，这是很重要的，尤其是在你有大量的员工时，一些员工有家庭，一些没有。因此，我们的保险费用占每月硬件设施支出的很大一部分，并且到了续订的时候我们必须对它密切关注。

除了健康保险，你也需要建立员工的补偿政策。美国许多州的政策使你很容易将补偿计划纳入保险范围，因此你不去考虑这件事情。然而，一旦你没有覆盖补偿计划，你就要准备好支付巨额罚款了。包括纽约、康涅狄格、新泽西在内的许多州，对没有补偿计划的公司立法严厉。如果公司只有你和你的合伙人，那么你不需要补偿政策，但只要你有了员工，你就会需要这一项政策覆盖。

薪酬是你需要考虑的另外一件事情。最初，只有你和你的合伙人是有限责任公司的成员，你得不到工资，而是通过分配得到酬劳。然而，如果你雇用了一个分析师或者行政管理人员，你就需要向他支付薪酬。万幸的是薪酬支付服务比比皆是。保险服务市场竞争激烈，作为一个消费者，你可以坐享渔人之利，降低所需服务的价格。你不能也不应该自己管理薪酬的支付。你需要一个就业服务公司，这是在公司成型和运作过程中需要注意的其他问题之一。

最好的方式就是列一个保险计划清单。我们公司有一个清单，你能在 www. hedgeanswers. com 网站上看到。使用清单将帮助你保持专注，会让你保持正轨并使你更有效率。你必须在一开始就关注保险，确保保险范围涵盖了医疗、健康、金融等方面。最好尽早完成保险体系的构建，不要在出现问题时才发现进退两难。

任何情况下你都不应该忽略构建良好的硬件设施只是成功经营的第一步这个事实。硬件设施之中包含所有维持经营的设施，如电话、电脑、传真机、互联网连接器、保险、地租、灯、燃气、电和盥洗室水供应系统。还意味着你需要开立一个有线电视账户，因为你想要在你的办公室里拥有一台用来播放图片的电视机，当然，不是用来播放声音。

你需要对重要的事情保持关注，形成完备的硬件设施后就进行公司建设的下一阶段。这是一个企业家需要做的事情，不要纠缠在细枝末节上。

为了避免在建立硬件设施时产生麻烦，你应该为办公室的开销做出预算，并严格按预算执行，例如确定在家具上花费多少，在技术上花费多少，在购买电视机上花费多少，等等。无论如何你都要严格遵守这项预算。

雇用员工

目前很多人处在失业状态，并在对冲基金行业寻找工作。但不幸的是，只有很少的人愿意尽一切努力在基金或成长基金行业谋求一份工作。不要着急，与人们相处并了解他们，在你雇用他们之前需要知道他们是什么样的人。在人力资本上所犯的错误通常是代价最大的。最近我的一个好朋友向我讲述了一个他们公司是如何面试法律总顾问的故事。他见到了很多人但并没有留下深刻印象。几周之后，一系列面试的结果都不太好，于是他将这件事暂时搁置在一边。一个月后，他接到一个电话说他们找到了这份工作最适合的人选。他非常激动地与那个应聘者见面，并且两人一拍即合。几天后他们达成了第二次会面的共识，并且这次会面也进行得非常顺畅。不久之后，我的朋友完成了背景调查并且决定聘用这个人。应聘者接受了这份工作，答应一切准备就绪后于 2011 年 10 月 3 日入职。然而这一天之前的周五，这位应聘者放弃了这个机会。

我的朋友说："他原本看上去很正常，却突然发疯了，上周五他打电话告诉我他不会来工作，并且接受了另一个职位，我很生气我浪费了时间，但庆幸的是我不必再处理这件事情。"

2011 年 10 月 5 日，那位应聘者又打电话给我的朋友，说想要重新获得这份工作。原本他认为他可以得到的那个职位并没有获得通过，他失业了。

我的朋友没有再雇用这个人。即使他还是没有法律总顾问，但他很高兴不需要与这位应聘者相处。通常人们认为相信直觉很重要，但仅仅这样是不够的。我的一个建议是在你学会跑之前先学会走。当下有这么多人失业，最好是在与员工签订全职协议之前先雇用一些兼职员工帮你处理业务。通过这种方式你可以看到和其他人工作是什么样的，并确定这些员工是否适合你和发展中的公司。

很多人都在寻找工作，所以不要着急，精挑细选并做出最好的选择。我的建议是放慢脚步，保持平稳。

作为新建立的公司，你不需要一开始就雇用全职首席财务官。你可以通过雇用一个兼职会计员来代替，并利用咨询公司提供的服务将首席财务官和首席合规官的职责外包出去。

遗憾的是，能胜任该职位的申请人有太多了。在很大程度上，这对新建立的资产管理公司来说是一件好事。你可以利用这一优势，因为很多人都在寻找交易员、营销人员和分析师的职位，这些职位都在等待合适的人选。你需要雇用一个优秀而稳定的业务经理或行政管理人员。这个人可以没有对冲基金行业的背景，但应当有广泛的人脉、良好的组织能力，并且仔细缜密。你要雇用的人应当具备奉献精神、足够专注、乐于工作，并且珍惜眼前的机会。按照我的经验，因为背景而雇用一个人是错误的。如果他们来自很大的企业，他们将很难适应小企业的工作环境，无法从容应对小企业的工作氛围。你需要雇用有能力有创业精神的人。这是一个艰难的任务，但雇用员工没有其他更好的方式，有时候你不得不跟着直觉走。

目前，有大量身价不菲的求职者在寻找工作，你需要寻找能够胜任并认同你的企业文化的人。

应当了解你所雇用的人的基本情况和工作状态，如果被雇用的人能推荐潜在的员工再好不过。例如当我建立我的公司时，我雇用的第一批人中有一个曾在我之前的公司做过行政管理工作。这个人有深厚的背景，并且值得信赖。我了解她的强项和弱点，并且她的能力符合我的需求，我知道她很适合我们公司。我雇用的下一个人是一个应届毕业生，她很优秀，她想要在攻读硕士学位期间做一份兼职，最终她成了我们公司的一员。

在过去的几年里，我学到的关于雇用员工时最值得关注的两件事，就是你的资源和你雇用的员工入职后如何利用你的资源。你需要合理管理你的资源，你当然不希望还要花费时间来教育你的员工们。你不想花时间监督你的员工，看看他们是不是在工作期间打私人电话，或是在处理事情时出了差错。

此外，你必须记住电话接线员代表了公司的形象。如果这个人不够专业、不友善又不善言辞，那么打电话的一方就会觉得你们公司不够专业。一旦这样的事情发生，你将无法承担其代价。你只有一次给别人留下第一印象的机会，所以必须要尽善尽美。接通电话的人应当对公司的基本情况和专业程度足够了解，并善于表达。

你雇用的第一个人很可能是业务经理或行政管理员。这是一个很重要的职位，因为他将会为你分担很大一部分日常管理的压力。你需要雇用一个可信任的、可靠的、能够无条件接受公司的任务的人。这会让新的员工想起琼斯，如果你不明白我的意思，可以发邮件到 das@ hedgeanswers. com，我将会为你解释。

过去的几年里，在对冲基金行业中为他人寻找工作的猎头数量在增加。如你所想，猎头已经意识到对冲基金的行业规模在缩减。随着它的规模的缩小，许多人变为需要工作并要寻找工作。因此，猎头公司围绕着需要工作的人建立了业务。在任何产业中，猎头总有好坏之分。对于猎头公司，我的经验是他们通常选择最简便的解决方法。他们寻找看上去最优秀的候选人来最小化工作量。猎头公司对故事不感兴趣，他们只想找到看似合适的人选，而不关心其他任何事情。在过去几年里雇用猎头公司时，我并没有那么幸运，多数情况下他们并没有起到应有的作用。

我们许多成功的招聘经历都是利用对冲基金网站（如：www.hedgeanswers.com）上的招聘公告栏实现的。使用这个网站进行招聘是十分成功的，我会继续使用它。针对对冲基金行业的猎头公司不适宜服务于初级职位，他们也不会寻找几乎没有工作经验的人。他们一般都只针对会计师、行政管理人员等高端职位。对于一个正在寻找营销主管、产品开发负责人、公司总代理的大公司来说，猎头公司是合适的。我发现我在市场中的需求是猎头公司没有关注的领域，而我所知道的为数不多的使用猎头公司的对冲基金正在寻找公司内部的会计师、首席财务官和首席合规官。

大多数对冲基金不会通过猎头公司来招聘员工。那些雇用猎头公司的对冲基金通常是在寻找首席财务官和首席运营官。如果你需要招聘这个职位的员工，我建议你去 www.hedgeanswers.com 网站，免费注册账号，然后把你的职位发布出去。我相信你能成功，当然你也可以给我发送邮件来寻求建议。

当涉及建立业务时，你需要考虑我所说的“事情的完成方式”。

“事情的完成方式”构成了落实维持业务高效运转的事项。当你建立和运行业务时，你需要注意上百件小事。

下面是一个你和你的员工需要了解的事项清单，随着你的业务的成长，你需要落实政策和程序来处理这些事情：

- 投资者。
- 潜在投资者。
- 文件。

- 业绩表现。
- 经纪人。
- 行政管理人。
- 银行/保管人。
- 会计师。
- 保险。
- 技术。

这些项目是需要时时注意的。这听起来有点傻，你可能认为这些是不重要的，但是相信我，通过关注所列出的10个领域，你的公司会变得更强大更成功。你需要确保你专注于这些事项：

- 确保你和你的投资者之间沟通顺畅。
- 确保你和你的潜在投资者之间交流适当。
- 发出的所有文件都存档记录。
- 把你的所有数据材料保存在一个方便寻找的地方，确保你有专门人员帮你管理所有材料。

你需要这样做有双重原因：第一，你需要确保你所做的事情是现行的和未来的法规允许的；第二，你需要确保你发送出的所有文件都是正确的。正如我前面提到的，你给别人留下第一印象的机会只有一次，因此你需要确保有人处理所有文件。这项工作听起来很基础，但我要告诉你这是很困难的，它很耗时也很乏味。这就是为什么你应当雇用能把工作一次做好的人。

我的一个朋友在曼哈顿市里经营一家小型FOF公司。他有一个很棒的员工为他工作。她收集数据和文件并处理文件，将这项工作做得非常好。因为她工作干得很好，所以我的朋友不需分散精力，可以专注于重要的事情上；他可以集中精力为他的投资者进行投资并与投资者和潜在投资者沟通交流。我的故事的关键点在于：你需要将你的一些责任委托出去，以使自己更有效率地工作。更有效率，才能更成功。

本章节被命名为“为什么后台部门很重要”，是因为它围绕着建立成功的业务需要做的事情展开。你需要知道的是本章所讨论的事情只是冰山一角。通过建立良好的硬件设施，从而专注于其他事情上，你的生活会变得更简单，你的公司将会更稳定，你的组织将会更强大。

第八章

基金的发行

在人的一生当中，几乎没有什么决策是比下决心创业还要困难的了。这要求你有勇气、对自身能力有极强的信心，还要有资金。其中，前两者总是比第三者来得更容易些。

然而，华尔街的存在使得人们对于创业这样的冒险尝试变得容易。首先，它可以为你提供大量已经获得成功和财富的前人经验；其次，你只要拿着鼠标轻轻一点就可以获得创业的必备工具；最后，需要你自己去做的便是追求成功。要想在对冲基金行业取得成功，你要构建一个业绩表现优异、能够吸引大量资产的投资组合。

虽然这听起来很容易，实际上却是一件很困难的事，不过我相信你能成功。而最重要的问题是你相不相信自己会成功。

只有你自己才能回答上面的问题。如果你犹豫了一下，然后觉得可能会成功，那么我的建议是不要再读这本书了，请回去继续为别人工作吧。如果你的回答是相信自己会成功，那么你要继续读下去。你一定知道这是正确的选择，而且要诚实地遵从自己的内心。记住，心永远不会说谎。

尝试冒险并且努力追求成功是一个令人兴奋、激动却又十分艰难的过程。不过最终，这一切都是值得的。

对于创业者来说，进入对冲基金领域并不像开一家干洗店、椒盐饼铺或者书店那样容易，因为这是一个完全陌生的行业。我从未见过任何其他能让两个人在公寓内工作几个星期就能马上赚到钱的行业。对冲基金行业门槛低，这当然是件好事。不过这并不意味着你就能成功，只能说发起基金的成本并不高。

对冲基金行业吸引大多数人进入的原因不是获得成功带来的自豪感，而是它带来的物质报酬。我反对主流媒体对这个行业的评论，并且大多数时候他们都是错的。然而，他们说对了一件事，就是那些最优秀最聪明的管理者都有着不错的年收入。另外，媒体对骗局的事后报道做得也不错。

赚钱，然后成为下一个约翰·保尔森或者朱利安·罗伯逊是你购买这本书的理由，接下来你需要安排与律师和会计师的见面。实际上，这才是你想要进入对冲基金行业的原因——你想赚钱，并且越多越好。

别对我产生误解，毕竟我在这个行业也是为了钱。相信我，这个问题你问每一个同行，得到的回答几乎都是一样的，在他们内心深处都是为了钱，这也是他们要做对冲基金经理的原因。金钱和随之而来的成功的愉悦感会让你觉得你的学习和付出是值得的。

做对冲基金会让你在管理你的资产和业务的过程中获得很多乐趣，其中最棒的一点便是，到最后资产全归你所有，你的付出终会获得回报。想要通过成功地经营业务从而获得报酬的想法并没有什么错，这在美国是老路子。赚钱的想法就是激励、驱使你做潜在投资研究并且筹集资本的动力。只有通过做这些事情，你才能成功。成为一名对冲基金经理，就好比获得了一份合法的印钞执照。你现在唯一要解决的就是如何得到墨、去哪儿拿到纸，如果把这两件事搞定了，你就可以大干一场了。

计　划

一旦你下定决心自己创业，那你必须构建一张蓝图，详细制订好经营业务、筹集资产以及管理投资组合的计划。虽然我不是一个特别依赖那种全面且详尽的业务规划的人，但是我认为鲁莽做事是不会成功的。

我的经验是，那些写了详尽甚至是引人深思的业务规划的人通常会优雅地失败，而那些没有任何规划的人则会像兴登堡号飞艇那样坠毁。因此，你需要做一个折中的选择，也就是使规划既详细明了又灵活可变。具体来说，不管你什么时候开始一个项目，即便你不知道它未来会发展成怎样，你的规划都能够让你适应种种变化。这就是我给每一个辞去原有职业、只有很少一笔钱的创业者的建议：你需要一个走向成功的规划。现在的大多数基金经理都是从管理2 500万美元以内的资产起步的，这和你在报纸上看到或者在CNBC听到的完全不同。不过，不远的将来他们就会推出大量新的基金。很少有基金是从几亿甚至几十亿美元发起的。如果你用超过5亿美元发起基金，我可真是要感谢你买我的书，同时我也可以告诉你，你不必读下去了。有如此雄厚的资本实力，你已不需要这本书来帮助你了，我想你都可以写出本书的一部分了。你只需要去成功地管理好你的资金就可以了。接下来我会讲价值评估和一些有意思的小故事，而你应该坚持你所认为的道理，不过还是很感谢你买了这本书。

对于你们当中那些即将在现实世界里操盘的人，你需要燃起你的斗志，伸手去抓住机会。你需要善于发现并且能够牢牢把握住机会。而计划，就如这世上大多数好东西一样，在家里就可以开始进行。

首先，你要从检查并全面了解你的财务状况开始。你要做好在未来一段时间没有任何收入的准备，你要在银行存足够的钱来维持你的家庭惯有的生活方式，并且足以支付发起基金和管理资产的即时成本。在你成功的道路上，你需要做的重要的事情之一便是确保所有的个人资产都处于良好状态，避免对你的家庭产生过大的压力。

如果开始的时候考虑好这一点，那么你就能走得更长远，并且在没有收入的时候，你至少可以减轻生活上的压力。做一名创业者其实有很大的压力，这些压力主要来自创业和运营过程中的麻烦事。而你最不希望的是即便在家还有那么大压力吧。你要确保你的家人和朋友都知道你在做什么，他们没有必要非得站在背后支持着你，但是至少应该尊重你的选择。整理文件的挫败感就足够把你逼疯了，此时，如果你周围的人知道你的生活正面临着巨大压力，那么你便有可求助的对象了。

如果你不习惯在这种自己承担着压力的情况下工作，或者很难处理作为一名创业者所背负的压力，我对你有以下两点建议：（1）找一个好的合作伙伴，他能帮你解决一些随着企业创立和发展而产生的问题；（2）找一项活动，它能帮助你减轻紧张情绪和必然会出现的压力。

你应该意识到上述各种尝试和困难不仅仅出现在你的创业道路上，而且也会以相同的形式缠绕着其他创业者和对冲基金经理。请相信没有时间解决不了的事情，但如果没有解决，你要意识到并且要想办法让自己变得足够聪明来改善状况。

提到财务决策，你必须用平和的心态来面对它。当你没有薪水或者收入很少的时候，会出现财务压力或者财务紧张，这就要求你的银行账户里有足够的钱来避免这些情况发生。大多数会计师和律师都会建议在货币市场或者有需要时可提现的支票账户上存有至少两年的生活费用。你需要至少 15 万美元支付给服务供应商和基础设施费用，另外，你还需要至少 100 万美元用于购买基金资产。这听起来是个大数目，但是有了这些钱作为缓冲，你的生活会更轻松些，一切都能正常地维持下来，只等你的业务越做越好并赚取收入。

来自两方的压力

除了财务压力外，还有发行对冲基金过程中的压力。这些压力来自第一次和他人关系紧密地工作，以及寻找你们之间怎样才能互补。找一个伙伴并非易事，你应该认真对待。通常，对冲基金经理似乎喜欢选择那些有过共事经历的，或者相互欣赏、相互信任、相互尊重的朋友或同事。找到一个能成为朋友的伙伴固然不错，但是如果能找到一些能互补的人就更好了。其中的关键在于发现一个人的长处和短处，你要找的是一个取其长处恰能补你的短处、取你的长处恰能补其短处的人。

我能够成功经营公司的秘诀就是上述内容。我和我的伙伴几乎完美地互补，几乎没有重叠，这造就了我们简单而成功的工作关系。

所有的伙伴关系都会在紧张时期得到考验。在创业开始及之后的过程中，不管公司规模或者所处行业是什么，都会出现各种各样的困难，没有什么困难是不能解决的，因此你要有能力克服。在事业上，你要将伙伴视为你的另一半，维持你们“恋爱关系”的秘诀就在于不论祸福，你们都能够敞开心扉深入地交流。没有伙伴间良好稳固的沟通，不管你管理着多么庞大的资产，不管你的业绩有多出色，你的公司都会破产倒闭。因此，沟通对于维持伙伴关系至关重要。双方进行沟通，你们就能一直走下去。这一点很重要，毕竟你们会长时间一起相处。如果和一个自己不喜欢的人相处那么久，简直太糟糕了。随着你们的业务逐渐扩大，公司里的员工也会越来越多。可能你会和你的伙伴产生分歧，但即便如此，你仍需要保持与他的沟通。

市场上有一家管理资产超过 10 亿美元的多/空股票对冲基金。从表面上看，这似乎是一个运行良好且非常成功的机构，实际上也是如此。在公众面前，公司内部的伙伴之间的关系似乎不错，他们能友好快乐地相处。然而，那都是表面上的。当你走进他们的办公室，单独和他们谈话时，你就会发现他们是有多嫌弃对方，对他们来讲每天都在一起工作是多么地艰难。尽管他们的友谊已经恶化，但是他们仍旧维持着业务伙伴关系。

曾经有很多次，我和一个伙伴谈论完工作事宜后不久，另一个没有参与的伙伴就会给我打来电话，询问我相同的问题，而且我也会给他相同的回答。起初我觉得这有些好笑，但现在我意识到这并不是一件好事。我一开始以为他们两个人不交流是因为工作太忙没有时间，但是后来发现他们不说话竟是因为受不了待在同一间屋子里。有趣的是，他们想出了不交流也能工作的方法，并且即便不喜欢对方也能成功地完成业务，甚至有些员工都不知道他们合不来。这两个人一个在前台部门负责交易和营销，另一个在后勤部门处理业务和客户关系，而他们每天都用文明、专业的方式向对方打招呼。

“瞧，你根本不用和你的伙伴成为最好的朋友，甚至你都不必在办公室以外的地方见到他们。你要做的就是文明待人。”我的一个伙伴麦克这样说，“在个人层面上，我们一点儿都合不来，但是显然我们个人关系的恶化并不会影响工作，投资者也不必担心，因为我们的业绩表现很好，并且业务进展顺利。”

我们的业务并没有因为出现了这种奇怪但是似乎又很正常的关系而变得糟糕，双方都能够处理出现的问题并且顶着压力继续工作，来确保业务不受影响。因为他们意识到，为了业务和每个人的生活能变得更好，他们彼此需要。

“我们就是不喜欢对方，那我们该怎么办呢？把公司分成两个？我们肯定不会这么做，因为这对我们来说没用。”另一个伙伴皮特说，“我们都知道不管我们的关系有多糟，最终我们都依然热爱这份工作，也知道我们在一起要比分开更好。”

一些成功的对冲基金公司后来分裂的原因就是合伙人没法在一起工作，认为分开后自己会做得更好，但是事实上几乎没有分离的个体能像以前一样成功。从这个例子中我们得到的经验是，要找到一个适合的方法与伙伴一起工作，因为这样带来的报酬是完全值得你这么做的。你不必重新改造车轮，只需确保它能继续转动即可。

上述提到的对冲基金合作伙伴的关系是个比较极端的例子，大多数伙伴关系不会发展到忍受不了对方的程度。不过，你和你的伙伴们应该清楚对方的职责，了解彼此的能力，知道每个人的长处和短处。这样的话，当工作中出现了困难，你们就能成功地解决。在初始阶段，这对创立公司以及飞速发展壮大非常有帮助。

角色定义

你必须得重视职责的界定，更重要的是明确谁是高级合伙人，谁有各类决策的最终话语权和投票权。这件事在启动阶段做起来很难，但是你必须一开始就进行自我审查，然后和你的伙伴们一起决定谁是地位更高的那个人。如果你没有指定这个角色，那在公司危急时刻或者面临巨大压力时，别说把事情做好了，仅仅是做一个决策都很困难。最后，最终话语权和投票权得落在一个人身上，并且这个人不管做什么决策，大家都会支持他。总之，你需要一个队长。

不过，队长不一定非要选那个在基金或者业务当中投资最多的人，他可以是技能最优秀、经验最丰富的那个。通常来讲，我们会选择承担最大风险的那位伙伴作为队长。我经常看到一些公司选择新的融资伙伴来做高级业务合作伙伴，最终这些公司都倒闭了。这个选择尽管很困难，但却是维持运行必须要做的。

基金律师会给你一些建议，告诉你如何构建你的伙伴关系，也会提供给你有关管理伙伴关系的文件。你要让你信任的私人律师阅读这些文件，同时也应该建议你的伙伴们这样做。阅读这些文件的人要独立于你们的业务，尽可能不要让基金顾问对这些文件提出个人建议，因为这其中有利益矛盾。因此，最好是让一些与业务不相关的人来审阅，因为他们一定会站在你和你家人需要的那一方，最大程度地保护你的个人利益。

伙伴关系文件应当强调几个重要的问题，包括但不限于伙伴的死亡或残疾以及对其家庭的补偿。每个人都应知道如果真的发生这种情况，伙伴在公司的利益会受到怎样的影响，并且公司该如何补偿他的家庭。这样能使你们安心，防止伴随着这些问题而出现紧张情绪。通常来讲，在刚开始的时候，大家会回避这些问题，因为他们觉得目前公司业务还没运作起来或者还没获得成功，做这些事没多大必要。这是不正确的，处理这些事是必须要做的，并且要把所有事讲清楚。每个人必须得知道其他人的立场。记住，你有责任，所以你必须要负责任。

在你开始处理这些具体事项之前，你需要坐下来决定要投入多少资金用于基金的经营和投资。接着你要拟一个商业计划，大体地说明发起并经营基金组合的成本，你还需要估计预期收益。如果你采用的是简单的固定管理费用和激励费用结构，收益估算就会很简单。把这些合在一起，你就知道了你在财务上投入了多少，风险投资成功的话你又能赚到多少。

生活中，做一件事的方法不止一种。就建立一只对冲基金而言，你有两种方法：靠你自己或者成为某机构的一员。因为我相信大多数人会自己创业，所以先说第一种。如果你打算在一个已有的基金平台上创建基金或者加入某个机构，请跳过下面这几页。

要想自己打拼，你需要制定一个时间轴，详细地列出使业务顺利起步所必须经历的几个阶段。许多主经纪人出版了基金发起的手册和资料，其中大部分都很不错。所有的主经纪人都认为开始必做的事情之一就是找好你的律师、会计师和主经纪人。如果你打算立即建立一支境外基金，你还需要找到一位管理员。不过，法律公司会给你提供这方面的建议，所以你大可将此事往后推迟几周。

我建议你先见几位律师，刚开始的话，3 个就够了。选择这个数目的原因是确保你能够以一个合理的价格来获得最好的服务。记住，对冲基金业务也属于商品交易，你应该像购买商品或者服务一样对待。这意味着你要以一个合理的价格买到优质的服务。如果公司销售的不是你想要的，那么请再找一家看看。

开始着手

在开始这一步之前，我建议你先见 3 名律师以及 3 ~ 4 个主经纪人。首先，要确保他们会做你在做的事，这意味着如果你要做股票交易，那么他们也应该交易股票。在一家仅能得到固定收入的公司工作会浪费你和他们的时间。接着你还要见 3 名会计师。你应该尽量在第一周就完成这几次会面。在周末，你就应该决定你还想再和谁会面、不想再与谁会面以及由谁来运营你的业务。在第二周结束之前，你应该完成这些事情并开展你的工作。

当你见律师时，询问他们谁能承担这项工作，需要花费多少金钱和时间。大多数对冲基金律师在准备相关文件方面很有经验，在 8 ~ 10 周就能准备妥当文书，除非你做的是一些不太常见的业务。至于费用，你应该支付 25 000 ~ 35 000 美元于境内基金，以及额外的 12 000 ~ 15 000 美元于境外基金。一些法律公司收费低，一些收费高，关键是找你喜欢、感觉舒服并且能满足你预算要求的那一家。你需要立即聘请会计师，尽管起初你可能并不会和他们有密切的工作关系，但是你需要他们在定稿前检查文件。这应该会让你花费将近 2 000 美元，但是却十分重要并且值得的。

至于审计费和税费，大公司当前的费用大约是 35 000 美元，而一些小公司的收费从 7 500 美元到 12 500 美元不等。客观来看，无论你选择建立多大规模的公司，这都是一笔巨大的开销。在大多数情况下，审计方面的工作在业务第一年结束时才能完成。这意味着如果在 2012 年 10 月建立基金，那么在 2014 年 1 月才会做审计工作，因为去审计一个只有 3 个月的记录毫无意义。所以，你最好等到你的公司有了一整年的表现后再做审计，这样你就不必聘请会计并且还要多付给他那一年多的工资。然而，如果你从 2012 年 5 月开始建立基金，那么你就要在 2013 年 1 月做审计。这意味着你在开业后 7 个月内就要付给会计师工资。换句话说，你得将一大部分初始资金用于这部分费用。根据有关注册的新规定，新规则可能与基金审计的时间有关。你的基金顾问会给你提供这方面最新的信息。

如果你选好了律师、会计师和主经纪人，你需要解决的下一件事就是寻找一个办公地点，并且开始考虑置办人力和非人力的基础设施。办公地点很重要，因为它能为你提供一个清晰明确的经营业务的基地。你需要决定聘用多少人来开展并运行你的业务，还需要决定是立即聘用他们还是等置办好资产和酬金以后再聘用。

如果你刚开始管理的资产在 1 亿美元以内，那么你和你的伙伴应尽可能包揽大部分的工作以将成本控制在较低的水平。然而，如果你是一个人的话，你得再聘用一个人来帮你。这个人将成为你团队中的重要一员，使你们的未来能走得更顺利。

你需要着手做的大多数事情都是相对容易却十分枯燥的。你应该了解运行机制，以免当你遇到问题时不知道该怎么解决。你可以使用本书后面的指南来帮助你确定需要处理的事项，它能帮你厘清你在发行基金过程中需要做的每一件事情，并且使所有系统运作起来。

如果你有两个以上的伙伴，你可能不需要聘用更多人员了，除非你还不满足。如果你认为业务中的任何工作都不用你来做，或者觉得做这些事情会让你难为情，那你注定会失败。许多人起初是在一个拥有庞大基础设施和人力资源的机构中工作，他们不用特别努力地工作来经营业务。但是对一个创业者来讲，情况并非这样，在任何时候，你都需要把控全局。如果你还没有做好这种准备，我建议你还是维持你的现状吧。

你首先要填补的岗位就是设备管理员。在这一职位上，你要负责找到工作地点，然后把你需要的设备置办进去。在对冲基金行业通常有两种解决办公地点问题的方式：一是利用主经纪人提供的对冲基金酒店，二是自己出去找一个地方。成本和时间不是其中的决定因素，你应该创造一个能让公司不断发展的环境。如果你习惯在一个能容纳许多人互相讨论、交流想法的大环境下工作，那么出去找一家酒店或者从另一家基金或投资管理公司租一块地方工作也是一个不错的选择。如果这不能吸引到你，相反你在没有他人干扰的地方工作效率更高的话，那么找一个只属于你一个人的场所对你来说是再好不过的了。

最终，你应该选择一个你认为能提供给你最舒适的环境并且能让公司不断成长的地点工作，而不是仅仅基于成本高低来决策。

最可能的情况是，考虑到业务的规模，你会选择在对冲基金酒店办公，这样能节省一笔钱。主经纪人会大批购入所需物品，通常会将一些存续派发给在他们那里办公的基金经理。但是要知道，任何东西都是要花钱的。如果你在主经纪人那里办公，你就要和他们进行交易，从他们那里借用一些你暂时短缺的有价证券，然后付给他们一定的租金。尽管你可以与任何人做生意，但是要在他们的柜台办理。

在酒店办公的一个好处是，能帮你节约很多时间，避免置办任何一处房产带来的麻烦。单是这一点，就使得酒店极具吸引力。在酒店里，你需要的东西都在你手边。大多数时候，设备质量很好、很干净并且是全新的。他们提供给你在一天或者两天以内就能起步并且运营起来的能力。如果你自己做这些事，构建这些基础设施会耗费你更多时间和精力。由于你得花费营运资本来支付电脑、家具和其他设备的成本，短期来看相对更加昂贵。

这两种方式都可以。最终的决定要依据你自己的衡量，从主经纪人那里办公得到的收益和自己出去租房的收益哪个更大。你需要对比哪一个办公地点更有利于你的业务开展而且更经济，然后选择一个，放手去做。

需要做的事情

成为一名创业者的问题是你需要制定并执行许多与业务相关的决策，这些决策未必和业务的资金管理相关。你需要解决的问题包括保险、租金、照明、通讯、技术、设备、名片和办公用品，甚至是泡一杯咖啡。这些事情对于资历深的主管们来讲都是很棘手的。

作为一名员工，你更想让其他人为你做这些事，这样你就能空出时间来经营你的业务，但现在这些事都是你工作的一部分了。同时应付这两件事是相当不容易的。对于新的基金经理来讲，最好的方式就是找一个人品好而且靠谱的伙伴做同事，最好他有同你一起工作的经验，了解你的处事风格，并且能融入你新建立的公司文化当中。聘请这个人关键要看他是否能立即承担起责任，而且你必须对他的能力有一定的掌控。更重要的是，你必须要相信你的伙伴能够代表你恰当地执行甚至制定一些决策，这样你就无需过问了。

这些年里，我曾经和一些经理交流过他们是如何将业务做起来的，他们说自己从一开始就犯了一个很大的错误，就是什么事情都自己做。他们都承认自己所擅长的是在市场上赚钱，而不擅长做办公室的后勤工作。这就使他们意识到需要一个人来填补这个空缺，而解决办法就是聘请一名优秀的行政助理。

“我们的基金开始时规模相当小，而且我们认为保持较小的员工规模没有问题。但是我们没有意识到，从业务起步到平稳运营，照顾好日常的方方面面居然要花费这么多时间。”一位基金经理说，“在最初的6个月里，我们在这方面花的时间甚至不少于我们资产规模较少时寻找新投资者花费的时间。这是不应该的。我们本应该聘请一个人来为我们处理这些事，以便使我们专注于管理资产。”

建设你的办公场所会伴随许多争议和分歧。刚开始看起来好像利大于弊，但是你需要靠自己的直觉走下去。

我们的公司也经历过这种情况。尽管我们给自己的办公室装修并启用的过程如噩梦一般，但是最终它还是为我们提供了一个比原来住酒店更舒适更实用的地方。不过，我们决定接下来为了节省时间和成本去酒店办公，把现在这个地方当成一个过渡。

你可以选择在哪里办公，也可以选择搬来搬去，可是不管你的办公场所怎么安排，你都得密切关注你的服务供应商。在这里，我指的是电话公司、互联网服务供应商和电脑维修人员。你得确保他们能在一个合理的时间框架内提供给你所需的一切，来让你的业务运营起来。最好让他们给你一份时间安排，然后强迫他们按时完成。由于服务供应商没有准备好而导致你想做的事情没做成是最令人沮丧的事。因此，你必须知道如果出现问题要修理设备的时候应该打给谁。可别忘了第一章讲的南希·黑文斯的故事。

作为一个创业者，刚开始的时候你总是在服务名单里的最后一个，这是因为总有一些比你更重要的人在同一时间也需要帮助。可能起初你会感到卑微，但是你的公司运营起来之后带来的回报值得这一切。最终你会得到你需要的服务，但要等到服务供应商愿意为你提供服务的时候。

大多数主经纪人会在这方面为你提供帮助，使得交易更加顺利，但是你仍然会觉得困难，而且要花一段时间来适应。就拿服务供应商来说，你得确保两件事：按时支付你的账单，并且立即处理好问题。不管他们是做什么的，你都需要尊重他们。正如那句古老的谚语所说的：“用蜂蜜捉到的蝴蝶，要比用醋捉到的多。”

如果你以你想让他们对待你的方式对待他们，那么你们之间就有了相互的利益关系。你需要做到不苛求、不傲慢。他们不喜欢你那样，因此就不会为你提供服务。这就意味着如果你找不到其他人帮你解决这个问题，你就要一直等下去。你最不想发生的事情就是失去一单生意或者因为惹怒技术人员而失去必要的研究支持，因为这些不应该成为你在开展业务过程中需要担心的事情。

如果你决定要在一个现有的机构中建立你的对冲基金，上述问题就都不存在了。幸运的是，你有多种方式解决这些问题，而且行业正越来越兴盛。

管理人平台

有一种为新兴管理人提供平台的机构叫作多策略对冲基金公司。这些基金组合通常由大量的交易人组成，他们在一个简单的联盟组织下用各种各样的策略和工具进行交易。在大多数情况下，公司会使用风险模型来决定对待不同策略的风险忍受度，然后基于公司整体的风险偏好来增加或减少对交易人的资金分配。如果你在这种环境下工作，你就会成为对冲基金交易人中的中流砥柱。尽管有些基金组织允许交易人在组合中建立他们自己的结构，但大多数并不允许。因此，如果你正打算创立基金并且不想被独立机构附加的条框所干扰，那这是一条好路子。在机构内工作，基金经理可以获得内部和外部投资者的资金来源。不过当你在机构里工作时，你就不能出去自己干了。然而，这样也能获得一定报酬。

对于对冲基金经理来讲，另一个机会是在私人 FOF 的机构里工作。在这种情况下，你作为一名基金经理，要为公司进行交易。作为回报，公司在外面会帮你筹集资金，并且为你安排好所有业务的行政工作。最后，你需要分配收益，大多时候，你和公司是七三分的。不过也有情况，你能分配到更多的利益，如果是我的话，我可能会八二分，但是一般来说公司会要求不低于七三分。大多数公司喜欢这么做，因为这能维持他们较低的成本，且能在投入很少的情况下为潜在的投资者提供更多产品。你通常会在以下两种基金组合当中进行选择：成为 FOF 或多策略基金的一员，或者加入他们的独立基金。不管是哪种情况，你要做的都是通过交易获取资金然后收取费用，这能给你和你的基金都带来收益。然而，你要警惕出现问题的情况，这样的话你们两方都会陷入麻烦当中。你不要完全依赖管理人的营销团队来为你筹资，因为并不是你创立了基金之后一切都会随之而来。可以肯定的是：如果你有一些优质基金以及稳健的策略，而营销团队并没有带来资金，那你一定会非常失望。

在过去的几年里，我曾听到许多人讲他们在上述情境下工作产生的挫败感。他们也不能理解为什么赚不到钱。

“我们各司其职，”一位来自一家大型多策略基金平台的经理人说，“而他们除了提出一个接一个因为我们的错误而赚不到钱的原因，一件实事也没做。这完全是一场灾难。在用完我们的营运资本以后，我们决定解除关系，因为很明显，他们不能再为我们的成长提供任何帮助。”

任何时候都要谨慎、有认知能力并且保持警觉，这样长期来讲能给你减少很多麻烦。

第三种选择是去提供对冲基金交易平台的贸易商行或者投资公司。自从科技股泡沫破裂之后，交易平台得到了飞速发展，许多贸易商行进行自身改造，为新兴的对冲基金经理提供服务。机构投资者注意到有许多这类公司取得了成功，于是他们也开始提供类似的服务，使得更多基金管理人起步并成长起来。许多这样的公司开始涌现，然而到 2009 年年末和 2010 年年初，他们停止了对新兴管理人的支持。因为他们都意识到应该把重点放在现有管理人身上，而帮助新兴管理人对他们来讲风险太大了。在 2011 年，有一些投资者又开始关注新兴管理人，但是就像那个时期在华尔街找工作的人一样，管理人寻找的机构投资远多于投资者愿意提供的投资。投资并没有固定的结构或者方式，交易也有不同的形式和规模。业务交易可以是在投资人给你提供种子资金并利用他们的交易平台的情况下帮助你完成的。你可以不在他们的办公室工作，但可以和私人交易员交流想法，也可以利用他们来增加你的订单量。在某些时候，管理人需要同时管理自己的基金资产和公司的资产，这能为你提供一笔可观的额外收入。在这种贸易商行工作和在对冲基金酒店工作差不多。只不过，你得放弃一些自主权。

还有一个许多人用来让他们的业务起步的方式是和种子公司合作。种子公司一直在寻找合适的被投资者，然后从资金池中给他们提供启动资金。在大多数情况下，投资者会在你的公司里占据一部分权益，并且随着公司的成长，他们需要保证在你的公司有一定的权利。这些公司和各种策略的基金都有合作，而且提供给他们 100 万 ~ 5 000 万美元不等的资金。这样的投资者也有不同的形式和规模，包括保险公司、大型对冲基金以及大型投资公司，甚至连养老保险都打算进入这一行业。行业呈上升趋势，这对于多数正在寻求资金开展业务的新兴管理人来讲是一个非常好的机会。

如果你对本章提到的投资者或者其他平台感兴趣并想有更多的了解，欢迎把你的问题发到我的电子邮箱 das@ hedgeanswers. com。我会提供给你愿意进行这类交易的机构信息，且会对任何与此行业相关的具体问题进行解答。

本章提供了在对冲基金业务起步过程中需要了解的方面和一些指导。但是，进入对冲基金行业之前、之中和之后仍然会有很多的问题，你需要自己去找一些好的资源来解决问题。我们公司的会计师总能在专业的角度给我最好的答案，不管遇到什么麻烦或者问题，他总是能给我一些好的、可靠的、战略性的建议，并且为我提供能做出最好决策的资源。遗憾的是，大多数律师不是商人，因此他们通常不擅长从公司的商业角度给出建议。然而，他们总能使你摆脱麻烦，在你出现错误的时候提醒你。明智地使用这两种关系，你就能发现大多数答案。剩下的答案需要你在前进过程中寻找，这是你学习业务的唯一方式。

第九章

感知与现实

今天是你余生中的第一天，“接下来干什么呢?”

这应该是你决定开始对冲基金业务后面临的第一个问题。这项业务让我们感到既刺激又兴奋。没错！就是这个感觉！你已经挣脱了公司的约束，你可以肆意妄为！真是个大好时光！你将要开始一段狂野而又刺激的旅行，你将要乘着火箭，或是奔月，或是坠入沙漠。你是少数天之骄子中的一员，众多追梦者中的一员，也是创业者中的一员。剩下的就只是去开展一项成功的业务。这是个大工程，但这的确可以完成。在这个过程中，你将会面临起起落落，但请不要害怕，抬起头，拍拍身上的尘土，继续向前。

当走出公司，你需要保证你有积极的心态并专注于你的事业。要相信你的选择，并为你的冒险尝试感到自豪，但你要清楚这些自信和自豪既不会为你埋单，也不会经营你的业务。你需要集中注意力把工作开展起来并且制定一个计划，这个计划会带你走向成功，而且更加重要的是，它会回答我们的问题：“接下来干什么呢?”

在对冲基金业务中，每天都是你余生中的第一天。自己的表现不好吗？不要担心。你可以明天做好！募集不来资产吗？明天或后天你就会找到一个成功的办法。只要你一直开动脑筋思考，你早晚会成功的！不要灰心丧气，因为这将会导致你失去工作热情。失去热情会让人沮丧，沮丧又会让人失败。

但是不要犯重复性错误，要从以前的错误中吸取教训提升自己。如果一些事情行不通，试试其他办法吧！不要被困难束缚，要设法战胜它，继续前行！

第一天

你需要做的第一件事情就是不要相信“只要创立了，一切都会随之而来”的理论，这种情况只会出现在电影中。把这句话读 25 遍以上，一定要记住它。当压力来袭时，你唯一能走向成功的方法就是努力工作，追求你的事业。如果只是被动地等别人来找你，你就输了！只懂得期待的人是傻瓜。要是你不信前面的话，麻烦你不要往下读这本书了，去看报纸的分类广告找一份工作吧。

虽然努力工作不能保证一定会成功，但也不意味着就会失败。努力仅仅能说明你是个非常努力的人。成功的秘诀不仅在于努力工作，还要聪明地工作。既努力又聪明，你就离成功越来越近了。

通常进入对冲基金行业时，人们常常会因为想一些事情而使自己忽视了更为重要的事情。他们在想他们将会赚多少钱，将乘什么样的游艇出航，将拥有多大的房子，将获得什么样的艺术珍宝，将捐助多少钱给慈善机构以展示他们的成功，将拥有什么样的车。正是因为常常想这些事情才会让他们失败。相反地，你需要把精力放在 3 件事情上：筹集资产、管理资产以及成功地经营业务。你需要保证你配备好了人员、系统和相应的基础设施，能够让设备顺利且高效地运行起来。忘记那些奢侈品吧！时间会成全它们。相反，你需要把精力放在如何成功地经营好自己的业务上面。

奥利弗·斯通（Oliver Stone）执导的电影《华尔街》中卢·曼海姆（Lou Mannheim）的扮演者哈尔·霍尔布鲁克（Hal Holbrook）在得到内部消息后，对查理·希恩（Charlie Sheen）饰演的巴德·福克斯（Bud Fox）说：“急功近利的基金经理只往来于牛市中，而发挥稳定的人还能安然度过熊市。”①

这正是你想要做的。你要成为一个做事持久的稳健者。不要把时间浪费在无关紧要的事情上，取而代之，你应该着眼于手头的工作，那就是建立你自己的公司。大多数人开展业务并没有从一开始就想着自己将因努力而变得多么富有，想的是自己擅长这项业务并且可以成功地做好，这样他们才会有时间去做他们一直想做的事情。

如果你去问雷·克拉克（Ray Kroc）、沃伦·巴菲特或是任何一个成功人士他们创业时的想法，我相信他们会说，他们一开始并没有想要使人们就餐的方式发生革命性的变化，也没有想要为全世界的投资者设定一个基准。我相信他们会说他们当时只是有一个想法，他们对自己有信心而且愿意朝着这个方向继续走下去。这就是你作为对冲基金经理要做的事情。

我认为成功的对冲基金管理除了要有较高的资产管理水平以及可靠的基础设施外，还应该包括坚持己见、随机应变以及听取别人意见这三个方面。你不用克制自我意识。将近有一万人基本上都在向同一些人销售自己的产品，而你和这一万人是一样的。但你有一点不同，那就是你比他们都要优秀，你比他们做得更快、更好，而且比他们更聪明，同时你也想向全世界证明这一点。在这一行业中，自我主义是好事。

自我主义的重要性

那些不克制自我意识的基金经理最终成为了那些成功并名列前茅的人，而那些克制自我的人后来都失败了，并且以守株待兔为结局。记住：只是眼巴巴望着锅，水是不会开的。这是一场你死我活

① 资料来源：Stanley Weiser and Oliver Stone，*Wall Street*，third draft，April 23，1987，from http://sfy. ru/sfy. html? script = wall_street。

的战斗。那么问题就是：你准备好战斗了吗？

我知道有些人正坐在家中边读着这本书边质疑我的理论，他们认为我的理论不是正确的工作方法。让我来告诉你一些事情：询问你身边的对冲基金经理，问他们是否认为自己在圈子内是最优秀的。那些给出否定回答的人一定不是你想投资或模仿的人。而对于那些给出肯定回答的人，你肯定会想投资或是把他们作为学习的榜样。

这可能有点颠覆我们以往的世界观。这就是为什么一些对冲基金经理失败而另一些却成功了的原因。如果基金经理非常自我或是爱跟别人寻衅吵架，那他们可能很难看清事实和未来的发展趋势。对一些人来说，这可能是个问题。但事实上，当你身处资本市场寻找资产并管理资金时，你却恰恰要这样去做。

- 你要相信你是全世界最优秀的基金经理。
- 你要相信你可以在别人之前先找出最好和最差的股票。
- 你要相信你比任何人都了解收益率曲线，比任何人都了解低买高卖获利的价值。
- 你要坚信你是最棒的，你将和其他优秀的基金经理一起进入名人纪念馆。

如果你不相信你有更吸引人的策略或是更好的解决问题的方法，你就会失败。写这本书的目的就是为了让你了解在对冲基金领域获得成功所需的一些步骤和工具。后面将会讲一些具体的干货，而这一章我们来讲一些思想方面的东西。这将会有助于你理解怎样获得成功，成功来自哪里，以及如何成为行业中的赢家。

在对冲基金行业中，成功取决于一件事：你和投资者以及潜在投资者交流的能力，也就是你在市场中挖掘机会并从中赚钱的能力。这是你从现在开始做任何事的关键。它将是你提交相关资料和市场营销报告的主旨，它甚至贯穿在你今后每一次谈话的始终。你的成功全在于挖掘市场中的机会和你从中获利的能力。在这里你需要回答一个问题：你有这样的能力吗？

你的回答肯定是：有！为什么我会这么说？因为如果你认为自己没有这样的能力，你也就不会读这本书了。你肯买下这本书就证明你至少有成功的创业精神的基本条件，那就是好奇心。前方的道路将会非常艰难，但你一定能够一直走下去。在过去的 12 年中的大部分时间里，我写了一些对冲基金和投资管理方面的书，这些书被广泛阅读而且深受读者喜爱，这对于我来讲意义重大。然而，每年让我感到兴奋并决定创作新书的正是我的读者们。我喜欢读者们给我的反馈。我在每个月平均会收到十几个问题，这些问题来自那些对于发行和管理基金有问题的读者们。我总是尽我最大的努力给他们解答，或是给他们一个能够解决问题的途径。尽管我也爱听溢美之词，但最让我激动的是读者们对于对冲基金浓烈的兴趣。每一位读者都对如何管理资金以及规划生活充满热情。这种热情会催生出成功。作为这本书的读者，你要有这份热情；你要寻找并利用好这份热情来获得成功。

行动计划

你需要做的第一件事情就是制订一个行动计划，这会为你开展业务提供一幅蓝图。这幅蓝图不能写在石头上，它必须是一份便携的文件，以便于你能知道你的最终目的地以及如何到达那里。整个行动计划大约为 12 周时间，在这期间你需要和你的律师进行第一轮谈话然后建立并运营这只基金。你要设置一个合理的时间框架并按计划行事。这幅蓝图会使你集中注意力，而且会指导你完成整个过程。作为欢迎手册的一部分，一些律师和主经纪人会在一开始就提供给你时间表和指导手册。你会发现这些材料在发行基金时是非常实用的。

你最好从决定你的资本需求以及基金来源开始着手。除非你已经获得了种子资金，否则你和你的合作伙伴要面对的问题全都关乎资金。这是一个保证每个人都诚实和积极的好方法，然而，这可能会造成你和你的合作伙伴严重的财物流失，因此在开始之前你可能会想要评估一下自己的个人需求、预期，而且要确保自己不会陷入困境。如果你没有必要的金融资产可以保证你的基金顺利创建并运行，那首先就不要开始做这件事。你要确保你有足够的资金创建一只基金，并且你和你的合伙人有大量的银行存款能够支持你们至少一年的生活费用。

一旦你解决了资本问题，下一步就是要选择一位律师、一位会计师和一位主经纪人。他们将会让你洞悉这个行业的方方面面，并帮助你完成基础设施建设，顺利开展业务。在面试阶段，你要告诉所有人你非常了解这个行业并懂得如何管理基金。你需要集中精力将投资者的名单和目前的联系方式整合起来，以确保在创建基金时有一些可供管理的资产。

这里的关键是要集中精力，花时间去规划，并且按照你的计划行事。在基金的筹备和发行阶段，很多新兴的对冲基金经理忽视了投资者。没有比潜在投资者名单更重要的东西了。你每天出门上班前都应该有可以聊业务的客户和可供管理的资金。你要记得一定要在基金创建的一开始就在投资者名单和市场营销上下功夫。无论多早开始做这件事都不为过。早开始做这件事你日后就不会后悔。

我以三个案例来说明我对于对冲基金初始阶段的一些看法，这三个例子中，有一个是失败的案例，另外两个是成功的案例。这里研究的每一个案例中，他们本人的初衷都是好的，他们知道如何在市场中交易、赚钱，如何获得成功。然而，就像我们接下来要学习的，他们用不同的办法解决融资问题并开展业务：第一位决定和童年好友在家里开展基金业务；第二位决定和财务投资者一起开展基金业务；第三位用他之前在华尔街取得成功所积累的财富独自创立了基金，并找到了一位种子合伙人。

案例一

失败的基金经理

第一个故事发生在美国波士顿以南 48 英里外的小镇上，这个故事的主人公是一个曾经为华尔街很多大型经纪公司做过大笔股票交易的基金经理，并且建立了很好的声望。不久后，他在利用自己和公司的资本每天进行市场操作的过程中形成了自己的一套理论，随后为公司和自己赚了一大笔钱。几年后，他决定将他积累的经验应用于对冲基金。

这位经理汤姆和他的高中好友查理成了合作伙伴。汤姆相信查理将会成为一位优秀的首席执行官或者首席财务官，帮助他建立并运营业务。这样一来汤姆就能专注于股票交易和投资组合管理。为了避免每天往返于波士顿，汤姆决定空出他的一间屋子改造成办公室。相比于租间房再从毛坯房开始改造，这样做装修过程能更好、更便宜、更有效率地完成。过一阵子，他关掉了旁边的一个露天平台又盖了一间屋子。业务的运行情况似乎与其他新兴管理人在更为传统的办公室的情况没什么不同，他的办公室也有电话、传真机和彭博系统。所有用于交易和管理资金的东西基本上都伸手可得。这使得汤姆可以在起床几分钟后就能来到办公室，坐在办公桌前。

在家办公既有好处，也有坏处。好处在于他可以和家人共同度过简单而又平静的生活。坏处则是投资者往往觉得他很业余，这使得他很难筹资。

汤姆用他自己150万美元的自有资金，以及从亲戚朋友那里筹集到的资金，就这样开始了他的创业。后来查理加入时又投入了自己100万美元的自有资金。到基金发行的时候，汤姆管理下的资产已经有300万美元了。基金创建初期，与他们合作的都是业内知名且深受好评的服务供应商，主经纪人是高盛集团（Goldman Sachs），审计师是GGK，法律顾问是Bingham。无论市场对于他们的看法如何，他们确实是以一个严肃的态度对待这项业务的，从他们对于服务供应商的选择上就能反映出这一点。

在基金刚运作的半年时间里，一切都运行得很好。第一年，这只基金承受住了市场波动的考验并且取得了不错的业绩。第二年，汤姆将投资组合管理得不错并且也取得了很好的业绩。但可惜的是，这时就算汤姆的业绩表现出色也无法再吸引到新的投资。虽然很多FOF和投资者似乎对他的介绍很感兴趣，也对他的业绩很满意，但是在进行尽职调查时，他们无法接受汤姆在家工作这一点。他们不认同汤姆本人及他的工作，认为他对于经营业务并不严肃认真，所以不想投资。

汤姆一开始觉得只要投资者看到他的历史业绩，就会忽视他在家办公的事情从而相信他。但可惜，事实并非如此。

“我原以为大家会关注我的业绩，从而看到我的基金不断地在成长，从一件事看到另一件事，最终会因为我的业绩表现而选择投资，”汤姆说，“但事实并非如此。我一直期望大家的想法会改变，不再关注我在家办公这一点，而只关注我的业绩。”

3年后，他宣布离职。这段时间他仅仅筹集到了200万~300万美元，这些钱还不足以养家糊口。现在汤姆在波士顿的一家主经纪人机构从事机构销售工作。

这个案例的问题在于汤姆想要鱼与熊掌兼得。他喜欢在家办公，喜欢看着孩子去上学，然后等晚上孩子们放学回家时能和他们打招呼，喜欢春夏的时候去观看一个儿子的棒球赛，秋天去看另一个儿子的足球赛，他很开心能够参与到孩子们的生活中。他喜欢和家人聚餐，辅导孩子们做作业，哄孩子们睡觉，和妻子看一会儿电视再回到家里的办公室工作几个小时，在家里的办公室他需要的东西可以信手拈来。但问题是，他这样赚不到钱。

另一个问题是他太信任查理了。查理在基金业务和资产管理方面几乎没有经验，只有交易员的经验，他曾在一个大型机构经纪公司做了很长时间的交易员，只懂得如何安排交易，并且每天下班前确认交易记录都登记在册而且账目正确无误。但是他并不了解如何处理基础设施问题，而基础设施正是对冲基金业务的核心所在，其他问题都是围绕着它而展开的。运行基金业务需要一个人每天每时每刻处理这些事情，而查理并不能胜任。不用说也知道，汤姆对于经营结果和他的好朋友非常失望。

然而，汤姆的失望归于三点。第一点是他在市场波动最强烈的时期里仍然能够获得成功，但没有人关注。第二点是尽管在华尔街以及周边有一些联系人，却没有能够成功融资。最后一点是他所期望能够创建、安置并且运行基础设施，和他一起开展业务的人没能做好应该做的事情。

在受挫了3年后，他开始思考要做些什么来解决这些问题。但可惜的是，他认为基金再做下去也没有意义和价值了，而最好的选择就是放弃。但问题是他不能立马就关门大吉。在决定结束业务后，他又工作了一年对业务进行了收尾。

当他把资产归还给投资者时，他也把自己的自豪感归还了回去。那些投资者都因为汤姆而赚了一大笔钱。在汤姆作为一名独立的基金经理的任职期间，他选择了很多优质股票，为投资者赚了不少钱。他创造了这一切，但是没有人再回来。

回头看这一段经历，汤姆告诉我他真正的问题不是因为在家里办公，而是他没有种子投资者能给他投资一大笔资金。“如果我有1 000万或者2 000万美元，其他投资者就不会在意我在家办公的事情了。”他说，“他们会知道我管理着非常多的资金，也会对我的投资感兴趣，而办公室在哪里就无所谓了。”

除了没有种子投资者，另一个错误是汤姆聘请了自己的朋友。事实上，他说这是他这辈子犯下的最大的错误。“回头想想，聘请查理真的不是明智的决定。我早就知道如今会这样，然而我还是没有挂在心上。”他说，“我当初真应该聘请一个我不熟的人，更重要的是，我应该聘请一个有这方面经验的人而不是依靠一个让我觉得一起共事会觉得有意思的人。”

对于在家管理基金这一点，他并不认为是错的。他觉得在家办公非常棒，这使得他可以过上高质量的生活，而这是在华尔街工作以及其他从事对冲基金的人们所享受不到的。

他说一点都不后悔没能继续经营下去甚至发展成为想象中的大型机构。他觉得他关门大吉是正确的，因为作为一个创业者要承受太大压力，以致他的表现也会受到影响。

“投资者使我做出了正确的选择，这才是最重要的。”他说，“在错误中吸取教训将会使我更加成功，等时机成熟我会再次回到我事业的正轨。总有一天，我会再次创设基金。虽然要等上一段时间，但这次我一定会做得更长久。”

案例二

理解自己的角色

这个故事有两个主人公：一位市场营销者和一位投资管理者。市场营销者完全不懂管理资金，而投资管理者也完全不懂如何筹资，于是他们组成了最佳拍档。

他们两人在一家机构经纪公司工作了很多年，慢慢成为了朋友。市场营销者在很多大型经纪公司工作过，发展了一些深厚、固定的人脉，而且都是大公司的高管人员。投资管理者曾在财政部工作过，后来又就职于大型养老保险公司，曾管理着大量的资产。在工作的前几年，他花了很多时间做经济研究并且学习关于利率、货币供给和市场的知识。就职于大型养老保险的几年中，他管理着大量的固定收益证券的投资组合。再后来，他在经纪公司得到了一个职位，并且负责管理公司和客户的资产。同在华尔街工作的他们仿佛是受到命运的安排，后来在同一家经纪公司工作并迅速成了好朋友。他们共同工作了几年后，公司被一家大型国有银行收购，他们被迫离开了。于是他们决定找一份不会被解雇的工作，即决定创建一只对冲基金。

他们知道以他们的状况还不足以立足于华尔街。也就是说，他们没有足够的资金去创建一只基金，也没有足够的资金去开展业务。因此，他们需要一个投资合伙人。他们决定利用市场营销者与一些正在寻找创业机会的人们之间的一些关系，吸引这些人入伙完成种子投资。

两个人制订了一份商业计划，在计划中详细地说明了市场中的机会、投资者的优势以及他们两个人的优势，也包括了策略的假设性例子并提供了模拟的业绩数据。他们带着这份计划书打入市场，并向大家传达了清楚简明的信息和投资目标。通过人际关系，一个位于洛杉矶的小型家族办公室愿意成为他们的投资合伙人并且为他们提供金融支持。至此，他们的团队包括那位市场营销者、那位投资管理者和一个为他们提供财务和基础设施支持的家族办公室。这个团队共同发展这项业务，并在短短 3 个月内就创建了他们的对冲基金。

他们建立起业务之后做的第一件事情就是立刻实施他们的投资

策略。他们开始于500万美元的资产，主要来自三个合伙人以及一些外部投资者，从创立之后的第一天就开始交易。

“我们认为最重要的是让一切运行起来。”投资经理说，“我们不想再等下去，所以我们从第一天开始就开户交易。哪怕只有1美元，我们也要开始做。资产多少不重要，我们需要的是建立一个业绩记录。”

由于家族办公室的参与，市场营销人员和投资经理可以集中精力在他们各自的职责上，然后让另一位合伙人负责公司运营的工作。家族办公室提供的营运资本用于支付给律师、会计师和其他基金成立之初所需的费用。更重要的是，家族办公室提供给这个团队运营公司以及基础设施所需要的营运资本，并且在基金成立时支付了薪酬。

三个人同步运作、各司其职，共同为基金的运作而努力。

一开始，筹资是困难的。很多人，尤其是机构投资者，觉得市场营销者和家族办公室对对冲基金并不感兴趣，有太多的外部利益分散他们在对冲基金中投入的时间。

“很多人质疑我们的工作。”市场营销者说，“这是让人非常沮丧的。我们去做一些宣传，解释我们的策略，告诉投资者我们的业绩和设想。投资者会感到兴奋，但突然会质疑我们是否是认真的，然后我们就要花上半个小时试图说服他们，让他们相信我们确实是在集中精力做好基金并且会将其他利益放在一边。”

不管怎么样，业绩变好了，第二年基金开始吸引大批资产，很多投资者都投资到他们的基金中。起初的500万美元在第二年年末就变成了5 000万美元。从那以后，事情的进展越加顺利。在过去的两年半时间里，公司的资产水平已经到了3.5亿美元。这三位合伙人取得成功的原因有3个方面：

1. 他们确定了各自的日常职责。

2. 他们有足够的资金支持以保证财务上没有任何压力。

3. 他们一直坚持实施他们的投资策略。

精力集中、实施一致的投资策略以及拥有充足的资金经受住风暴，这3点使得他们成为了成功的基金经理。“我们能够开展业务是基于重视这3件事情，”投资经理说，“更重要的是，我们不忘初心，坚持执行我们最初的计划。”

他们在对冲基金中取得成功与你在其他行业中取得成功是一样的，他们不是消极地守株待兔，而是积极地努力让事情顺利进展并为他们所用。

“我们明确我们各自的职责，根据真实数据做了真实预算，制订了可以让我们取得成功的计划。”市场营销者说，“我们始终不忘初心、持之以恒。我们聘请了更多的员工，分担给他们一些职责。但我们始终清楚我们的立场、我们的目标是什么，并且一直集中精力去实现我们的目标。”

我预测，在年末，这只基金将管理超10亿美元的资产。基金的业绩优秀、管理稳定、策略简明易懂，一切都是可行的。在过去的几年里，三位合伙人聘请了更多人员帮助他们更有效率地管理资产、运营业务。他们之中新增加了一位首席运营官，负责管理客户关系和业务在运营中的方方面面。他们还增加了一位分析师，帮助投资经理制定投资策略。还有一位办公室助理，主管公司的行政管理。现在的队伍中已经共有6人了。这个基金运行得非常成功，很多投资者和潜在投资者都看好它。对冲基金的投资者都在寻找走势强劲、成熟的基金公司，能够提供在任何市场条件下都能表现出色并获得稳定收益的基金。当他们看到这只基金时，上述条件完全具备。因此，这只基金迅速吸引了大量的投资而壮大。

案例三

基金经理和种子投资者

这个故事的主人公是一个受人尊敬的聪明的投资者，他从哈佛商学院毕业后的10年里一直在从事资金管理。他在帮助很多资金经理赚了一大笔钱后，觉得是时候大展身手开展自己的业务了。准备开始时，他聘请了一位优秀的律师，一位优秀的主经纪人，一家知名对冲基金会计师事务所，以及一位优秀的管理人员。他与这四位服务提供者在纽约曼哈顿市中心开了一间小的办公室，并很快就开始了基金业务。

遗憾的是，在第一年运营业务的过程中，他没有能筹集到任何资产，也没得到任何增长动力。他的情况一成不变。但故事并不止如此。他找不到对他所做的事业感兴趣的人，所以他决定花时间寻找一位种子投资者，这个人能给他一大笔资金，对于他的事业能有所帮助。要知道筹集不到钱是多么难过、沮丧、不安。

“很明显，一开始我丝毫不懂如何筹资、如何运作对冲基金。”这位叫作麦克的基金经理说，“过了一段时间，我发现我已经全身心投入业务中，而且已经获得一些投资，所以我决定再到亲戚朋友那里尽可能筹集到更多的资金，接下来的时间就可以创造基金业绩记录了，我相信这之后能在市场上筹集到更多的资金。”

麦克做的第一件事就是聘用一位分析师，这位分析师曾和麦克一起做过资产管理，所以熟悉麦克的投资理念和策略。然而，他并不是把这位分析师仅仅当成一位雇员，而是让他成为了初级合伙人。在遇见麦克后，这位分析师认识到他们需要保证基金的良好业绩，而且知道自己负责做研究工作，去发现新想法，并关注运营基金的日常细节。麦克的策略核心是对投资组合中的目标公司进行深入地研究和追踪。

“我们非常努力地发掘信息中的精髓并转化为我们的想法。”麦克的合伙人埃里克说，“我的工作不仅是帮助麦克做好他的事情，也要独立地寻找好的想法并应用到投资组合中。一开始，我既是厨师又是杂役，这意味着我要负责公司运营日常的方方面面。”

麦克认为如果基金业绩表现好，资产就会随之而来。“人们唯一关注的就是你是否能够实现良好的业绩。”他说，“所以我们非常努力地提高我们的业绩。虽然这样听起来有点傻，因为很多人只满足于中等水平的业绩，但我们并不是。”

两个人花费了大量的时间构建了一个无论市场状况如何都表现不错的投资组合。他们收购便宜的企业并且做空存在欺骗行为的企业的股价。他们的故事就是这样，利用投资组合实现自己的目标。基金第一年的运营情况还算不错，他们两个人实现了优秀的业绩，使得大家开始关注他们。

在第二年，他们发现业绩不能再引来投资，筹集资金变得越来越困难。麦克决定学习哈佛商学院一位校友的模式。他尽可能多地与人交流，并努力在他们之中寻找投资者。他扩展交际网以挖掘一位种子投资者。

“我们和全美国乃至全世界范围内很多不同的人交谈，包括知名的、不知名的、有名望的、没名望的投资经理，我们的交谈从未停止过。”他说，“我们和每一个我们认为有可能成为种子投资者的人会面，但最后达成合作的却是所有人都没想到的一家公司。”

麦克创立了一只备受推崇的大型对冲基金，管理500万美元的资产，如果他能证明自己的实力，将会获得投资者承诺的另外1 500万美元的投资。这家对冲基金正在扩展研究范围，扩充分析工具。他们知道重新开始建立对冲基金，将会带来新的投资管理人才和新想法，这也许会成为公司投资组合的一部分。

“他们投资我们的基金是因为他们相信我们不止能管理好他们的资产，还能对他们的资产组合提供意见。”麦克说，“最终的结果是我们和客户是双赢的。我们受到了资金雄厚的投资者在资金上的支持来构建业务，同时我们也给他们带来了好的想法，帮助他们更好地构建资产组合。”

一开始，这些种子投资者带来了500万美元，基金管理的资产一下子从150万美元跃升到了650万美元。应该说一开始的这500万美元只是投资者的试水，一旦麦克和埃里克证明了他们的实力，这些种子投资者会再追加投资1 500万美元，基金资产就会超过2 500万美元。这2 500万美元将会引发潜在投资者的兴趣，他们会看到这只基金强劲的业绩表现，而此时基金也就实现了自己的策略。慢慢地，资产就开始不断流入。不到5年的时间，这只基金管理的资产就由100万美元增加到超过1亿美元。

“我们所做的就是履行我们之前说的做法，即采用一种非常有价值的多/空策略来获得收益，对于存在欺骗问题的公司进行浑水式做空。”麦克说，“我们借鉴了本杰明·格雷厄姆（Benjamin Graham）、沃伦·巴菲特、斯科特·布莱克（Scott Black）的成功经验，不管市场如何变化，我们每天都在做同样的事情。”

麦克和埃里克通过吸取成功人士的经验成功地运营了他们的基金。他们知道基金管理并非易事，他们也知道建立业务需要借助他人的帮助。谢天谢地，他们最终找到了种子投资者使得基金得以开始运营并步入正轨。

作为基金经理，你的工作就是要确定什么可以使你建立一项成功的业务。做到这件事的唯一办法就是制订以及实施一个合理可靠的商业计划。这份计划应使你建立的业务经得起时间和市场的考验，并给你、你的合伙人以及你的投资者们带来收益。这就是你的工作。

我希望在前面的几章里你已经学会了如何着手、如何发行你的基金，以及如何经营你的业务。我将开始告诉你如何去建立基金，怎样判断资产来自哪个市场，以及建立业务时该怎样做出决定。这就是这本书的意图。如果你对你所读到的有任何的疑问，请给我发邮件，邮箱地址是 das@ hedgeanswers. com。我将很高兴回答你的问题。

对冲基金的前途是光明的，因为很多聪明人开始意识到在市场中赚钱的唯一方法就是提供给投资者合适的金融工具，就像他们箭袋里面的箭。能做到这一点的唯一办法就是根据市场的走势做多或者做空。对冲基金提供给基金经理一种在任何市场条件下建立投资组合结构的工具。无论市场是牛市还是熊市，投资者都需要获得可观的收益。对冲基金是唯一一种能达到这些目标的投资方式。你已经知道未来有可能随着市场行情做多或者做空。这将成为你的旅行，在旅途中你将建立一个周密并且运行良好的组织，最终取得成功。

附录A　对冲基金的诉讼

斯科特·伯曼

> 斯科特·伯曼（Scott M. Berman）是 Friedman Kaplan Seiler & Adelman LLP 在纽约的合伙人，代表了大量投资者，包括在证券欺诈诉讼中所涉及的对冲基金、审计师、管理员、机构经纪商和其他专业人士（如 Madoff feeder funds、Lancer、Beacon Hill、Lipper、Livingston、Granite 和 Manhattan）。他还代表对冲基金的破产受益人和清算人［如 Carlyle Capital Corporation Limited（正在清算中）和 Beacon Hill］，以及在破产和破产清算程序中（如 Bayou、Wood River）、其他事项（如 Amaranth）中的对冲基金投资者。除了他的诉讼实践，伯曼还是对冲基金、FOF 和投资经理的法律顾问。他的话经常被引用在与对冲基金有关的问题的财经媒体上。

介　绍

对冲基金行业，和所有的行业一样，都会产生商业雇佣纠纷。

① 作者斯科特·伯曼特别感谢 Friedman Kaplan Seiler & Adelman 公司的助理罗伯特·兰迪（Robert S. Landy）在准备本附录中所提供的帮助。

然而，对冲基金产生纠纷和诉讼的地方对于他们的基金经理、投资者和服务提供者来说更具体。当一只对冲基金崩溃时，投资者、收款人或者《美国破产法》第11章所说的破产受托人、SEC、CFTC、基金自己或者投资经理都可能提出诉讼。诉讼也可能反对这些基金、基金的投资经理、审计管理员、主经纪人、在破产之前赎回份额的投资者和交易对手方。此外，美国联邦法院、州法院、外国法院或仲裁也可以提起诉讼。

尽管对冲基金的经理、投资者和服务供应商遇到了无数的问题和纠纷，但很少能受到公众的重视。每年有上百个（或许上千个）基金关门，它们中的大多数我们都没有听过，因为它们进行了有序的清算，或者在清算过程中投资者的大部分资金都回来了。

然而，在过去的20年里，某些对冲基金和它们的经理没有能在声名狼藉中让自己脱颖而出，来吸引市场、金融出版社、SEC、CFTC以及美国国会的注意力，而如果它们损失了足够多的钱，就会出现在财经媒体页面的前端。在这些对冲基金的失败案例中，一些共同的主题在诉讼中出现了。诉讼有许多变化，然而，对冲基金的诉讼往往类似于以下3个原型中的一个或多个：

经理欺诈诉讼：对冲基金经理的欺诈讼诉通常涉及以下3个基本事实场景：（1）基金价值欺诈性报告或“估值欺诈”；（2）在基金的营销材料中，对投资者和潜在投资者所做的描述与基金管理策略相冲突（我将其称为“策略欺诈”）①；（3）纯粹的庞氏骗局。

1. 价值诈骗案件往往涉及这类基金，它们以合法的交易和估值开始，而当基金经理开始隐藏损失时就变成了欺诈。在以下这些情

① “策略欺诈”这个词是用来形容一个基金经理故意背离基金宣传策略。基金投资的“风格漂移”可能是无意的，但却能增加过失索赔。

况下可以快速发展成为庞氏骗局：基金经理被迫支付赎回投资者的资产净值，并且必须使用其他投资者的投入资本。[①] 为了向投资者或潜在投资者报告欺诈价值，基金经理必须伪造财务报表（包括有说服力的审计师和行政管理人依靠该基金投资组合中头寸的膨胀价值）或必须基于看似独立的来源来参与操纵交易并创造膨胀的价值。

2. 当一个基金经理故意不再像《招股说明书》上的投资策略所描述的那样来投资时，策略欺诈案件就发生了。基金发行时的宣传材料中会体现出多样化，采取集中度方面的限制，或者明确承诺避免基金经理孤注一掷的投资行为所带来的风险借口，比如利率波动。此外，策略欺诈经常和价值欺诈同时发生。这时，基金经理开始隐瞒在宣传策略中的投资损失（因此就会错误地暗示投资者这个策略是成功的），然后就卷入了策略欺诈，开始积极地寻找大量且快速增长的收益以摆脱危险。当基金经理秘密实施的“B 计划”失败了，就会导致更进一步的损失，而基金一旦进入向下的漩涡时，更普遍的估值欺诈就会发生。在此期间如果出现赎回，问题就会加剧，因为为了维持成功的样貌，赎回就必须支付一个像基金经理宣传的那样人为的高利率，这样就会导致基金的实质性损失。

3. 纯粹的庞氏骗局案是最邪恶的，并且一直在被广泛地宣传。在这些案件下，基金是一个假象，基金经理把投资者的认购资金放到自己的个人账户，而不是像宣传的那样用于投资。与投资者沟通时所说的基金的性能完全是捏造的，回报也是虚构的。当投资者赎回时，他们按照虚构的资产净值，用其他投资者的钱来支付。而基金经理的工作就是通过经常报告异常高或持续的收益来尽可能地阻

---

① 一些卷入这种行为的基金经理可能是诚实的，但他们很大程度上都是被误导的。他们的目的是在更好的时期，伪造收益来弥补那些损失。一些基金经理几乎做到了，并且逃脱了监测。但不论是否出于好意，这种行为都是欺诈和违反美国的联邦和州法律的。

止赎回。

与估值欺诈不同（理论上，如果弥补的实际收益拯救了基金，就可以逃避监测），庞氏骗局最终必定会失败。当基金经理没有足够多的钱来支付要赎回的投资者时就会使计划崩盘，从而导致骗局被发现和监管当局介入。庞氏骗局不像估值欺诈和超越权限交易，它并不是对冲基金和投资管理行业的特例。

基金经理诈骗案件有时是耸人听闻的，相比于其他类型的对冲基金诉讼，常常会吸引媒体更多的关注。然而，当有关基金经理欺诈案件的诉讼刚开始，该基金及其经理通常已经破产了。因此，基金经理诈骗案件经常针对对冲基金经理、相关服务供应商和其他基于这些实体来参与欺诈行为的第三方机构。

追回诉讼：追回诉讼通常是由基金的接收人或者破产受托人针对在欺诈被识破之前赎回的投资者所提出的。这类诉讼的目的是在所有被欺诈影响的投资者之间更均匀地分配损失。通过追回虚假利润，更均匀地在所有投资者之间按比例进行剩余资产再分配。当然，如果基金崩溃出于正当的理由（即投资损失要在适当的时间向投资者披露），那么追回索赔是不合适的。追回诉讼在过去的5年里已经改变了。传统理论认为，这种情况下，赎回投资者接受的赎回价格是虚高的，应该被要求退还他们赎回金额的一部分，因为这部分代表着欺诈收益，是高于投资者本金投资收益的部分。然而在过去，投资者不必退回初始资本。

在Bayou基金于2005年崩盘之后（我们将作进一步讨论），基金接收人和法庭都主张：除非投资者可以证明该基金的确被诚意撤回，否则初始投资与虚假收益都应被追回。相似的情况发生在欧文·皮卡德（Irving Picard）身上，他是麦道夫基金的证券投资者保护公司（简称SIPC，Securities Investor Protection Corporation）的接受者，其与弗雷德·威尔朋（Fred Wilpon）和索尔·卡茨（Saul Katz）[1] 之间的战争当时引起了广泛的公众关注。皮卡德争论的点在于这二人的赎回缺乏诚意。

追加保证金诉讼：追加保证金的情况倾向于基金经理或基金，而不是基金的主经纪人。许多基金都有杠杆投资组合和交易，保证金会作为他们战略的一部分。基金经常与主经纪人签订保证金协议，以借入证券，作为抵押品来进一步进行基金投资活动。根据这些协议，在某些情况下，主经纪人是被允许追加保证金的。如果主经纪人适当追加保证金，该基金需要偿还借入资金，或没收抵押品让代理人出售来偿还债务。

追加保证金诉讼通常包括两种类型的诉讼：第一种是主经纪人不适当地追加保证金，从而损害或摧毁该基金业务；第二种是主经纪人查封所交的抵押品，然后把证券以一个不公平的低价出售给自己或别人。追加保证金诉讼通常会涉及其一或都有涉及。

对冲基金爆仓的概述

在这一节中，我将通过调查最惊人的对冲基金崩盘事件来说明许多常见的主题。

时间：1994 年

基金：Granite Partners、Granite Corporation 和 Quartz Hedge

基金经理：大卫·阿斯金（David Askin）

诉讼：基金经理欺诈诉讼（价值欺诈和策略欺诈）和追加保证金诉讼

① 此二人均为麦道夫的投资人和纽约大都会棒球队的所有人。

第一个严重的对冲基金爆仓事件是1994年大卫·阿斯金管理的Granite基金。这只基金主要投资于优质的资产抵押贷款担保证券（简称CMO）。基金经理陈述了基金策略将是低杠杆的“市场中性”策略（如利率上升或下降基金都可以赚钱），使用了艺术分析的手法。最重要的是，基金经理还说投资组合被真诚的基金经理使用资产净值法来打分（或估值）。先说明一点，CMO是不公开交易的，其价值只能通过做市商和价格服务机构来确定。

与描述相反的是，基金经理斥巨资来投资与交易冷淡的CMO产品，这些产品对于利率和抵押品的提前偿还非常敏感。此外，Granite基金还有很高的杠杆。投资组合是不稳定的，如果适当地标注一下，就会发现有一些月份是有回报的，但大多数月份是亏损的。与此相反的是，基金经理却报告每个月都有1%～1.5%的平稳收益。

阿斯金涉嫌卷入一个普遍的估值欺诈中，他通过说服某些代理/经销商改变他们的标注（以此争取他们的帮助来隐藏Granite基金的亏损）来表示以资产净值计算是有收益的，而不是亏损。这些谈话被某些经销商内部录音了。

除了普遍的估值欺诈和歪曲基金策略外，基金经理还进行了粗略地分析。破产受托人没有发现基金经理拥有复杂的模型证据，而基金经理宣称使用这些模型就可以预测某些复杂的抵押贷款衍生产品收益。

基金爆仓发生在对手经销商以回购协议的形式增加杠杆，导致保证金追加无法满足的时候。在经销商抓住并出售抵押品之后（这些抵押品大部分都归了他们自己，而没有去拍卖），被经销商和受托人任命的一个非自愿破产程序就开始了。

破产受托人进行了调查研究并提交了大量的报告。一个诉讼咨询委员会就成立了，它代表基金从破产财产中寻求诉讼索赔（最终收益将分发给投资者）。

诉讼的影响是显著的。估值欺诈和策略欺诈是针对基金经理和服务供应商所提起的。投资者可以直接或者间接来向经纪商/交易商和基金经理提出索赔。大部分投资者的起诉只是一个大群体当中的一部分，而且只有几项集体诉讼被定案。最终，各种纠纷得到解决，给投资者带来了丰厚的回报。基金经理与 SEC 签署了一项和解协议，要求其未来不得从事证券违法行为，并离开证券行业。同时基金经理没有被提起刑事诉讼，在他的欺诈行为中也没有任何其他的参与者。

此外，还有追加保证金诉讼。诉讼咨询委员会针对众多基金经销商采取了措施，为其提供保证金，其中包括不适当的保证金追加要求和以低于市场价格的被扣押证券的不当清算。这些主张都被地产交易商的持续支付解决了。

时间：2000 年

基金：曼哈顿投资基金（Manhattan Investment Fund）

基金经理：迈克尔·伯杰（Michael Berger）

诉讼：基金经理欺诈诉讼（价值欺诈和策略欺诈）

2000 年，曼哈顿投资基金在 28 岁的迈克尔·伯杰的管理下突然爆仓了。基金经理的策略是卖空科技股（在 1999 年这是一个有问题的策略），该基金从最初就开始亏损。为了隐藏这些损失，基金经理伪造账户记录来误导投资者，让他们相信基金的年回报率在 12% ~27%。1999 年 8 月，伯杰向投资者汇报曼哈顿投资基金的净市值已经超过了 4.26 亿美元，事实上，它的价值不到 2 800 万美元。

尽管贝尔斯登是主经纪人，伯杰在俄亥俄州还雇用了另一个小经纪商/交易商，工作人员涉嫌伪造了一套财务报表，与贝尔斯登出具的财务报表完全不一样。这些财务报表交给了审计人员和行政人员，他们虽然看到了其中的矛盾，但是最终被伯杰说服了，他们使用伪造的财务报表来计算和分发资产净值，并用其进行年终审计。当贝尔斯登将发现的问题报告SEC时，该计划已经瓦解了。

在《美国破产法》的第11章中规定，破产受托人是被任命的。因为基金是一项海外离岸投资工具，所以海外清算人需要和受托人合作工作。在2000年，基金经理承认犯有证券欺诈罪，但到了2002年，他反悔了，并逃离美国以避免牢狱之灾，在2007年被奥地利当局抓获（因在维也纳郊外超速驾驶而被牵连）。

再说一次，诉讼的影响是显著的。投资者针对审计师、审计师的母公司、行政人员和其附属公司，以及经纪人/经销商提出了"基金经理诉讼"。而基金经理没有被起诉，因为法院针对基金经理诉讼发布了一个禁令，实际上，起诉破产管理者几乎没有什么效用①。

审计人员和行政管理员清算了投资者，并且针对俄亥俄州经纪商/交易商的索赔由于实体的破产而废弃。贝尔斯登成功地使针对其协助和教唆的索赔主张被驳回，因为它未能执行保证金条款协议，就不构成实质性援助的欺诈②，并且其行为并不是伯杰计划的起因。

追求欺诈财产转让的破产受托人控诉贝尔斯登参与保证金交易。贝尔斯登最终通过展示其诚意行为，成功地驳斥了这些说法。

时间：2001年

基金：Lipper Convertibles、Lipper Holdings和Lipper & Co.

基金经理：肯·利佩尔（Ken Lipper）和爱德华·斯特拉法

① 美国联邦法院发布的禁令是，阻止投资者起诉欺诈诉讼投资经理，同时SEC通常也追求一个基于相同纲领的行动。这样的禁令通常指向所有与联邦诉讼有关的在同一法院的一个特定的欺诈案件，所以一个法官可以监督大局。这些禁令被称为"通道禁令"。

② 需要进一步讨论的是，有一个主要理论即投资者可以起诉一个协助和教唆基金经理欺诈行为的主经纪人。而实质性援助是一个协助和教唆欺诈索赔的必需元素。在这种情况下，原告认为，如果保证金协议被强制执行，就可以阻止欺诈行为。

切（Edward Strafaci）

诉讼：基金经理欺诈诉讼（价值欺诈）和追回诉讼

肯·利佩尔是基金管理公司的所有者，爱德华·斯特拉法切是该公司固定收益主管和首席运营官。基金主要拥有带杠杆的可转换证券，而不是他们所谓的以不同方式的对冲。虽然利佩尔是众所周知的名字，但使基金倒下和隐藏基金损失的决定都是斯特拉法切做的。

利佩尔非常有名，他是前纽约市副市长，还是1987年，由迈克尔·道格拉斯（Michael Douglas）和查理·希恩主演的电影《华尔街》的编剧之一。利佩尔的基金吸引了茱莉娅·罗伯茨（Julia Roberts）等好莱坞明星的投资。但在2002年，利佩尔的世界改变了，当时斯特拉法切突然辞职，并且宣布基金价值比上个月减少了40%。2004年，斯特拉法切承认犯有证券欺诈罪并进了监狱。

2002年的1月到2月之间并没有发生40%的损失；相反，斯特拉法切那些年应该一直在夸大组合中可转换债券和优先股的价值。这些人为夸大的业绩数据被提交给了投资者、潜在投资者和SEC。

根据基金的有限合伙人协议，美国纽约州法院任命了一个特别清算受托人（special liquidating trustee，简称SLT）。许多有关基金经理欺诈和追回理论的诉讼随之而来：SLT和个人投资者起诉审计师和基金经理粗心大意、玩忽职守（尽管这些说法都应该被移交仲裁）。受托人对偿还股东的做法提出索赔，目的是为了追回虚构利润。有一个仲裁发生在SLT和利佩尔之间，因为SLT说未能支付给利佩尔款项。投资者之间发生了有关受托人计划向投资者支付款项，以及这些付款是否应该在一个特定的时间根据资产净值支付给投资者的诉讼。一个针对利佩尔的关键的索赔依据是其未能充分监督斯特拉法切和基金的审计师。投资者针对审计人员的索赔被取消了，因为根据审计师的报告，没有足够的细节可以断言这件事。SLT 对于审计人员的索赔就此解决。

时间：2002 年

基金：Beacon Hill Master、Bristol、Safe Harbor 和 Milestone

基金经理：Beacon Hill Asset Management LLC

诉讼：基金经理欺诈诉讼（价值欺诈和策略欺诈）

Beacon Hill 管理着投资 CMO 的在岸和离岸基金。它在营销材料中指出基金经理使用的是市场中性对冲策略，以使资金免受利率变化和抵押贷款提前偿还的困扰。但是投资的基金几乎与浮动利率债券的变动相反。这些证券并不是市场中性的，它代表了利率将要下降的方向对赌，但是这种下降不会导致债务再融资（破坏预付债务再融资的现金流）。Beacon Hill 建立了一系列的国库债券空头头寸来对冲利率的上升，但这种对冲不能保护基金免受房主再融资的损失。

在 2002 年间利率下降，但仍有一波又一波的再融资，并且投资组合损失了 54% 的价值。为了隐瞒损失，Beacon Hill 操纵了 Beacon Hill Master 有限公司（它是持有和交易证券的母基金）的估值程序。这种方式人为地夸大了母基金和子基金 Bristol、SafeHarbor、Milestone 的证券价格。

在 2002 年 10 月，作为主经纪人的贝尔斯登确定，基金价值远远低于基金所报道给投资者的信息，并通知了 Beacon Hill。在三周内，Beacon Hill 向其投资者和 SEC 披露基金损失了 54%。

破产程序将在开曼群岛展开，并将指派清算人。SEC 开始针对基金经理开展一个行动，并寻求任命一个在岸子基金的接受者。Beacon Hill 基金的爆仓导致不同的投资者和接收人提起诉讼。在那里，当事人声称，基金经理的虚假估值是由一些人协助完成的，这些人是经纪人/经销商，他们通过提供组合价格进行勾结，并且基金经理把这些错误的估值给了行政管理员和审计人员，而他们声称所接受的标记是没有问题的。这项行动被基金经理（及他的主承销商和母公司）和经纪商/交易商解决了。对审计人员和行政管理员的索赔被驳回。

年份：2003 年

基金：Lancer Offshore、Orbiter Fund、Viator Fund 和 Omni Fund

基金经理：迈克尔·劳尔（Michael Lauer）

诉讼：基金经理欺诈诉讼（价值欺诈和策略欺诈）和追回诉讼

Lancer 基金的策略据称是投资了中小盘的“堕落天使”（fallen angels），劳尔把其描述为已经经历了负面事件但股价却不成比例地低的公司。这个策略在开始时是一个合法的策略，即在 1996 年 Lancer 离岸基金设立时。然而，在 20 世纪 90 年代后期，基金经理开始私下用每股几便士的价格来收购大量的未注册股票和微型企业的权证，只在场外交易市场（简称 OTC）交易了少量的注册过的股票，这些股票价格要比相同的私下成交的股价贵很多。更有甚者，Lancer 离岸基金购买的场外特定发行者发行的股票价格超过私下收购证券基金价格的 500 倍。

然后，劳尔把基金组合中所有证券的价值都标记为来自低容量的场外交易的价格，这样就创造了一个令人难以置信的升值空间。据说，在劳尔的要求下，基金经理和“友好的”交易对手之间，或两个“友好的”交易对手之间，“市场化”的交易就这样被执行了。

据称，审计人员和行政管理员忽略了包括两份相互矛盾的立场报告的危险信号。基金经理创建了一个计算机系统，这个计算机系统由主经纪人提供，供基金经理使用。而与其相互矛盾的报道称主经纪人生成定期账户报表。行政管理员依据场外交易价格作为“独立价值”来进行公开交易，以及按照基金经理的意图进行私募债券交易。

2003 年春天，在潜在的欺诈行为开始传播，并且大量的投资者开始赎回后，基金经理让 Lancer 在岸基金进入了美国自愿破产程序中。很明显，不当行为已经发生了，SEC 要求美国佛罗里达联邦法院任命一个接受者负责这个离岸基金，并请求破产法庭让接受者负责在岸基金的破产。英属维京群岛当局将其移交给了 SEC。

行动是由一群投资者（最初是在佛罗里达州，然后转移到了纽约）、佛罗里达的一个阶层和佛罗里达的接收者发起的。针对基金在纽约的主经纪人和位于荷属安的列斯群岛及爱尔兰的审计人员和行政管理员的索赔就来了。佛罗里达联邦法院在这些诉讼开始时颁布了一项禁令，禁止对基金经理提出索赔。几年后，SEC 带来了一项针对基层经理的民事诉讼和针对司法部门的刑事诉讼。接收人针对那些从基金和其他诉讼那里收到钱的人又提出了追回诉讼。主张由团体投资者提出，导致索赔得以解决，并且其他的诉讼也解决了。SEC 成功地根据民事诉讼给劳尔定了证券欺诈罪，并对劳尔个人处以 6 200 万美元罚款。而劳尔在刑事诉讼中被判无罪。

顺便说一句，Lancer 基金破产的那年，多宾斯基金也破产了。和 Lancer 事件类似，基金经理罗伯特·多宾斯（Robert Dobbins）被指控价值欺诈，涉嫌夸大交易和非公开交易股票的价值。也有对行政管理员和审计人员的指控，指控他们的鲁莽和疏忽，没能独立地对基金进行价值评估。与 Lancer 案件不同，多宾斯被指控是由于多宾斯基金给了经纪人不必要的经纪费，这样就占了多宾斯很大一部分佣金。SEC 在得克萨斯联邦法院采取了行动，任命了一个接收人。投资者在该法院针对基金的英属维京群岛的审计员和行政管理员提出索赔，但由于缺少管辖权被驳回了。接收者则针对特定投资者提出追回索赔。SEC 获得了初步禁令，来冻结多宾斯所有的资产。这个禁令这些年来已经修改了，但 SEC 的案件还是止步不前，因为接收者收紧了房地产事务。

年份：2005 年

基金：Wood River Partners 和 Wood River Partners Offshore

基金经理：约翰·惠蒂尔（John H. Whittier）

诉讼：基金经理欺诈诉讼（价值欺诈和策略欺诈）

在 2003～2005 年，投资者把数千万美元放到了 Wood River 基金，因为该基金的营销材料中陈述，基金的投资策略具有广泛的多样性，并且审计师密切监控着基金。投资经理表示，基金投资任何一只股票最多不得超过总资产的 10%。然而，基金经理却用基金份额的 65% 投资了一支小盘股——EndWave 公司，这样，基金就集聚了 EndWave 超过 45% 的利息。

没有执行任何审计。基金经理报告了错误的估值，他说基金价值是增加的，并且比标准普尔 500 指数的表现要好。与其陈述相反的是，该基金主要投资于一个小盘股，并且其头寸价值在降低。2005 年 9 月下旬，SEC 开始调查指控国内基金无法赎回的申请，对基金经理提出欺诈诉讼，并任命了一个接收人。几个国内的投资者起诉了参与纽约州法院设立基金的主经纪人和律师事务所，但这项索赔被驳回。

年份：2005 年

基金：Bayou 对冲基金

基金经理：塞缪尔·伊斯雷尔三世（Samuel Israel III）

诉讼：基金经理欺诈诉讼（价值欺诈、庞氏骗局和策略欺诈）和追回诉讼在麦道夫之前，由塞缪尔·伊斯雷尔三世实施的，在 Bayou 对冲基金掩护下的诡计是最臭名昭著的对冲基金诈骗案。在 Bayou 基金成立后不久，他们就开始持续大规模亏损。基金经理故意隐藏这些损失，通过月度报表歪曲基金的市场表现。基金经理还创建了一个虚构的会计师事务所来伪造审计报告，从而进行持续的欺诈行为。尽管 Spear Leeds（高盛子公司）是主经纪人，但基金经理通过 Bayou 证券（基金经理自己持有的）创造了数百万美元的佣金。

Bayou 的债权人提出了这项美国式破产申请。投资者进行了大量的欺诈性财产转让行为，针对这些投资者，破产受托人开始追回已分配的资金。大多数被要求赎回的投资者都落实了这些索赔行动。七大投资者就他们诚信的赎回和不知道诈骗这回事儿，进行了追回索赔辩论。Bayou 房地产在破产法庭和随后的联邦陪审团审判中获胜了（这是由于破产法庭的一个上诉的决定）。总体而言，破产受托人在追回诉讼中收回了 7 500 万美元，并重新在投资者中进行了分配。这件事是追回诉讼的一个转折点，因为大量的投资者被要求返还虚假利润和资本投资收益。

作为诉讼结果的一部分，针对 Hennessee 集团有限责任公司也发生了索赔请求。Hennessee 集团是受 South Cherry Street LLC 集团所雇，作为专家顾问来评估对冲基金，对 South Cherry 的投资和潜在投资进行尽职调查。South Cherry Street 起诉 Hennessee 集团违反合同和证券欺诈，因为 Hennessee 没能像其承诺的那样来进行尽职调查，没能发现 Bayou 更多的惊人问题，比如 Bayou 是未经审计的。违反合同的索赔被驳回了，因为它只是一个口头合同，这违反了纽约法律要求的长期协议（指不能在一年之内执行的）如果不写在纸上是无法执行的。证券欺诈索赔也被驳回了，因为原告无法举证出 Hennessee 知道 Bayou 欺诈和缺乏尽职调查的证据。美国的普通法律疏忽的部分被纽约的《马丁法案》所替代。①

此外，Bayou 的无担保债权人带来了一份针对该基金主经纪人的仲裁书，上面写道：被告作为 Bayou 的主经纪人，有义务调查该基金提供给相同投资者的欺诈报告的特定标记。仲裁人命令主经纪人支付索赔人提出的全部索赔，近 2 060 万美元。有趣的是，这一诉讼如果是在一位法官面前尝试提请，可能会被驳回。

基金经理被提起了刑事诉讼，因为据一个著名的新闻报道称，塞缪尔·伊斯雷尔三世伪造自己已自杀。

年份：2005 年

基金：Philadelphia Alternative 资产管理公司

基金经理：保罗·厄斯塔斯（Paul M. Eustacc）

诉讼：基金经理欺诈诉讼（价值欺诈）和追回诉讼

另外一个广为人知的对冲基金破产案件发生在 2005 年，是 Philadelphia Alternative 资产管理公司管理的基金。不像大多数对冲基金交易的是股票和结构性债务产品，Philadelphia Alternative 资产管理公司投资的是大宗商品。基金经理厄斯塔斯伪造财务报表，当基金遭受损失时却被表现成获得了盈利。他通过持有两个交易账户，其中一个被隐藏起来来实现。基金经理操纵这些账户，所以只有获得了收益的账户才能被看见。Man Group 隶属于基金经理，它作为该基金的主经纪人，允许基金经理在秘密账户隐藏交易损失。美国司法部和 CFTC 对大宗商品欺诈的行为展开调查，任命了一个美国破产接收人和离岸清算人。Man Group 因涉嫌协助基金经理制作和传播虚假财务报表而被接收人指控，受到 CFTC 的调查。在 2007 年，接收人和

① 值得进一步注意的是，《马丁法案》中阻止某些证券交易欺诈行为的相关判例法（the judge-made rule）细则，随后被纽约最高法院废除了。

Man Group、CFTC 之间达成和解。

年份：2006 年

基金：Durus Capital Management LLC

基金经理：斯科特·萨灿尼（Scott Sacane）

诉讼：基金经理欺诈诉讼（价值欺诈）

Durus 基金的故事是奇特的。和 Lancer 很像，基金经理诈骗案的一个主要组成部分是为了秘密获得投资组合公司的控股权，进而操纵股价。然而，在 Durus 案件中，投资组合公司不仅仅是个壳。当所谓的丑闻被曝光时，投资组合公司的股票下跌超过了 3 亿美元，导致了基金大量的亏损。基金经理没能按照要求给 SEC 提供备案文件，并且还做出虚假陈述来防止别人卖出他们公司的股票，还欺骗别的公司来防止他们实施“毒丸计划”的规定。SEC 没有发现股票操作，但却从一个本来不太可能的来源——美国联邦贸易委员会（FTC）那里获得了帮助。

Durus 的故事中一个有趣的地方是基金经理，他在不同的时间分别积累了 3 家生物技术的控股权，有效地把它们合并到基金中。在当时监管机构的示意下，FTC 和美国司法部的反垄断部门调查了 Durus 的行为，因为其违反了《哈特 - 斯科特 - 罗迪诺及垄断改进法案》（Hart-Scott-Rodino Act）中的要求，收购一家公司超过一定的规模就要申请获得 FTC 收购办公室的批准。Durus 违反了法案的要求，收购了全部的 3 家公司。FTC 的执法行动与该基金未报告收购有关，但是意外地暴露了一场市场欺诈行为，导致基金经理萨灿尼被捕入狱 3 年（同时，他还因违反《哈特 - 斯科特 - 罗迪诺及垄断改进法案》，被罚款 35 万美元）。

没有指定的接收者，相反，投资者一起联合成立了一个委员会来接手管理公司的董事会和清算头寸。

年份：2007 年

基金：High Grade Structured Credit Strategies Fund 和 High Grade Structured Credit Strategies Enhanced Leverage Fund

基金经理：贝尔斯登资产管理公司的拉尔夫·乔菲（Ralph R. Cioffi）和马修·坦丁（Matthew M. Tannin）

诉讼：基金经理欺诈诉讼（价值欺诈）

2007 年贝尔斯登的大崩溃被称为第一个与美国房地产泡沫相关的华尔街大崩溃。贝尔斯登大量押注于担保债务凭证（简称 CDO），一些用现金购买其他的则以杠杆收购。贝尔斯登的策略是购买 CDO，然后获得一个高于借贷成本的收益。它认为自己借的越多，能买到的 CDO 也就越多，创造的收益也就越多。因为预期收益会超过借贷成本，贝尔斯登投资了大量的次级 CDO，这种 CDO 会带来更高的回报，当然也要承担更大的风险。当房地产抵押市场开始崩盘，次级借款人开始以更高的利率违约，贝尔斯登所持有的 CDO 也跟着崩盘。房地产崩盘造成了贝尔斯登所拥有的次级 CDO 的收益率低于其持续的借贷成本。当这种情况发生时，由于贝尔斯登借了大量资金来建立一个巨大的头寸来杠杆投资次级 CDO，使其遭受了巨大的和持续的损失。为了弥补损失，贝尔斯登被强制卖掉部分头寸，其中部分头存中进一步的价值亏损仍被持有。这些对冲基金最大的投资者是贝尔斯登，而这些基金的破产导致了整个银行的倒闭。

正如我们所看到的其他例子那样，为了隐藏损失，防止投资者和机构对手方从中逃离，基金经理拉尔夫·乔菲和马修·坦丁称正是由于基金的条件恶化才带来了新的资金，从而阻止投资者和机构对手方拿走钱。2007 年 4 月，乔菲发布了月度业绩更新报告，对估值进行更新，使其更新仅基于基金投资组合的一个子集，不包含足够的信息披露资格来进行估算。此外，乔菲和坦丁还例行公事地告诉投资者，基金投资次级CDO的敞口是6%～8%，而实际上当时已经是60%了。在2007年11月，贝尔斯登审计师发布了一份干净的审计报告[①]。

随着基金投资组合的崩溃，贝尔斯登拓展了基金的信用额度，以便它们能够悄悄地清算。在随后的诉讼中，贝尔斯登的股东们声称这样做是为了掩盖基金崩溃和银行在CDO上大量的额外头寸价值的直线下降。

贝尔斯登股东对贝尔斯登及其审计师（作为集体诉讼和派生诉讼）提起了诉讼。在纽约联邦法院，大量的案件被存档整理。2011年1月，法院拒绝驳回对贝尔斯登及其审计师的直接欺诈指控，但是驳回了派生指控。

除了贝尔斯登股东的诉讼，一些对冲基金的投资者也开始对贝尔斯登的基金经理和其相关实体申请仲裁。由于仲裁是私下的，所以这些仲裁的结果并未公开。

年份：2008年

基金经理：伯纳德·麦道夫投资证券公司

诉讼：基金经理欺诈诉讼（价值欺诈和庞氏骗局）和追回诉讼

2008年12月，世人见证了对冲基金始祖的崩盘：伯纳德·麦道夫。尽管伯纳德·麦道夫投资证券而不是对冲基金，但是他的很多投资者却是对冲基金。他的欺诈行为被广泛报道。据称，麦道夫所采取的是可转换价差套利（split-strike conversion）策略，当他认为能赚钱的时候就向市场投钱和取钱。然而麦道夫从来没有投资一分

① 参见 *In re Bear Stearns Cos., Inc. Sec., Derivative, & ERISA Litig.*, 763 F. Supp. 2d423, 510 (S. D. N. Y. 2011)。

钱。他编写了虚假的投资报告，偷偷地用新投资者的钱来支付老投资者的钱。随着2008年业绩的下滑，更多的投资者开始赎回他们的投资，而新的加入者则越来越少。因此，计划崩溃了，麦道夫被判处150年监禁。

这一危机事件催生了很多诉讼。值得注意的是，SPIC接收人（它被任命接替麦道夫的经纪人/交易商）开始采取的行动是追回支付给投资者的款项，将其当作欺骗性的工具和其他法律理论。其中的一些行动被媒体大肆报道。

麦道夫崩溃事件引发了大量的诉讼，这些诉讼类似于典型的对冲基金诈骗诉讼，比如说投资者控告基金经理。这里，已经形成了一系列的行动来针对投资于麦道夫基金的经理，以及那些所谓的支线基金，就是投资了部分或者全部的资金到麦道夫里的基金。投资者针对支线基金、母公司、子公司、审计人员、管理人员和其他人都提出了索赔。这些诉讼的常见流程是原告宣称这些基金不应该再投资麦道夫基金。由麦道夫引起的诉讼举不胜举，但我只想说，麦道夫诉讼几乎让美国的律师行业实现了“充分就业”。

年份：2009年

基金：Stanford International Bank and Stanford Group Co.

基金经理：艾伦·斯坦福（R. Allen Stanford）

诉讼：基金经理欺诈诉讼（庞氏骗局）

据说艾伦·斯坦福假装通过一个Stanford Group公司的财务顾问网络，许诺给投资者高利率，从而卖出了将近80亿美元的假的大额存单（简称CD）。斯坦福和他的同伙儿误导大额存单的购买者，说他们的存款是安全的，谎称银行再投资客户资金主要投资于“流动性”的金融工具，并且一直保持谨慎地监控投资组合。

2009 年 2 月，SEC 基于一个庞氏骗局而起诉斯坦福和其相关实体，并任命了一个接收人。当地法院也任命了一个接收人，并发布了通道禁令。2009 年 6 月，斯坦福被美国联邦陪审团起诉邮件欺诈、通信欺诈、共谋证券欺诈和洗钱，以及妨碍正义和阴谋妨碍司法公正。投资者和接收人开始起诉银行和其他相关方，指控其欺诈性交易和帮助教唆等其他行为。2012 年年初斯坦福被安排接受审讯。

诉讼中常见的主题

在调研了主要的欺诈行为后，我想讨论一些在以后的诉讼中常见的主题。索赔的提出常常是针对基金经理的欺诈、疏忽、违反受托人责任、证券诈骗等行为。然而，基金经理经常会缺席或者不能被起诉。在某些情况下，当基金经理是 SEC 诉讼的主体时，法院将在 SEC 起诉期间，禁止任何针对他们的私人起诉，这样可能持续许多年。

有时，服务供应商和其他人愿意参与基金经理的欺诈行为：他们有的不计后果地参与或者漠视欺诈，有的诚实守信但还是在不知不觉中为欺诈提供了协助。因此，对冲基金索赔诉讼催生了很多其他参与者的欺诈诉讼，因为受损的原告要寻找深厚的财源或者一个得解决问题的对象来应对欺诈，并弥补自己的损失。而基金本身不容易被起诉，因为它们受到法院命令和无力偿债的保护。

目　标

除了投资经理，因基金经理欺诈而导致的法律诉讼通常是针对审计人员、行政管理员、主经纪人、基金的交易对手方、母基金和投资经理的负责人。因为他们每个人都可能参与了基金经理欺诈，并且可能是相同潜在行为的同党，每个人都和基金投资者有不同的关系，因此针对这些被告的每一个索赔都是不同的。

审计人员：审计人员有责任根据美国会计或国际会计原则，确保基金财务报表的正确性。他们能够获取投资者所不能获取的信息。投资者依赖审计报告来制定和保留他们的投资。虽然没有直接的共同利益关系（即没有合同）存在于投资者和审计师之间，但是因为投资者经常收到审计报告，而且审计人员也知道他们的报告会送交投资者，所以他们与投资者的关系是有特定职责的。当对冲基金遭受欺诈导致崩溃，投资者通常会指控审计人员玩忽职守。审计人员直接与基金达成利益共同体，所以可能会被那些踏入基金大门的人起诉，比如清算人或破产受托人。然而，某些抗辩可谓打击了违法犯罪者，例如：互有过失辨护（the *in pari delicto* defense）。

对冲基金的行政管理员：和审计人员一样，对冲基金的行政管理员有基金的访问记录，而这些记录通常是和投资者保持距离的。他们也是投资者、接收人/受托人的诉讼目标。行政管理员负责维护基金的账薄和记录（现金、托管、交易等），并从每天、每周、每月或每年的记录中计算基金的资产净值。这些计算后的资产净值由行政管理员传播给投资者。行政管理员经常被发现亏欠投资者的信托责任。当资产净值被“袭击”，认定是伪造的时候，行政管理员要受到不同程度的责备，并被追究责任。行政管理员通常直接与投资者沟通，所以对故意和疏忽的虚假陈述负有责任。

主经纪人：主经纪人经常能获得别人没有的基金经理记录，并且被认定是欺诈计划的有罪参与者。主经纪人除了被基金使用之外，还被用来做别的事情，包括交易、托管基金投资组合，以保证金贷款的形式提供融资，并提供基金经理的分析报告来审查和分析基金投资组合工具。例如，在 Lancer 的案例中，主经纪人据称通过创建一个网站来允许基金经理创建虚假财务报表，以此来助推欺诈。而主经纪人申辩说这个网站只是给基金经理提供便利的工具，基金经理可以用它来创建看似官方的文档，这些文档很像正式的报表但是全都是基金经理在操作。Lancer 事件以后，主经纪人就把他们的分析工具程序化了，以这样一种方式来发出一个引人注目的免责声明：这份报告不是官方的，并不构成经纪人的任何形式的陈述。此免责声明旨在防止基金经理利用工具来伪造经纪人报告（和避免投资者索赔）。

当一个主经纪人没有意识到欺诈行为，并且提供的是基本的监管和结算服务，法庭就会经常认定他们不承担协助和教唆责任。不像审计人员和行政管理人员，主经纪人和投资者没有联系，所以主经纪人的责任更有限。因此，在基金经理欺诈案件中，了解欺诈中的协助通常需要主经纪人倾向于投资者。

其他人：投资经理的负责人（当基金经理是一个实体的时候）、所有者或者母公司也是投资者法律诉讼的目标。在裁决这些索赔主张时，知识问题和刺穿公司的面纱是最重要的。其他的成为投资者法律诉讼目标的人，包括律师、后台服务提供商、风险管理供应商（如在诉讼案件中的 Hennessee Group ）和介绍经纪人，这些人为一只对冲基金创建了《招股说明书》和其他文档。在涉及欺诈交易活动的索赔中，基金的对手方可以被指控在其他理论中协助和教唆基金经理欺诈。

投资者常见的诉讼

在美国的对冲基金案件中，经常提出的诉讼包括联邦证券欺诈、普通法欺诈、违反受托责任、专业舞弊、疏忽和疏忽失实陈述、协助和教唆普通法欺诈、协助和教唆违反受托责任。

联邦证券欺诈：由于对冲基金的份额是证券，故可以称为证券欺诈诉讼。然而，投资被维持或不被赎回的主张通常只能根据美国的州法律来判定。这是因为联邦证券索赔要求在购买或出售证券时犯有欺诈行为。联邦证券索赔权在SEC细则10b-5中被经常使用［这一细则由《1934年证券交易法》（简称《交易法》）在第10部分中加以规定，该法案赋予了针对证券买卖欺诈行为采取行动的私人权利，索赔权通常在《交易法》第20A条中加以说明，该细则规定，实施证券欺诈的控制实体对其所控制的一方所犯的欺诈行为负责。《交易法》的第9部分（证券价格操纵）和第18部分（在提交给SEC的材料中进行误导性陈述）分别赋予了私人索赔权，但细则10b-5是最常见的］。

证券欺诈和所有欺诈一样，要求原告证明被告的故意性。故意性意味着原告必须表明被告故意或肆无忌惮地歪曲事实，导致原告采取了令自身利益损失的行为。

在涉及美国联邦法院的所有欺诈案件中，包括证券欺诈，原告必须就所做出的确切失实陈述提出具体指控，并且证明被告人在做出报告时明确知道报告的虚假性。当基金经理做出失败的预测，投资者不能通过一个没有证据的指控就说基金经理已知预测是错误的，从而提出欺诈诉讼。①

除了指出故意性之外，原告还必须声称他信任了该报告。在证券欺诈和某些相关诉讼的环境下，这通常以要求原告显示交易因果关系为特点，意味着原告必须表明被告的虚报导致其完成了产生损失的交易。原告必须显示损失的因果关系，这需要证明投资者的损失是被告的不良行为导致的可预见后果。

欺诈索赔（根据美国的联邦和州法律）通常针对基金经理及其

① 在诉讼起始时，对细节及特殊性的要求与包括合同违约在内的常见诉讼形成对比。在常见诉讼中，原告可以在不承担过早驳回风险的情况下，基于更多的结论性指控采取措施。

主经纪人提出，也针对直接向投资者提供失实陈述的服务供应商提出。

普通法欺诈：普通法欺诈是一项美国的州法律诉讼，投资者可能在与联邦证券欺诈相同的情况下提起诉讼。联邦证券欺诈和普通法欺诈有三点不同。

第一，没有购买或销售要求，所以投资者可以基于他们被欺诈而持有头寸提出诉讼。然而，欺诈性维护诉讼证明损失可能是复杂而困难的。

第二，由于普通法欺诈是州法律的产物，原告需要了解适用的州法律。此外，每个州都有自己的时效案例。

第三，在某些情况下，依据“市场”被欺诈的理论，我们可以推定联邦索赔的可靠性。没有类似的州法律概念。

违反受托责任：在某些情况下，基金经理和服务提供者对投资者负有受托责任。这些责任的性质和范围因被告而异。如果投资者可以证明原告与被告之间存在特殊的信任和保密关系，并且被告知道原告依赖被告提供的信息，则可以提出受托责任索赔。根据情况，由于这些实体与投资者的直接联系，可以向基金经理、审计师和行政管理人员提出受托责任索赔。主经纪人不是违反受托责任索赔的理想目标，因为作为日常活动的一部分，他们与投资者没有联系。

因为违反受托责任的索赔是以美国的州法律为前提的，所以与任何州法律要求一样，各个州的法律可能有细微差别。潜在的诉讼当事人不能假设他们的诉讼在每个州都能被同等对待。

专业舞弊：在投资者行为的背景下，专业舞弊的起诉只有针对审计师时才可能有效。美国的州法律没有行政管理员和主经纪人的专业标准。虽然律师是专业舞弊诉讼的潜在目标，但投资者通常不会针对其提出诉讼。然而，来自律师对基金的不良建议或不称职的工作可能会导致接收人提起诉讼。

疏忽和疏忽的失实陈述：疏忽和疏忽的失实陈述是美国的州法律诉讼。在疏忽的误导性陈述的情况下，这是对所有向原告做出虚假陈述的实体的诉讼，因为原告因此而受到了损害。疏忽的不实描述是非蓄意的欺诈，被告人不必知道其描述是虚假的，但要对疏忽的失实陈述负责。

然而，被告并不自动对其无意的虚假陈述的所有负面后果承担责任。只有被告有预先责任造成原告损失，才能对原告承担赔偿责任。此外，虚假陈述对原告造成的损害必须是可以预见的。

在对冲基金案件中，疏忽的失实陈述诉讼有相类似的核心问题。在针对审计师的诉讼中，问题通常是审计师是否由于疏忽而对有重大错报的财务报表发表了无保留意见的审计意见。在针对行政管理员的诉讼中，问题是行政管理员是否在发送给投资者的报表中错误计算了基金的净资产值。在对基金经理的诉讼中，问题往往涉及对投资者关于业绩和其他重大事实的虚假陈述。

基金经理、审计师和行政管理员基于他们与投资者的直接互动性而成为疏忽失实诉讼的主要目标。除了疏忽失实诉讼之外，原告还经常对重大过失提出诉讼。疏忽和严重疏忽之间的一个主要区别是不当行为的严重性。疏忽是指偏离了理性人处于被告的情况下所做出的正常行为范围，重大疏忽则是严重偏差。这种区别通常出现在对冲基金诉讼中，因为投资者经常在合同中同意赔偿并使基金经理或服务提供商对疏忽免责。合同安排在美国的州法律下通常是可以执行的，这能使基金经理、行政管理员和审计师免于疏忽诉讼。然而，对于由严重疏忽行为和故意的、不计后果的行为造成的损害，此类规定一般无法执行。无论如何，由于疏忽和合同属于美国的州法律的问题，与类似行为有关的疏忽和重大过失诉讼的可行性会因司法管辖区的不同而异。

协助和教唆普通法欺诈：如果被告故意协助他人的欺诈，即使协助和教唆者没有与投资者的直接合同，仍要对损害的原告负责。如果不是协助和教唆责任，主经纪人很可能会免受对冲基金投资者的诉讼。为了对协助和教唆欺诈进行诉讼，原告必须建立在欺诈的基础上，然后表明被告了解欺诈行为并提供了大量协助。这并不需要原告与被告人有互动，甚至都不需要原告事先知道被告人。

协助和教唆诉讼是原告武器中的重要一项，因为主要违法者可能由于破产保护或引导禁令而无力偿债或无法偿债。即使基础的欺诈是协助和教唆欺诈诉讼的先决条件，但原告没有必要一定对基础的欺诈进行诉讼。这意味着原告可以起诉协助和教唆基金经理进行欺诈的服务供应商，但不起诉经理。不过即使原告不起诉基金经理，也必须指控并证明基金经理有基础的欺诈行为。

与欺诈索赔一样，协助和教唆欺诈的诉讼中的指控必须详细、具体。

协助和教唆违反受托责任：与欺诈一样，如果被告人协助和教唆他人违反受托责任，他将对原告承担责任。对协助和教唆违反受托责任提出索赔的要求类似于违反受托责任。原告必须证明受托责任的存在以及被告违反了该义务。然后，原告必须确定被告知道受托责任，并大大协助了第三方违反该义务。

投资者常见诉讼的常见障碍

即使原告可以宣称上述诉讼要求中的一个，仍存在额外的障碍，作为定义诉讼要求的实体法的附带条件，可以限制或禁止原告的诉讼。这些障碍分为 5 个类别：（1）美国联邦法律下的优先权；（2）主要违法者问题（即索赔是针对直接欺诈还是协助和教唆）；（3）追诉时效；

（4）合同赔偿和免责说明；（5）加强证据标准[①]。

优先权：根据美国联邦法律，与对冲基金诉讼有关的优先权问题来自 1998 年《证券诉讼协会标准法案》（简称 SLUSA）。颁布 SLUSA 的目的是强制证券持有人和大集团根据美国的证券法提起诉讼。其他原因还包括，为了阻止共同诉讼律师和大量原告在美国的州法院提起欺诈诉讼，来规避 1995 年颁布的《私人保密诉讼改革法案（简称 PSLRA）》[②]，并要求欺诈性维护索赔（或“持有人”索赔），而这是联邦法律禁止的。根据 SLUSA 的规定，任何由超过 50 个当事人组成的团体[③]或集体提出与“保值债券”相关的损害赔偿诉讼都只能根据联邦法律提起。

SLUSA 有两个问题。首先它是一种程序法，它并未完全优先于美国州法律的索赔，只有当他们被认定为一类或一大群原告时才会优先。其次的问题是，索赔必须涉及保值债券。法案所定义的“保值债券”，意味着任何交易所交易的债券。因为对冲基金通常不会在任何交易所上市，从而能够规避 SLUSA 的监管。然而，一些法院更广泛地定义了“与保值债券有关的”情况，从而可以运用 SLUSA 处理某些大型对冲基金和投资管理公司的欺诈案件[④]。

主要违法者问题：根据美国联邦证券法律，对于协助和教唆者（如二次违法者）没有私人诉权。这点最近在美国最高法院处理

---

① 除了这些，还可能有管辖权障碍。在后面将会进行讨论。

② 颁布 PSLRA 的目的是减少在美国联邦法院提交的无意义证券索赔的数量。除其他事项外，PSLRA 提高了对证券欺诈索赔的诉讼要求，并且一旦被告提出动议驳回索赔，就会自动停止公开证据。

③ SLUSA 明确排除股东派生诉讼。

④ 美国纽约州的法律通常适用于对冲基金的争端处理。直到最近，不像其他州的证券法律［即《公司证券欺诈防治法》（俗称“蓝天法”）］，纽约的蓝天法、《马丁法案》，被一些联邦法院运用于某些私人诉讼案件。然而，在 2011 年 12 月的 Assured Guaranty（英国）诉摩根大通（J. P. Morgan）案例中，纽约最高法院——上诉法院认为，《马丁法案》不适用于私人诉讼案件。

2008年的斯通里奇投资合伙人企业诉科学亚特兰大有限责任公司（*Stoneridge Investment Partners, LLC v. Scientific Atlanta*）一案中被证实。美国最高法院最近决定在另一个案件中定义“主要违法者”，他不同于协助者或唆使者，可以根据联邦法律被起诉。在杰纳斯资本集团诉第一衍生品交易公司（*Janus Capital Group v. First Derivative Traders*）一案中，美国最高法院推翻了美国第四巡回上诉法院的关于投资顾问服务方“帮助”或“参与”发行商舞弊而承担欺诈的主要责任认定。在这一过程中，美国最高法院进一步限制了联邦法律下的私人诉讼。

美国最高法院指出，对于共同基金投资顾问在基金《招股说明书》中的错误陈述是没有私人权利提起诉讼的。法院这样认为是因为基金和投资顾问都是合法的独立实体，投资顾问不是主要的违法者，因为其沟通的基金发行商本身存在欺诈行为。这一判决意味着原告必须注意被告公司是否做出具有欺诈意图的虚假陈述。据法例10b-5宣称，法院不能随意认定一个基金经理的声明属性，即使该基金是在基金经理的控制下。然而，法院指出，《证券交易法》的第20A条提供了对相关管理人员的私人诉讼，所以投资经理不会完全免责。确实，在一个注脚中，大法官克拉伦斯·托马斯（Clarence Thomas）建议原告根据第20A法例请求诉讼，其诉讼请求可能得以主张。

追诉时效：根据美国州和联邦法律规定，原告诉讼请求的开始时间有限制，有可能短到1年，也有可能长至6年，具体取决于所在州以及诉讼性质。针对欺诈诉讼的另一个时间限制，是根据原告发现欺诈的日期而非欺诈发生的日期。一旦他们了解到他们被欺诈或成为其他侵权行为的受害者，原告就必须注意这些时效限制和研究相关规定。

合同赔偿和免责说明：提供备忘录，有限合伙协议，和可能包含广泛的豁免、赔偿和免责说明的订阅协议。这些协议可以规避某些诉讼赔偿。根据美国联邦和州法律，豁免、赔偿和免责说明如果违反公共政策，或存在鲁莽、故意的行为（或在一些州属于重大过失）则无法执行。然而，发行备忘录和订阅协议中可能包含外国法律选择条款，目前尚不清楚特定的美国法院将如何处理一个旨在确认重大过失条款是有效可执行的法律合同，因为任何法院都不太可能会执行一个在未来任何情况下免除欺诈的合同。

此外，一些协议还包括可能向基金服务供应商提起诉讼的诉讼费用的赔偿规定。如果服务供应商得到客户基金的赔偿，原告投资者可能最终需要支付双方的律师费。

加强证据标准：大多数的民事诉讼必须要用“优势证据”来证明，这意味着原告必须说服法庭或陪审团相信他们所说的事件的版本是“更有可能的”。然而，对于某些特定的诉讼，标准更高，要求原告拿出“明确和令人信服的证据”来支持他们的主张。这些标准依据管辖权的不同而不同，但对大多数常见的上述诉讼索赔（除明显过失以外），“明确和令人信服的证据”支持可能是必要的。

债务与可回收性

除了债务，一个主要障碍是任何潜在索赔的可收回性。如果被告不是定居在美国，那么判决执行就可能出现问题。更重要的是，问题在于被告到底有多少资产。许多被告是无力履行判决的，这就是为什么审计机构、主经纪人以及其他财力雄厚方被起诉的原因。许多被告方几乎没有可执行的资产，且判决只能根据保险条款被收集。然而，这种情况下通常没有保险单，如果有，保险额度也很小或者有一定的适用范围。如果某个保单是存在的，保险公司往往会全力避免支付。

离岸服务供应商擅长保护资产。例如，尽管他们可能承担着“四大”会计师事务所的名头，其实离岸公司可能只是“八个人在同一块石头上”，并且这八个人会找一些方法来保护他们的资产。投资者考虑对服务供应商提出索赔，需要确认“知名”的服务供应商在美国是否是真正的大牌公司（抑或其他管辖地区资金充足的公司），还是仅仅拥有一样的名字，其实与真正的大牌企业截然不同的一个单独的、独特的实体。

此外，如果外国被告具有支付判决的能力，但没有美国资产，成功的美国原告将不得不在外国管辖权中发起新的诉讼。外国法院可能对外国原告对其国内被告持有外国判决有敌意，在司法管辖范围较小的地区尤其要注意，这个地方如果执行一个大的判决（比如让当地的著名企业破产），将会对当地的经济产生较大的影响。

投资者索赔与接收人/受托人索赔

通常情况下，问题在于谁拥有索赔（是投资者还是接收人/受托人）。欺诈索赔通常属于投资者，基金和服务提供者之间违反协议的索赔通常由接收人/受托人享有。违反信托责任和疏忽的索赔，在许多情况下，是由投资者或接收人/受托人独有或共有。分析的关键在于，违反信托责任和过失的诉讼中要确认，除了基金发行方之外，服务提供方对投资是否要付责任。

特别需要关注的行为是受托人/接收人/清算方互有过失的防御。这种防御阻止了一个做坏事的人起诉另一个做坏事的人。关于这个问题有很多法律规定，而它本身也在演变，不同的司法管辖区对待这个问题的方法也不同。这是相关的，因为接收人/受托人介入了基金，并以基金的名义起诉。如果基金本身是不法行为人，那么接收人或受托人可能会被禁止向服务提供者提出索赔。有些法院对待接收方的态度不同于受托方。

另一个问题是破产管理是昂贵的。即使他们最大限度地提高房地产的价值，然后把含有泡沫的资产分配给投资者，他们的收入仍然来自房地产，并且一旦房地产清盘，他们将失去工作。一旦接收人被引进，他们的力量就是难以撼动的，因为如果投资者提起诉讼，迫使接收人接手，投资者最终将要支付每个参与进来的律师费用。这就是为什么投资者针对 Durus 事件采取的自我管理方式是有吸引力的，因为它可以基于该基金的价值，采取跟投资者的利益挂钩的更密切的行动。这种做法并不常见，因为自愿管理基金的投资者对其他投资者承担信托义务，而且还承担着潜在的责任。

法庭和司法管辖权

在美国起诉：对冲基金欺诈诉讼中要考虑的关键因素就是欺诈行为是什么时候开始的。美国法院通常更倾向于投资者索赔，因为他们通常是一个对投资者更有利的法庭。罪证发现规则比在他国司法管辖区运用得更为广泛，和陪审团庭审制度一样，这被认为对原告更有利，一般不用于美国和加拿大以外地区的民事案件。合同，如认购协议和有限合伙协议，可能会限制投资者可以带来索赔的司法管辖权，例如它们可能包含放弃投资者陪审团审判权的条款。

域外法权问题：2010 年美国最高法院针对莫里森诉澳大利亚国民银行（*Morrison v. Australia National Bank*）一案的判决对对冲基金诉讼有相当大的影响。对冲基金通常是注册在美国以外的国家，并使用外国服务提供商。此外，对冲基金的投资者往往来自国外。有时，在美国的一个基金主要是投资经理们控制的（例如在他的格林威治公园大道的办公室中控制）。各种案例中，原告和被告都是外国的以及非美国交易所交易的证券问题（称为“外立方”），这在过去的10年中已经非常普遍。

在莫里森案的判决前，投资者是否可以在美国法院诉讼与外国证券或离岸基金有关的联邦证券欺诈，这个问题被认为是法院的管辖权问题。而莫里森案的判决改变了这种看法。法官安东宁·斯卡利亚（Antonin Scalia）认为，联邦法院是否可以受理涉及外国证券的联邦证券申诉，不仅仅是一个法院管辖权的问题，更是一个基于是否涉嫌违反证券法事实的问题。莫里森案的判决中，在美国的联邦证券法律下是没有私人诉讼权的，除非购买出售地点在美国，或者购买出售的证券在美国国内交易所上市。莫里森案已被解释为拒绝这种情况，即证券欺诈案件涉及外国当事人和购买美国以外的外国债券在联邦法院是可受理的。规则在日益更新，法律也在逐步发展。例如，法院没有提及如果美国管理层出售离岸基金股票是不是一种可以被视为在美国发生的交易。

莫里森案和美国政府：莫里森案的判决针对美国司法部或SEC能否根据联邦法律进行起诉域外索赔的问题保持沉默。2010年，SEC针对高盛（Goldman Sachs）和图尔（Fabrice Tourre）的诉讼产生了广泛的影响。虽然高盛立即以5.5亿美元与SEC达成和解，但是图尔却没有。2011年6月，纽约联邦地区法院根据莫里森案的判决驳回了SEC按照10b-5规则来起诉图尔的行为，因为在美国没有购买出售行为，同时所谓的欺诈行为不涉及美国国内交易所上市的证券。

莫里森案的判决可能会对与离岸对冲基金相关的美国联邦证券交易带来深刻的影响。它保护了某些被告免受私人诉讼，并可能从美国证券法律和执法部门的职权中转移某些基金。

美国的州和联邦法院：这里有一个问题是，索赔是否应该在美国州法院或联邦法院起诉。如果应该在州法院起诉，那么是在哪个州法院？如果在联邦法院诉讼，那么是在破产法院或联邦地区法院吗？如果符合相关法规的要求，那么被告经常会把案件进行迁移——从州法院迁到联邦法院，或从破产法院迁到联邦地区法院。

支持美国联邦法院的原因是考虑到相对于州法院，其更容易确保个人的州管辖权，因为在证券诉讼中，还存在全国管辖权。然而，莫里森案的判决添加了新的一层复杂性。在“外立方”案例中，根据美国联邦证券法律规定不可行，但依据州法律是可行的。站在双方当事人都是外方的立场上，感谢莫里森案没有根据联邦法律产生索赔，因为联邦法院缺乏审理管辖权争端的主体。因此，这些诉讼索赔如果真要发生的话，只能在州法院受理。

仲　裁

一些管理对冲基金投资的协议中有强制的仲裁条款。此外，在基金和服务商之间的协议也经常有仲裁条款。即使不是强制的，如果在仲裁中有挂钩，会发生比在法庭上向仲裁小组提起诉讼更有意义的情况。如果你有令人信服的事实，但难以诉诸法律，那么仲裁是一个不错的选择。仲裁人通常不是律师，其一般更倾向于寻求公平正义的主观概念，而不像法官那样必须坚持法院判决的先例。相反，仲裁人可能不愿意赔偿对冲基金诉讼当事人寻求的款项金额。如果可以选择的话，原告方应该知道仲裁与诉讼的不同。一个由 3 个在 FINRA 登记的经纪人组成的 FINRA 仲裁小组，与 3 个退休的美国联邦法官或 3 个英国大律师组成的仲裁小组对同一主张的看法可能是不同的。

其他需要考虑的事情是，在仲裁里当事人证据公开（当事人要求交换文件并采取宣誓做证）会受到限制，并且很难从非当事方那里取证。另外，大部分仲裁的决定是不可上诉的。此外，他们也不是总能用合理的分析来解释判决书。

共同诉讼与集体诉讼

另一个对冲基金欺诈案例中持续的动态问题是投资者条款应该作为共同（class）诉讼还是集体（group）诉讼。共同诉讼是一个投资者代表了所有类似境遇且有共同索赔要求的投资者；集体诉讼则是由一组对不法行为者有类似索赔要求的人组成。共同诉讼有利于代表所有受害方提出索赔，并且通常按次收费；集体诉讼通常由更高端且更利益攸关的投资者提出，并且通常按小时收费。与共同诉讼相比，集体诉讼对投资者来说通常是一个更经济的模式，因为他们一般花费更少的律师费用，除非案件困难且最终失败。共同诉讼允许未指定原告的投资者保持匿名。

除了不同的收费模式，集体诉讼具有能够主张欺诈性维护索赔的优点，而这些索赔不能在共同诉讼模式中得到保证。欺诈性维护索赔只能以集体诉讼的形式提出，理由是，这种索赔的基础不能在共同诉讼模式中证明，必须一个投资者一个投资者地去查看。

最后，由于 SLUSA 和莫里森案判决之间的潜在相互作用，离岸基金的投资者应该在加入一组超过 49 名的投资者之前多加注意（以免他们的州法律诉讼请求被不存在的联邦法律诉讼请求所取代）。

追回索赔

除了投资者和接收人/受托人起诉基金经理和服务提供者的对冲基金欺诈案件外，还涌现出了许多案例。在这些案例中，接受人/受托人对投资者提出索赔，要求他们在基金爆仓之前收回款项。这些索赔已在麦道夫案件中公布，SIPC 的受托人对接受了麦道夫利润分配的人提出了数十亿美元的索赔，这些索赔已经在 Bayou、Lipper 和其他对冲基金欺诈案中提出。关键的问题是，这是否是一个庞氏骗局欺诈？我们在上文中已经结合了 Bayou 的行为进行了讨论。

热点诉讼问题包括，追回支付的索偿要求是否只限于虚构的利润，或者还可以包括支付给投资者的投资本金。只限于收回虚拟利润的理论是：每个人都有资格获得投资资本的回报，人们不应该因继续尽职调查而受到惩罚。扣除本金的理论是：所有投资者应该得到平等对待，所有的钱应该放到一个罐子里并重新分配。然而，这似乎本来就不公平。

追加保证金诉讼

在 2008 年金融危机爆发和加剧之前，对冲基金已经被经纪人/做市商放弃了，他们扩大杠杆，然后追加保证金。这是一片涉及各种法律理论，如违反合同、违反诚信和公平交易的隐含契约，以及各种“贷款人责任”理论的诉讼沃土。这些诉讼在前文中讲到关于 Granite 基金的部分中我们已进行过讨论。

趋 势

你所看到的对冲基金崩盘后的趋势之一是启动清算或破产程序，然后是诉讼，诉讼人可能是接收人/受托人，也可能是投资者，抑或二者都有。有时，投资者和负责的受托人之间的程序是协调的，有时却相当碎片化。美国和海外监管机构及其他机构的相互作用正在发生变化。

SEC 在这一领域越来越活跃，尽管（并且可能在一定程度上是因为）它未能防止麦道夫欺诈而受到了公众监督。美国联邦法院根据SEC的要求任命破产管理人已经变得更加普遍。然而，对于接收方和受托人的成本问题（即成本能否带来足够回报）饱受关注。麦道夫案件中陪审团仍然存在。

负责的受托人和投资者之间的关系在个案基础上是不同的。在一些情况下，他们是和谐合作的关系；而在另一些情况下，在谁应该追求索赔的问题上会爆发保卫战，接收方和受托人可能产生摩擦。

如何避免成为受害者

投资者必须在投资前和投资期内进行深入的定量和定性的尽职调查。没有进行适当的尽职调查可能导致受到欺诈，并且可能由于相对疏忽而损害投资者对服务提供人的索赔权。根据这个理论，被告人可以通过表明投资人的损失部分是由于投资者自己在做投资时的疏忽，而避免一部分责任。

必须用量化模型检验备忘录、推介材料、审计报告和信息的表述。当然，这些测试只是针对材料的真实性去考察。因此，评估基金经理的可信度和在引入数据之前收到的信息非常重要。投资者可以使用自己的定量模型或第三方供应商的定量模型。当然，过去的结果不一定能反映未来的表现。

定性尽职调查比定量尽职调查更为重要。诚实是关键，发现每一个谎言都很重要。如果一个基金经理曾经撒了很小的谎，他就可能会撒更大的谎。例如，基金经理在说明书里夸大教育背景和从业经验是一个危险信号。应该对基金经理进行背景调查，目前有许多在线资源以及经验丰富的尽职调查人员。

面试基金经理只是尽职调查过程的开始。经理团队的主要成员，包括参与投资决策以及后台支持的人员，都应该接受面谈。其他应该问的问题有：基金经理有利益在基金中吗？基金是否有足够的流动性进行赎回？资产在哪里保管？（阅读前面关于麦道夫的部分，当时证券声称由一家声誉良好的公司投资，但是又分包回麦道夫那里了。）

应分析服务提供商的质量，如会计师、行政管理员和主经纪人这些人的水平。应该询问服务供应商对基金和经理的看法。要问他们为基金做了什么，他们的费用金额，以及如何评估。例如，估值的来源是否中性？估价的数据来源是什么？当基金经理夸大回报时，即使不是彻头彻尾的谎言，诱惑也是很大的。当某件产品需要进行盯市，并且没有公开可用的价格时，应该有一个中性的数据来源对它进行估值。此外，所有主观标记必须记录在文字中，以识别该标记如何确定以及由谁确定。

然而，服务供应商通常不会与投资者交流，或者由于责任和保密性问题而很少谈论价值。当然，审计报告和资产净值报表通常是针对投资者的，这似乎在一定程度上会产生与投资者沟通的义务。服务供应商处理潜在责任的一种方法是将豁免和赔偿条款放在与基金和基金经理的服务合同中，尽管这不能保护他们免受投资者的诉讼。投资者需要注意的是，离岸基金的服务供应商通常是离岸实体，除了美国的主经纪人以外。没有在美国定居可能会产生判决的管辖权和可收回性的问题。

尽职调查过程中的另一个重要步骤是面试其他投资者。应特别注意没有投资或赎回的人，需要避免“羊群效应”。例如，因为约翰告诉皮埃尔，皮埃尔又告诉弗朗茨一些好的基金，这并不意味着弗朗茨就会做这项投资。投资者不应投资于他们不明白的工具或策略。例如，许多人投资于 CDO 却并不知道它们如何运作。对冲基金投资者经常违反这个规则，他们一心寻求多样化并追求回报。要当心

“市场中性”，或类似暗示基金的策略是对相关风险进行免疫，但能带来持续的高利润这类话术。

当心暗箱。通常情况下，对冲基金欺诈能被隐藏是因为基金经理说：“这个策略专属性强，并且很复杂，你不会理解，但相信我，你会赚钱的。”麦道夫或许是这方面的主要案例，但这种行为在许多对冲基金欺诈中都会发生，像 Granite、Beacon Hill 和上文提到的其他基金，它们看起来太好以至于不真实。例如，在 Manhattan 的欺诈行为中，基金经理的策略是在大型科技股集聚上升时期做空科技股。在这种情况下他如何能保持两位数的回报？这毫无意义。回报没有下降的月份通常是一个危险现象，而平稳的回报通常也是危险的。

其他需要注意的事情是利益冲突，例如当一个管理者使用附属公司执行交易（见前面的 Bayou 章节），过度集中头寸（见前面的 Wood River 和 Lancer 部分）和透明度，或缺乏透明度。迈克尔·劳尔据称能够进行欺诈的原因之一是，他会向投资者提供过时的、通常又是不正确的投资组合头寸报告。所以，现在头寸更加透明。如果基金经理担心这些专有信息会被用于对他们不利的地方，投资者可以提议签署保密协议。

避免成为对冲基金欺诈案件的被告

对冲基金经理、对冲基金董事和服务提供者怎样能够避免由对冲基金欺诈指控带来的诉讼？

基金管理者应使用适当的模型。他们需要注意基金之间和他们个人账户之间的交易分配，应保留交易确认文件。还必须建立充分的内部会计控制。员工应该受到适当的培训，并且应该有行为准则约束。获取和保留适当的投资者文档（例如，订阅协议和兑现）非常重要。另外，要关注法律和营销文件中披露的信息，并确保它们准确，小心过度夸张。如有问题应向投资者坦白交代，沟通很重要。

至于服务供应商，必须精心聘用，并且监督也是必不可少的。被聘用的管理者和审计师必须了解基金的运作和战略。要确保有足够的后台人员来调节交易或至少要转交给相应的后台服务供应商。当然，不要过度杠杆化，并确保借款人多样化，这一点无论怎么强调都不为过。通常情况下，这是对冲基金崩盘和随后引发诉讼的原因。

作为交易对手的经纪人/交易商或主经纪人，你必须"了解你的客户"，并对对冲基金进行合理的投资，执行必须快速而透明，并确保员工受到了适当的监督。如果在进行对冲基金业务时出现危险信号，包括杠杆、集中和业绩的使用，请跟进这些信号，以避免潜在的责任。要确保已完成正确的文档，并遵守所有保证金规则和卖空规则。

许多避免或减轻投资者诉讼的提示适用于审计师和行政管理员。显然，欺诈不应该发生，协助和教唆欺诈也不应该发生。员工应受到适当的培训和监督，需要了解他们所提供的服务的功能，也需要了解他们提供管理或审计服务的行业。例如，审计师必须了解美国公认会计原则（简称 GAAP）、国际财务报告准则（简称 IFRS）和内部审计标准之间的差异。还要检查 SAS 70① 是否已经完成，这将表明对冲基金是否具有适当的内部控制和流程。行政管理员需要了解他们提供的服务是完整的资产净值服务还是精简的资产净值服务（精简的资产净值服务意味着，行政管理员不是依据独立的工作，而是依据基金经理提供的价格来报告资产净值）。

① SAS 70 是由美国会计师协会制定，针对金融服务机构向客户提供服务的内部控制、安全保障、稽核监督措施的审计标准。——编者注

必须确保有足够的资源来参与。不要将工作委托给团队中的初级成员。我经常看到审计师叫很低的价招徕到一份工作，然后将这份工作委托给一个初级人员，给他们一份没有经过培训的手册，使他们变得自由散漫。这是一个灾难性的“处方”。也使我得出下一点：必须充分参与并确保正确执行。要确保客户的业务被参与团队理解；正确识别和验证资产的存在和估价，包括使用第三方验证；不要轻信基金经理的话，或从基金经理、官员和董事那里获得审计声明书。

服务供应商需要了解其他服务供应商，以及他们同意做什么和不同意做什么。服务供应商需要与基金经理和基金签订严格的委托书。这有助于对受托人/接管人和基金经理的诉讼。目前还不清楚它对投资者有多大的帮助。委托书应有关于解除、赔偿、有利的法律选择、有利的论坛、放弃陪审团审判和强制仲裁的规定。

服务提供者的一个考虑是，应该买多少保险来满足支付判决和诉讼的法律费用。许多服务供应商试图寻找保护其资产的方法。

最后，尽管做了所有的这些努力，如果服务供应商依然得知欺诈的事还在发生，就要要求基金经理必须立即对基金的投资者坦白一切，如果经理拒绝，就得辞职。服务供应商如果发现欺诈，永远不要对投资者说一切都好，因为如果这种劝慰的话给了基金经理时间来加深欺诈，那么服务供应商也会面临协助和教唆欺诈的责任。

总　结

希望对于对冲基金诉讼的概述以及避免无形诉讼损失的方法介

绍一直是有趣的和充满启发性的。欺诈者富有创造性，所以潜在的诉讼问题会继续出现。如果你遵循本附录中的指示，并从以往的失败经历中吸取教训，就可以避免成为一个高代价的对冲基金诉讼中的原告或被告。

附录B 对冲基金结构示例

本附录的目的是为了向你提供一些对冲基金经理用来管理基金的结构示例。下述示例囊括了世界各地的在岸与离岸律师为基金经理创建的各种结构。创建对冲基金结构的关键在于了解你的投资者来自何方。一旦你了解了此信息，那么你的律师就将创建出满足投资者需求的结构。

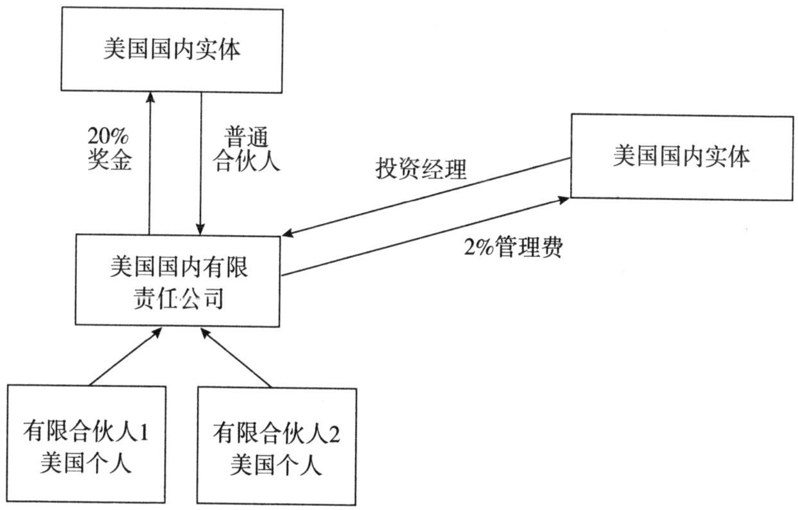

图 B.1　简单在岸结构

该图展示了一个经典的独立基金结构，它简单地用一个有限责任公司代替了一个有限合伙企业。由于一些基金文件起草人熟知的原因，他们更偏向选择有限责任公司。在特定情况下，普通合伙人将为此结构承担更多的所得税不良后果。

资料来源：经莫里·卡尔汀（Maury Cartine，法学博士、注册会计师）许可，方可创建和转载

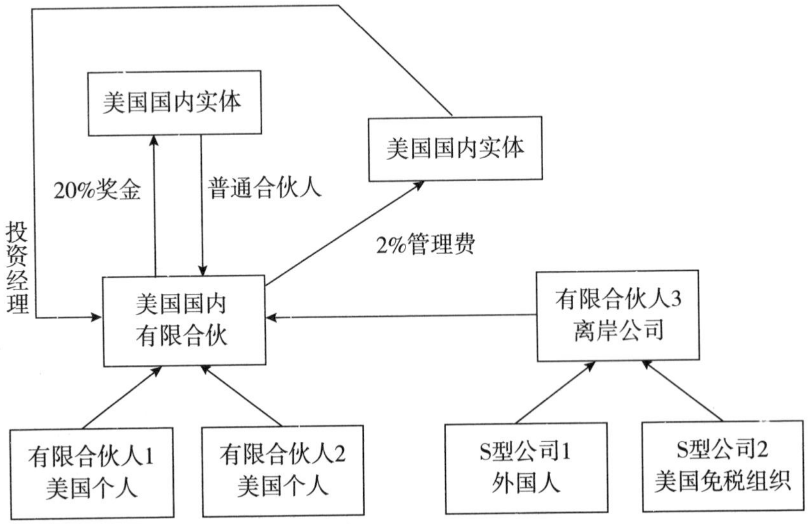

图 B. 2　经典主从结构

在某些情况下，投资经理更偏好一种经典主从结构的简化版（如图 3. 2 所示）。在这种简化版本中，离岸合伙制和一次性审计（one audit）将被取消。审计师们只需对美国国内基金和离岸附属企业进行审计。然而，美国国内基金的普通合伙人必须收集和汇出其股利和附表 K-1 中列示的其他应税所得所扣缴的所得税，附表 K-1 将被呈交给离岸附属企业。

资料来源：经莫里·卡尔汀许可，方可创建和转载

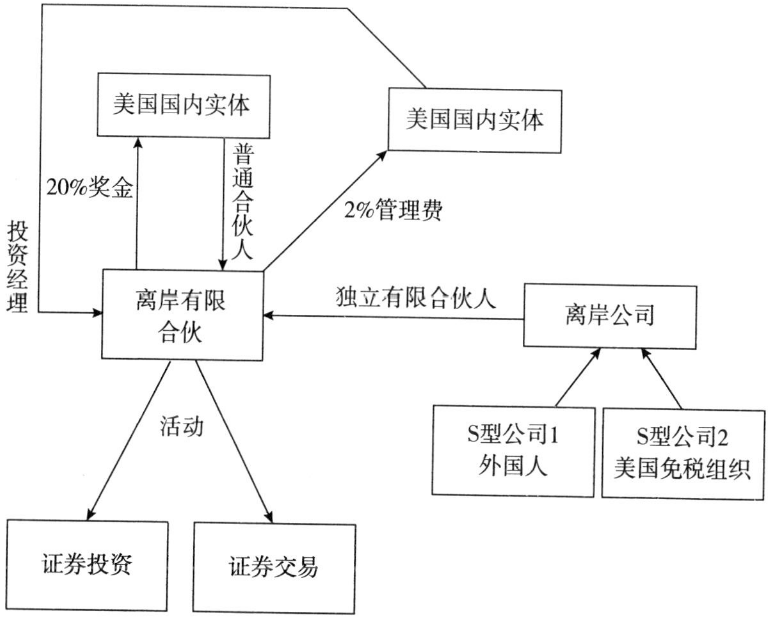

图 B.3　改良的主从结构

这是对冲基金行业针对丧失延期机会做出的回答，这种延期机会之前一直存在于离岸基金支付给投资经理的管理费用和奖励费用中。由于投资经理不再能够延迟离岸基金对其费用的支付，那么他们更希望用一种经典的独立基金结构来代替完全的费用支付结构。这种结构可以给普通合伙人带来奖励分配方面的所得税优惠（如图 3.1 所示）。此结构中唯一的不同是用离岸有限合伙代替了国内有限合伙。这一简单的额外步骤免除了投资经理在扣缴所得税方面的潜在义务（如图 B.2 所示）。

资料来源：经莫里·卡尔汀许可，方可创建和转载

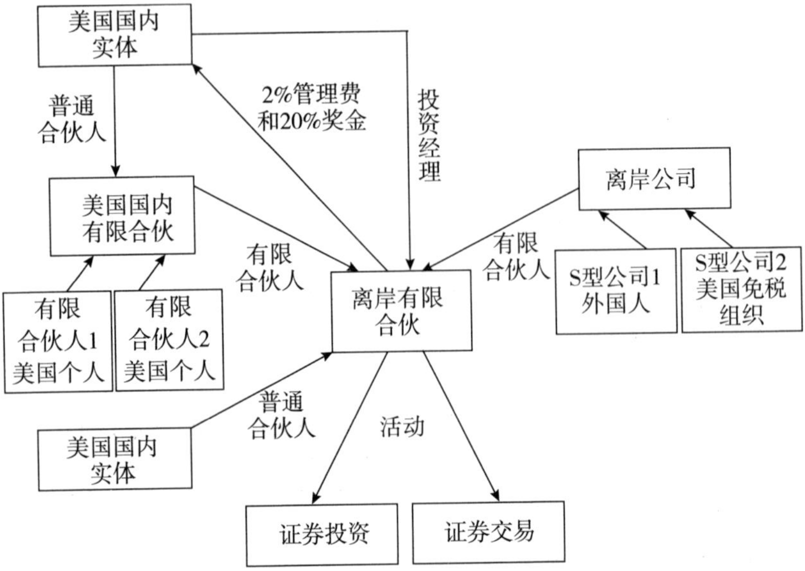

图 B.4　改良的主从结构替代版 I

该图展示了主从结构中关于管理费用、奖励分配和奖励费用支付的一种变形。这些费用并非在国内或离岸附属层面上进行确认，而是在主基金层面上进行确认。对于国内附属企业的有限合伙人，此结构在美国可享有一些潜在的所得税优惠。几年前，美国国税局（简称 IRS）颁布的税收裁定 2008-39 中否认了有限合伙人拥有对母基金内部产生的份额费用（share expenses）进行交易或商业抵扣的权利，尽管母基金只投资给其他从事证券自营业务（交易商）的合伙制企业。实际上，母基金的交易商身份并不能归因于母基金的自身费用支出。结果是，这些费用并不能够被有限合伙人作为组合抵扣的一部分进行抵扣，这是因为组合抵扣受到包括 2% 的 AGI（adjusted gross income，调整后收益总额）限制和 AMT（alternative minimum tax，替代性最低税收）加回在内的种种限制。在税务专家中存在一种担忧，即：美国国税局也可将同样的逻辑适用于国内附属企业的费用计算中。因此，即使主基金是一个明显的交易商基金，但是有限合伙人从国内附属企业直接支付的管理费用中获得的抵扣优惠也是有限的。

资料来源：经莫里·卡尔汀许可，方可创建和转载

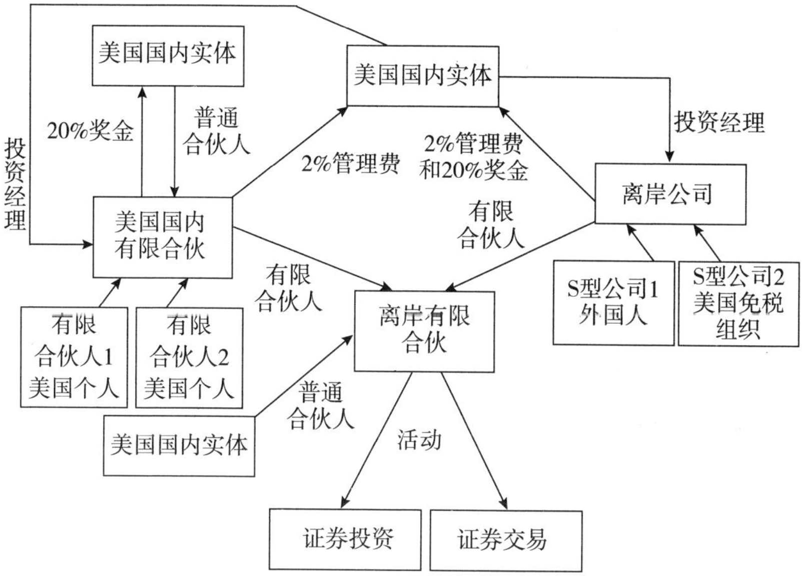

图 B.5　简单主从结构

该图展示了一个穿了“腰带”和“背带”的经典主从结构。与图 3.2 不同的是，由美国国内附属企业和离岸附属企业支付的管理费用现在分别支付给不同的实体，普通合伙人只收到奖励分配。事实上，对冲基金律师或会计师有众多理由相信该结构比图 3.2 所示的结构更优越。然而，多余的实体的确增加了投资经理的行政管理成本，会计账簿和税收都会增加。将管理费用从奖励分配中分离出来对于纽约市的基金来说依然重要，并因此应该缴纳纽约市的非公司企业税。

资料来源：经莫里·卡尔汀许可，方可创建和转载

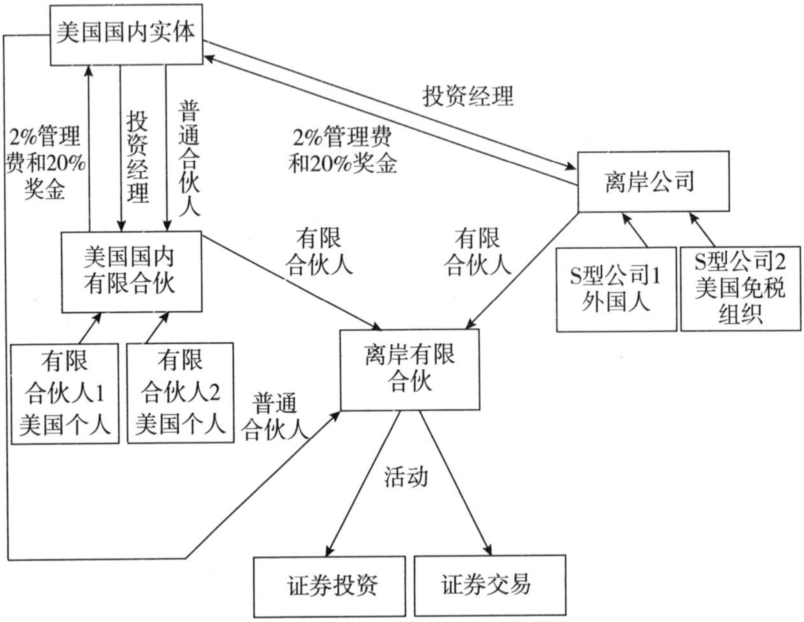

图 B.6　主从结构替代版 I

该图描绘了投资经理迫切希望尽可能多地从主从结构中削减实体数量。在图 B.5 中由单独投资经理所描绘的“腰带”和“背带”以及离岸有限合伙主基金中的单独普通合伙人都被淘汰了。这或许是如何不构建一个主从结构的最佳示例。

资料来源：经莫里·卡尔汀许可，方可创建和转载

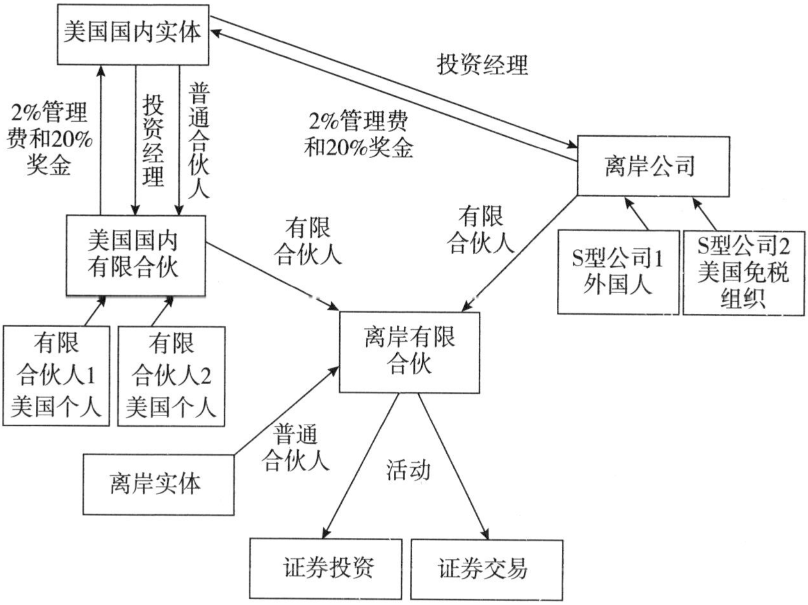

图 B.7　主从结构替代版Ⅱ

该图仅仅将离岸有限合伙主基金的国内普通合伙人替换成了国外普通合伙人。在国外特定的司法管辖区内，这或许在行政上是更为可取的甚至是被要求的，取决于管辖区的法律。

资料来源：经莫里·卡尔汀许可，方可创建和转载

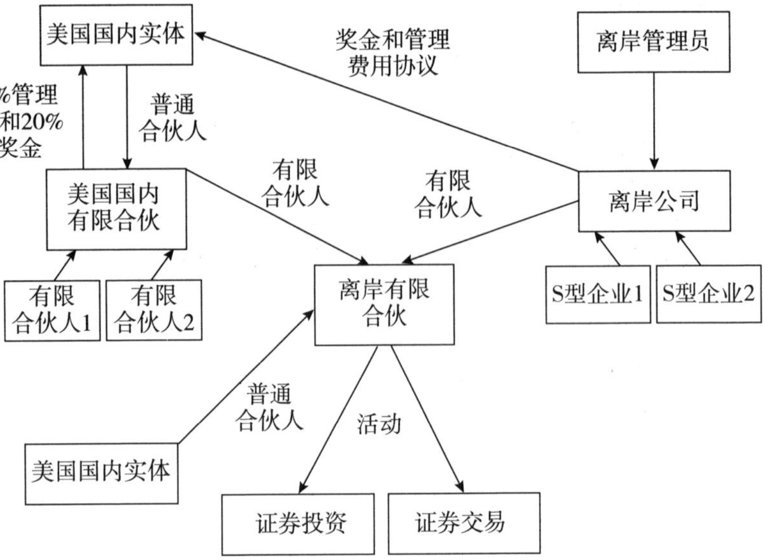

图 B.8　主从结构替代版Ⅲ

资料来源：经莫里·卡尔汀许可，方可创建和转载

术语表

Absolute-return fund（绝对收益基金） 绝对收益基金在各种不同的市场状况下寻求正回报，它不像其他传统的基金，坐等股票升值。绝对收益基金可以坐等股票升值，也可以做空股票来获取收益。

Administrator（行政管理员） 对冲基金雇用的行政管理员为对冲基金公司提供净资产价值报告、基金表现报告和其他账本登记工作。

α（超过基准指数的超额回报） α 是衡量基金相对于无风险回报率和其他表现的指标，包括但不限定于传统和非传统的指数。

Alternative assets（非标资产） 非标资产与传统的坐等股票升值的基金不同。它包括对冲基金、私募基金、货物基金等不受美国《1940 年证券法》管理的资产。

Annual rate of return（年回报率） 年回报率是累计计算的当年的净资产回报率。

Arbitrage（套利） 套利是一种投资方式，它把在一个市场上错价的证券，放到另外一个市场上，从而获得利润。

Assets under management（管理资产） 管理资产包括所有的投资，有杠杆的、没有杠杆的，还包括基金经理管理下的现金。

Average annual return（annualized rate of return，平均年化回报率） 平均年化回报率是用累计的复合计算的回报或损失除以基金存在年数。

Average monthly return（平均月化回报率） 平均月化回报率是用

累计的复合计算的回报或损失除以基金存在的月数。

Average rate of return（平均回报率） 平均回报率用来描述在一段时间内投资的表现。

Back-test（回测） 回测是指用历史数据来证明一种投资策略。

Bear market（熊市） 熊市指一段长时间内股票价格持续下降。

Bull market（牛市） 牛市指一段长时间内股票价格持续上升。

Clearing（清算） 清算是指当交易发生后，在基金经理和经纪人之间进行结算的过程。

Commodity trading advisor（简称 CTA，货物交易顾问） 个人或者单位给他人提供有关货物的期货、期权和外汇交易的建议，就是货物交易顾问。

Custodian（托管人） 托管人指持有和保护基金资产并提供其他服务的银行、信托公司或其他金融机构。其职能还包括从投资者处收款、分配赎回收益和维持保证金账户。

Derivatives（衍生品） 证券的价值是从其他相关的衍生品上产生的。

Diversification（分散投资） 基金的投资组合具有多样性。在一个分散投资的基金中，厌恶风险的基金经理会把资金投向属性不同的资产，这些资产一般不会在同一时段内一起上升或下降。

Drawdown（回撤） 回撤指投资从最高点到最低点的落差。投资在特定时间内的最大回撤，通常会被用来衡量投资的风险。

Due diligence（尽职调查） 尽职调查指投资者对基金经理的投资风格和策略的询问，包括基金经理的背景和业绩。

Exposure（敞口） 敞口指投资在不同的市场环境内反应的程度。在对冲基金里，敞口是按净值计算的，而净值是多头和空头的净值总和。例如，如果一只基金是 150% 多头，65% 空头，它的净敞口就是 85% 。

Fair value（公允价值） 公允价值就是那个在不相关的交易对象之间交易的价格。

Forward contract（远期合同） 远期合同是在场外交易市场（简称OTC）交易的衍生品，交易双方同意在未来某个时刻以某个价格对某个货物/证券进行交易。

Fund of funds（简称 FOF，母基金、基金中的基金） 这一基金的投资对象是其他对冲基金或其他基金。

Futures contract（期货合同） 期货合同指在交易所统一格式的，交易双方同意在未来某个时刻以某个价格对某个货物/证券进行交易的合同。

General partner（一般合伙人） 一般合伙人指经营、开发和运营有限合伙制公司的个人或公司。

High-water mark（高水位线条款） 高水位线条款指在合同中约定投资人对基金经理超出最高基金净值的优秀表现给予奖励。

Hurdle rate（门槛率） 门槛率是基金预先设定好的最低回报率，基金经理必须达到门槛率，才能开始收取基金管理费。门槛率通常是固定利率，如伦敦银行间拆借利率（简称 LIBOR），或者一年期的美国国债利率加上一个固定的差价。

Incentive fee/performance fee（奖金） 奖金是基金经理能收到的管理基金的利润，通常是 20%。

Inception date（起始日） 起始日指基金开始交易经营的第一天。

Limited liability company（简称 LLC，有限责任公司） 有限责任公司是一种公司的法律结构，也是对冲基金公司通常采用的公司结构。

Limited partnership（简称 LP，有限合伙制） 有限合伙制一般用作对冲基金的法律结构。

Liquidity（流动性） 流动性一般用来衡量在不影响市场价格的情况

下，一个资产能够被处理掉的难易程度。

Lockup（锁定） 锁定指投资者在一定时间内，必须把投资锁在基金内（比如，一定时间内，投资者不能套现他们的投资）。

Long position（多头） 多头指购买的股票净值是正数。

Management fee（管理费） 管理费是基金经理向投资者收取的费用，通常是用来支付基金的运作费用。年化的管理费通常为投资者投资基金总额的0.5%～2%，并且通常是按季度支付。

Margin call（补充保证金通知） 补充保证金通知是向投资者收取足够的资金，以保持有杠杆的交易账号能有最低资金要求。

Minimum investment（最低投资） 最低投资指投资者允许的向对冲基金投放的最初投资的最低金额。最低投资可以是50 000～5 000 000美元，但是大多数基金要求500 000～1 000 000美元。

Net asset value（简称NAV，资产净值） 资产净值指基金的总市场价值。

Offshore fund（离岸基金） 离岸基金指设立在一国以外的基金。

Onshore fund（在岸基金） 在岸基金指设立在一国，可以让该国人投资的基金。

Option（期权） 期权是一个金融合同，它给予合同购买者权利，允许合同购买者在一定时间内，以一定价格购买一定的资产。

Performance fee（业绩奖金） 业绩奖金是针对基金经理的投资策略业绩，奖给基金经理的费用。

Portfolio manager（投资经理） 投资经理是管理公司资产的公司或个人。

Poison pill（毒丸） 毒丸指写在公司合同内的，针对未来的不利事件，可以运用的一些法律手段。

Prime broker（主经纪人） 主经纪人指为对冲基金提供运营服务，包括交易、各种报告和融资的证券公司。

Private equity fund（私募股权基金） 私募股权基金指由私人公司发起募集的基金。

Private placement memorandum（私人配售募股说明书） 私人配售募股说明书是对冲基金对外销售的文件，内容包括基金的运作状况、管理、风险、回报潜力。

Quantitative analysis（定量分析） 定量分析是使用客观统计信息来确定何时买卖证券的证券分析。

Redemption（赎回） 赎回指投资者取回投资成本和收益。

Redemption fee（赎回费用） 赎回费用是指由对冲基金经理规定的，当投资者赎回投资时支付的费用。

Redemption notice period（赎回通知期限） 赎回通知期限是指投资者赎回投资时必须给予对冲基金经理的通知期限。

Section 3（c）（1） 这是美国《1940 年投资公司法》中的一个规定：如果基金的投资者不超过 100 个，则对冲基金不需要注册为投资顾问。

Section 3（c）（7） 这是美国《1940 年投资公司法》中的一个规定：如果所有的投资者是合格的投资者，则允许基金的投资者超过 100 个。

Sharpe ratio（夏普比率） 用基金净值增长率的平均值减去无风险利率，再除以基金净值增长率的标准差，就可以得到基金的夏普比率，其目的是提供单位分散风险回报率的信息。

Short position（空头） 空头指在市场上卖掉自己并不拥有的股票。

Short sales（做空） 做空指通过向股票经纪公司借股票，然后在股票市场卖掉，相信日后可以以更低的价格买回来。

Spread（差价） 差价指两种证券之间的价格或收益率的差异。

Standard deviation（标准差） 用一组数据中的每一个数与这组数据的平均数的差的平方的和再除以数据的个数，取平方根即是标准差。

Traditional investments（传统投资） 传统投资是指与广阔的股票市场或固定收益市场相关的产品。

资料来源：

Global Value Investing：www. numeraire. com/margin. htm

The Free Dictionary by Farlex：www. thefreedictionary. com/Hedge + funds

Venture Japan. Hedge Fund Glossary of Terms：www. venturejapan. com/index. htm

参考资料

Australian Stock Exchange Website Glossary. Retrieved August 11, 2006, from www.asx.com.au/investor/lmi/how/AbsoluteFundsGlossary.htm.

Berger and Montague, "P. C. Client Files Class Action Against Bayou Hedge Fund Entities, Citibank, Hennessee Group, Sterling Stamos Capital Management and Others on Behalf of Bayou Hedge Fund Investors," *Market Wire*, November 2005. Retrieved August 11, 2006, from http://findarticles.com/p/articles/mi_pwwi/is_200511/ai_n15850332.

Bernheim, A. "Repeal of the Ten Commandments: The Impact on the Offshore Hedge Fund Administrations Industry." Retrieved August 11, 2006, from www.hedgefundnews.com/news_n_info/article_detail.php?id=260.

Burton, J. "SEC Proposes Tighter 'Softer Dollar' Rules: Use of Commissions for Investment Research under Fire." *MarketWatch*, October 20, 2005. Retrieved August 9, 2006, from www.marketwatch.com/News/Story/Story.aspx?guid=%7B373BBC75-B693-457F-B656-A540F21CC034%7D.

Butler, D. S. "How to Select an Administrator: Due Diligence: What to Look For—What to Ask." Delivered at AIMA and Euronext 7th Annual Investor Forum, September 25, 2002. Retrieved August 11, 2006, from www. customhousegroup. com/How%20to%20Select%20Admin. htm.

Cantrell, A. "Bayou Founder, CFO Plead Guilty to Fraud," *CNN*, September 29, 2005. Retrieved August 11, 2006, from http://money. cnn. com/2005/09/29/markets/bayou/index. htm.

————. "Hedge Funds Launch, Close in Record Numbers," March 2006. Retrieved August 8, 2006, from http://money. cnn. com/2006/03/01/markets/hedgefund_stats/index. htm.

Cartine, M. "Unrelated Business Taxable Income." *BISYS Alternative Investment Services* (Fall 2006).

Das, N., R. Kish, D. L. Muething, and L. W. Traylor. "An Overview of the Hedge Fund Industry." Martindale Center for the Study of Private Enterprise, Lehigh University 2002 Series 1. Retrieved August 11, 2006, from www. lehigh. edu/ ~ incntr/publications/2002_series_1. pdf.

Eisinger, J. "A David Toppled Hedge Fund Rule, but Was Goliath Really so Bad?" *Wall Street Journal*, July 28, 2006, C1.

E-zine Articles. "History of Texas Hold'em." Retrieved August 8, 2006, from http://ezinearticles. com/? History-of-Texas-Hold-em&id =205439.

Felsenstein, S., J. Telpner, and B. Chavez. Greenberg Traurig Alert: "New NASD Rule 2790 Revises Retrictions on the Purchase and Sales of Initial Public Offerings" (January 2004). Retrieved August 11, 2006, from www. gtlaw. com/pub/alerts/2004/felsensteins_01. pdf.

FBI History: Famous Case: *Willie Sutton*. Retrieved August 11, 2006, from www. fbi. gov/libref/historic/famcases/sutton/sutton. htm.

Frontline: *Betting on the Market—Pros*: *Peter Lynch.* Retrieved August 11, 2006, from www. pbs. org/wgbh/pages/frontline/shows/betting/pros/lynch. html.

Fund Investors, LLC. "Hedge Fund Accounting Basics." Copyright 2001-2006. Retrieved August 11, 2006, from http://www. hedgefundcenter. com/wrapper. cfm? article_type = basics.

GPO Access: United States Code, 2000 Edition. Title 15, Chapter 2D, Subchapter 1, Sec. 80a-2. Retrieved August 8, 2006, from http://frwebgate. access. gpo. gov/cgibin/getdoc. cgi? dbname = browse _ usc&docid = Cite: +15USC80a-2.

HR 3162: Uniting and Strengthening America by Providing Appropriate Tools Required to Intercept and Obstruct Terrorism (USA Patriot Act) Act of 2001 (Enrolled as Agreed to or Passed by Both House and Senate). Sections 326 & 352. Retrieved August 11, 2006, from http://thomas. loc. gov/cgi-bin/query/D? c107:4:./temp/ ~ c1076T6dS4.

PFPC Worldwide Inc. "Global Hedge Funds: Maze—Navigate the Maze of Opportunities." Copyright 2004. Retrieved August 11, 2006, from www. pfpc. com/pdfs/BRO_Hedge_Fund. pdf.

Royal Vegas Poker. "The History of Poker." Retrieved August 8, 2006, from www. royalvegaspoker. com/history- of-Poker. asp? BTag = ad_157206.

Stead, D. (ed.). "Up Front: For Hedge Funds, Some Sweet Deals," *Frontline*: *Betting on the Market—Pros*: *Peter Lynch*, May 8,

2006. Retrieved August 11, 2006, from www. pbs. org/wgbh/pages/frontline/shows/betting/pros/lynch. html.

Strachman, D. *Getting Started in Hedge Funds.* 2nd ed. (Hoboken, NJ: John Wiley & Sons, 2005).

———. *Julian Robertson: A Tiger in the Land of Bulls and Bears* (Hoboken, NJ: John Wiley & Sons, 2004).

Texas MBD. *Hedge Fund Organization: McCombs School of Business Website Glossary of Terms.* Retrieved August 11, 2006, from www. mccombs. utexas. edu/students/MBAHFO/glossary. asp#H.

Thackray, J. "WhateverHappened to the Hedge Funds?" *Institutional Investor* (May 1977): 70-73.

United States District Court, District of Connecticut, Civil Action No. – Class Action Complaint 305CV176 2. Retrieved August 11, 2006, from http://securities. stanford. edu/1035/BHFE05_01/20051117_f01c_0501762. pdf.

United States General Accounting Office. "Testimony Before the Subcommittee on Government Efficiency and Financial Management, Committee on Government Reform, House of Representatives: Securities and Exchange Commission—Preliminary Observations on SEC's Spending and Strategic Planning" (July 23, 2003). Retrieved August 8, 2006, from www. gao. gov/new. items/d03969t. pdf.

United States Securities and Exchange Commission. 17 CFR Part 230-Releases No. 33-8041; File No. S7-23-01. "Defining the Term 'Qualified Purchaser' under the Securities Act of 1933." Retrieved August 11,

2006, from www. sec. gov/rules/proposed/33-8041. htm.

———. "Accredited Investors" (July 2000). Retrieved August 8, 2006, from www. sec. gov/answers/accred. htm.

———. "Implications of the Growth of Hedge Funds: Staff Report to the United States Securities and Exchange Commission" (September 2003). Retrieved August 8, 2006, from www. sec. gov/news/studies/hedgefunds0903. pdf.

University of Cincinnati College of Law. Security Lawyer's Deskbook. "The Investment Company Act of 1940." Retrieved August 17, 2006, from www. law. uc. edu/CCL/InvCoAct/sec3. html.

Van Hedge Fund Advisors International, LLC. "Size of Hedge Fund Universe." Retrieved from www. hedgefund. com/abouthfs/universe/universe. htm.

致 谢

出版本书第二版的念头萌生于2011年上半年我和编辑之间一系列的邮件往来。从那时起，我花了大量的时间试图更新原始页面，为你提供最新和最翔实的信息，来帮助你成立和运营一只基金。在前面的文字中，我已经为你提供了一个指南，它将帮助你避免失败，走向成功。你对对冲基金的兴趣使这本书的出版成为可能，所以我非常感谢你对这个主题有兴趣。

我写了《对冲基金入门》（第二版），因为这些独特的投资产品已经扎根了。它们不再被认为是一个“替代性”的投资工具，而是重要的多元化投资组合的一部分。虽然对冲基金还没有成为“传统”，然而在未来的年月里，区别传统投资和对冲基金的差异特征将会变小。对冲基金不会消失，因为人们明白建立一个投资组合以对冲市场波动性的价值。在未来的金融市场中，对冲基金会对各种类型和规模的投资者发挥重要的作用。

在过去，为写这本书，我拜访了很多重要的人。他们对我的帮助是明显的，没有什么比拥有这些人在你身边更重要。这些人不仅仅是友善的，没有他们我的工作不可能完成。他们是维奇·戈德曼（Viki Goldman），我见过的最伟大的图书管理员和研究员，以及萨姆·格拉夫（Sam Graff），三州地区[1]唯一的真正的报人。感谢你们的辛勤工作，使得我的工作变得更好。我感激你们所做的一切。特

① 美国地名。——编者注

别要感谢克里斯蒂纳·恩纳斯（Christine Enners），他的后勤支持使这本书成为现实。

John Wiley & Sons 的工作人员再次为我提供了一个平台。我想说谢谢你们。我希望这本书就跟我们原来计划的一样。

我要感谢这些年来所有家庭成员的支持和指导。因为你们的努力，这本书才成为可能。

感谢我的妻子，费利斯（Felice），我想说的是感谢你为我提供了灵感和支持，并且从头到尾一直鼓励我完成这本书。

丹尼尔·斯特拉曼

2012 年 4 月于新泽西州范伍德市

——————◆作者介绍

丹尼尔·斯特拉曼是一位金融专家，在华尔街供职的时间超过了16年。他是美国著名的策略家、未来学家，并担任华尔街、经济和投资策略的评论员。丹尼尔专门为那些希望在经济高峰和低谷时期得以扩张并持续繁荣的企业提供策略建议和忠告。他的客户包括全球投资公司和金融服务企业。在其广泛的执业生涯中，丹尼尔曾涉足机构经纪、资金管理、共同基金和对冲基金产品的开发与营销等领域。他是零售类、机构配置、传统与另类投资产品等领域的专家。丹尼尔主笔撰写了8本关于投资策略、对冲基金行业和投资管理的书籍，这包括《对冲基金入门》(*Getting Started in Hedge Funds*)、《基本选股策略》(*Essential Stock Picking Strategies*)、《买卖对冲基金》(*The Long and Short of Hedge Funds*)、《FOF投资》(*Fund of Funds Investing*)和《朱利安·罗伯逊：叱咤于牛市和熊市中的老虎》(*Julian Robertson: A Tiger in the Land of Bulls and Bears*)等。他的文章曾见诸于《金融时报》(*Financial Times*)、《波士顿环球报》(*Boston Globe*)、《访谈杂志》(*Interview Magazine*)、《纽约邮报》(*New York Post*)和《美国银行家》(*American Banker*)等报刊中，并且，他还是hedgeanswers.com在线社区的创始人之一，这个网站专门提供对冲基金方面的科普知识和专业信息。目前，他是美国罗格斯大学商学院的兼职教授，并在纽约大学的继续教育学院任教，还曾在纽约证券业协会发表演讲。丹尼尔·斯特拉曼毕业于美国克拉克大学。

译者介绍

许余洁，中国人民大学数量经济学博士，现任联合信用评级有限公司研究总监。西南财经大学特聘研究员，对外经贸大学金融学院和商学院校外导师，中国资产证券化研究院首席研究员。2013 年 7 月 ~2016 年 3 月供职于证监会研究中心（2015 年改称为中证金融研究院）和公司债券监管部。《中国资产证券化操作手册》副主编，《PPP 与资产证券化》等书的主要作者之一，参与翻译了《区块链：技术驱动金融》和《商业区块链》等书。近年来，在《人民日报》《金融法苑》《中国金融》《工业技术经济》《中国经济报告》《中国证券报》等报刊上发表文章 40 余篇。

谢芳，暨南大学经济系硕士，美国 UIUC（University of Illinois at Urbana-Champaign）会计系硕士，美国注册会计师。毕业后在美国金融界工作十几年，从事运营、风控以及地产投资。曾服务于全球十大对冲基金之一的城堡投资（Citadel Investment）、共同基金联博（Alliance Bernstein）、美国银行美林证券公司（Merrill Lynch and Bank of America）等大型机构。

涂红，经济学博士，副教授。南开大学金融学院副院长、哥伦比亚大学访问学者。主要研究方向：金融市场、国际金融。

刘彬彬，南开大学金融硕士，2013 年起从事公募基金产品设计工作，现任职于国寿安保基金管理有限公司产品创新部。